国家的歧路
日本帝国毁灭之谜

中信出版集团 · 北京

图书在版编目（CIP）数据

国家的歧路：日本帝国毁灭之谜 / 马国川著 . --
北京：中信出版社，2020.2（2024.5 重印）
ISBN 978-7-5217-1385-5

Ⅰ . ①国… Ⅱ . ①马… Ⅲ . ①日本—历史—研究
Ⅳ . ① K313.07

中国版本图书馆 CIP 数据核字（2020）第 007667 号

国家的歧路：日本帝国毁灭之谜

著　　者：马国川
出版发行：中信出版集团股份有限公司
（北京市朝阳区惠新东街甲 4 号富盛大厦 2 座　邮编　100029）
承 印 者：嘉业印刷（天津）有限公司

开　　本：880mm × 1230mm　1/32　　印　　张：13.5　　字　　数：300 千字
版　　次：2020 年 2 月第 1 版　　印　　次：2024 年 5 月第 7 次印刷
书　　号：ISBN 978-7-5217-1385-5
定　　价：68.00 元

前言

读日本，问国运

——马老师，您现在在写哪些方面的书？

——1912—1945 年的日本

——哇塞，这段历史太沉重了

——是的，越写越沉重

这是 2019 年 5 月中旬我和日本朋友小针健一的微信交流。小针是一个 20 多岁的小伙子，幼时随父母由中国东北移民日本。他是“明治维新探访之旅”的导游，中日双语俱佳，获得了旅游团友的好评。

这次文化旅游是湘财证券创始人陈学荣先生组织的。从 4 月底到 5 月上旬，我们一行 10 多人（著名历史作家唐浩明老师夫妇也参加了）在东瀛大地上行走。从鹿儿岛到长州，从京都到东京，我们追寻明治维新的史迹，探索一个后发国家崛起的秘密。

此行的中间点，是位于关门海峡边上的下关（又名马关），也就是1895年李鸿章签署《马关条约》的所在地。当我参观“日清讲和纪念馆”时，历史风云都来眼底，太多感慨涌上心头，遂口占一首打油诗——

两百年来世事艰，伤心最是近马关。
三千里外问国运，青史莫作等闲看。

是的，中日两国一衣带水，近代以来的国运却如此不同，难道不值得认真思考吗？

二

一位我所尊敬的前辈看过《国家的启蒙》书稿后说，这本书好像没有写完，应该写到日本战败。确实，从大历史的角度看，从1853年黑船来航、打开日本国门，到1945年日本彻底失败、无条件投降，是其第一轮现代化[①]的完整过程：开国—追赶—崛起—歧路—毁灭。这是一个以成功始、以失败终的故事。《国家的启蒙》虽然多处指出，明治晚期的日本已经走上了歧途，但是毕竟没有将故事讲完。

在前辈的鼓励下，我开始追寻明治天皇去世后的日本发展轨迹。就像我和小针健一在微信交流里说的那样，这是一段“越写越沉重”的历史。如果说，明治维新是一首由低沉到高亢的英雄

① 笔者将1853—1945年视为日本的第一轮现代化，从1945年战败开始的全面改革是日本的第二轮现代化。

交响曲，那么从 1912 年开始的日本历史则是从充满希望的欢快节奏开始的，后来越来越混乱低迷，至 1945 年曲终之际，已经绝望哀痛，不忍听闻。

作为一个新兴国家，大正时期的日本充满了向上的希望：国内建设蒸蒸日上，1910—1920 年经济增长 60%，民主运动不断发展，政党制度、议会制度迅速建设；国外积极参与国际事务，跻身国际联盟四大常任理事国之列，主张人权平等和协调外交，赢得国际社会的赞誉。但是，就在国内发展、国际和平的背后，暗潮涌动，峥嵘时现。1929 年世界经济大萧条给日本带来巨大的打击，右翼势力开始膨胀，1931 年制造九一八事变，此后日本就像一艘巨轮突然掉头，逆流而行。

从这时起的 10 年时间里，日本所有的举措看起来都好像是合情合理的，可是日本人正是在赞同，甚至欢呼这些看似合情合理的举措中走向了战争深渊。虽然有个别清醒者没有被极端民族主义、国家主义潮流冲昏头脑，但是大部分、包括知识精英都成为民族主义、国家主义的吹鼓手，推波助澜。许多人（特别是青年军人）确实不愿意假装看不见社会的不公，不愿意假装听不见民众的哭声，可是他们努力的结果却将国家推进灾难的泥潭。这不是更大的悲剧吗 ?!

1941 年日本和美国 GDP（国内生产总值）比例为 1∶26，重要战略物资的生产力比例为 1∶77.9。国力如此悬殊，为什么日本愚蠢到要与美国开战？其结果不但让世界遭受涂炭，也让自明治维新以来几代日本人奋斗得来的现代化成果毁于一旦。这种疯狂的“民族切腹”行为是怎么发生的？我认为，这是 20 世纪世界史的最大谜团。

更大的悲剧在于，1931—1945 年，在长达 15 年时间里，日本的最大战场在中国，为日本的疯狂行为付出最大代价的也是中国。本来，中国局势从 20 世纪 20 年代中期开始平静下来，此后 10 年各种建设颇有可观，但是日本挑起七七事变，中断了中国的现代化进程，也逆转了中国的国运。

当我写作《国家的启蒙》一书时，常常为中日两国面对世界冲击而做出的不同选择而感慨。当我写作这本《国家的歧路》时，更多的是悲愤。“山川城郭都非故，恩怨须臾误。”国运如此，夫复何言？有时绕室而走，心意难平。

二

1915 年，美国著名经济学家托尔斯坦·凡勃伦访问日本。

这位以《有闲阶级论》而闻名的大学者对这个新兴国家颇有好感，他说自己看到了“日本人和西方人之间思想上的相似性”以及“心理的相同”。在他看来，科学和工业的推广导致了相似的文化价值和政治安排的出现，尤其是在像英国和美国这样的国家。因此他预言，当日本变得更加现代时，日本人将丢弃“旧日本的精神”，拥抱遍及世界先进国家的“理想、道德、价值和原则”。反过来，相近价值观的建立也会支持与欧洲和北美相似的作为上层建筑的政治制度。

一开始好像果真如此。作为一个后发国家，大正时期的日本积极融入世界主流文明。但是很快，凡勃伦的预言就完全落空，因为狂热的民族主义越来越控制了这个国家。毋庸讳言，对于探索现代化道路的新兴国家来说，民族主义是一个强有力的推动，但是一旦失去节制，那么民族主义就会反噬新兴国家。恰如德国诗人海涅所说："没有比狭隘的民族主义更有害的东西了。"

在大正时代，日本政治多元化、社会多元化，但是进入20世纪30年代，这个国家的气质发生了变化。彼时的日本人被国家主义驯服，认为满足国家的需要是天经地义的，将国家利益置于自己的私人利益之上才是爱国的表现。强调忠诚于国家和毫不犹豫地为国捐躯，酿成一种盲目的民族主义。

盲目的民族主义可以蒙蔽国民的心灵，也可以蒙蔽国家的双眼。特别是在遭受世界经济危机之后，日本没有审视自己的问题，而是从外面的世界里寻找敌人。它也如愿以偿地找到了：西方。日本是傲慢西方的受害者，日本应该从西方的文化侵略和政治压制下解放出来，这种舆论成为主流。在明治维新时代被推崇的现代文明价值观和秩序，被轻蔑地贴上"西方""资本主义""物质主义"等标签。

盲目的民族主义让日本拒绝承认普世的价值观。它自暴自弃地退出国际联盟之后，成为文明世界的弃儿。日本不但没有反思，反而进一步鼓吹自己的特色，宣扬自己文化独特、制度优越，号称要"近代之超克"（克服现代性）、"超越西方"，仿佛全世界都应该学习日本。于是，政党政治、议会制度等现代文明被践踏，天皇制度被吹捧为世界最好的政治体制，胆敢怀疑者就会被斥责为"非国民"[①]，遭受打压。

法西斯主义思想家北一辉说，一旦将那些外国杂质清除干净后，一个复兴的日本就注定在民族国家交战的灾难中取胜，将会

① 日语里的"非国民"就是"日奸"，相当于汉语里的"汉奸"。

创建一个“伟大的革命帝国”。他的预言一部分是对的，因为，盲目的民族主义和狂热的爱国主义的合流，必然导致军国主义。可是，军国主义没有让日本“取胜”，反而将日本推进了万劫不复的深渊。

通过明治维新，日本跻身世界强国，给其他后发国家以巨大的鼓励。可是最终它却自取灭亡，这难道是后发国家追赶现代化的宿命吗？当然不是。深入历史现场观察就会发现，即使是在历史转折点上，也并非只有一条道路可走，而是有多种选择。即使在珍珠港事件前夕，日本也完全有避免战争的余地。综观日本现代化的过程，这个国家似乎每向前迈进一步，就要立刻再倒退一步，甚至两步才行，结果以失败而告终。国家现代化是一条布满荆棘的道路，只有戒慎戒惧，才有可能避免歧途。作为后发国家，尤其要保持理性，不要被盲目的民族主义所左右。这就是近代日本的最大启示吧。

三

2016 年 11 月 9 日中午，我在东京日本桥附近的一家中餐馆边吃饭，边紧张地观看电视。当特朗普最终以 306∶232 击败希拉里、当选第 45 任美国总统的结果公布后，我怅然若失。虽然 2008 年世界金融危机之后，世界就已经进入多事之秋，但是我预感到，未来的不确定性陡然增大，世界会更加无序。尽管有心理准备，但是过去三年时间里，中国和世界变化之快之大，仍然出乎意料。

全球化遭遇挫折，民族主义涌动，民粹主义上升，威权主义和强人政治回潮，地缘政治竞争加剧，战争危险冒头，甚至有“注定一战”[①]的舆论公然出现。世界越来越令人不安，也让有识之士对于未来表示担忧。在这样的背景下，已经成为世界第二大经济体的中国何以自处，如何面对世界？是继续以改革开放的姿态融入世界，还是召唤民族主义，探索完全不同的现代化道路？这些都是不得不直面的重大问题。

如果说明治时期的中日两国可以对照而读，那么明治之后，它们就像在两条不同道路上奔跑的马车，渐行渐远，已经无法比较——日本面对的是初步实现现代化（尽管很不完善）后如何融入世界的问题，而中国面对的是如何追赶现代化的问题。不过，对于我来说，1912—1945 年的日本历史对于今天的中国似乎更有意义。因为经过 40 多年的改革开放，中国已经成为世界第二大经济体。山重水复，一百多年以来穿越无数惊涛骇浪，中国这艘巨轮第一次逼近了“历史三峡”的出口。但是，如何防止和克服狂热的民族主义，融入世界文明，完成向现代国家转型，是中国面临的最大挑战。

在全球化时代，如果失去世界视野和历史眼光，囿于本国，难免重蹈失败国家的覆辙。综观世界近代史，失败国家不是少数，而且有些国家还会在相同的地方栽跟头。因此，对于一个处于上升时期的新兴国家而言，更有必要以开放的心态，深入学习各国的发展经验和教训，从中汲取智慧。中国至今仍然处在以鸦片战争为起点的历史延长线上，因为中国的现代化还没有完成。为了避免走弯路，就要借鉴其他国家的经验教训，避免歧路。

① ［美］格雷厄姆·艾利森的著作《注定一战：中美能避免修昔底德陷阱吗？》（上海人民出版社 2019 年 1 月出版），不过作者并没有预言注定会发生战争。

在我看来，比起欧美国家，中国最应该学习和借鉴的是日本。可是，21 世纪以来，特别是 2008 年金融危机以后，中国国力不断增强，欧美等发达经济体却笼罩在衰退的阴影里，骄傲情绪骤起，欧美遭到轻视，遑论“失去二十年”的日本。对于这个一衣带水的近邻，不管是其现实还是历史，我们都知之甚少。在中国发展的关键时期，应该补上这一课了！

每当我阅读日本之史，有句话总时时回荡在耳边：日本是中国的镜子，也是中国的鞭子。以日本为镜子，中国可以知道自己的进退得失；以日本为鞭子，中国可以让自己保持警醒。

是为序。

马国川

2019 年 11 月 12 日 于北京

目 录

第二编 转 向

第三编　绝路

第一编　改造

日本之春：第一次护宪运动

时势变了，民心变了，人们希望建设以民主为基础的宪政。追求民主的民众撼动了藩阀政治，政治领袖再也不能无视国会民选议员的力量，日本也由此进入了思想空前活跃的“大正民主”时期。

我等新人已不是明治人，而是大正人，我们的舞台是大正……所谓武士道是封建遗存……于大正之新时代，提起武士道、军人政治，我等绝不能听之任之。

这是1912年8月初，一家报纸上发表的评论。数日前，明治天皇去世，许多国民还沉浸在悲痛之中，因为明治天皇是日本的精神象征，他带领这个国家跻身世界强国之列。可是对于一些思想活跃的人士来说，这个天皇也是压在国民头上的一块巨石。虽然他被塑造为日本的慈父，但在他的统治下，人们缺乏自由，社会失去活力。随着大正天皇继位，人们开始憧憬自由的新时代。

和心思各异的社会人士不同，身为首相的西园寺公望根本没有时间考虑这些问题，而是一直忙于宫廷事务。这位 63 岁的贵族曾经是明治天皇的父亲孝明天皇的侍从，参加过倒幕运动，后来成为明治天皇的近臣，是明治维新时期的功勋元老。明治天皇去世后，西园寺公望忙于操办明治天皇的大丧之礼，当这一切忙完之后，他又被陆军增加师团的要求搞得头昏脑涨。

两年前日本吞并韩国，陆军防卫范围扩大。一年前中国爆发辛亥革命，中日形势迅速变化。俄国在中国东三省的军力也有膨胀之势。于是，日本陆军提出要增加两个师团。彼时西园寺公望内阁正着手进行行政改革与财政改革，确定的目标是削减一成支出，因而据此否决了陆军增师的议案。陆军大臣极为不满，利用“帷幄上奏权”，直接向天皇递了辞呈。《明治宪法》规定，军队的统率权直属天皇，陆、海军军令机关可以不经内阁直接向天皇上奏，接受裁决，俗称“帷幄上奏”。

陆军大臣空缺，又没有办法找到合适人选。因为陆、海军大臣必须是具有大将或中将军衔的现役军人，而且要经过军部推荐，可是这次军部却拒绝推荐新的人选。根据规定，大臣也由天皇任命，首相没有直接任命的权力。只要有大臣空缺，内阁必须辞职。1912 年 12 月 15 日，西园寺公望内阁无奈地集体辞职。这个事件被舆论称为“军阀毒杀内阁”。

6 天后，另一位元老桂太郎被任命为首相。这是多年以来日本政坛的惯例。自 1900 年以来，西园寺公望和桂太郎轮流登台组阁。在过去的 12 年里，两人已经分别组阁两次，形成了一个独特但相对稳定的政治生态“桂园体制”。可是桂太郎的第三次组阁，却引爆了人们心中隐藏积聚多年的对藩阀政治的不满。

在倒幕运动中，萨摩藩、长州藩、土佐藩和肥前藩（四者简称“萨长土肥”）发挥了核心作用。明治维新开始，日本中央政府的权力主要被这四个藩国出身的人所瓜分。执政团队因“征韩论”分裂后，萨、长出身的官僚掌握实权。例如在军部内部，萨、长藩出身者长期占据有利地位，形成“长州的陆军，萨摩的海军”。历代内阁首相也都是萨、长出身或隶属其系统的官僚。他们并非党派推举，而是元老秘密商讨，经过平衡博弈，推出人选，然后天皇象征性地宣布“大命降下”。藩阀政治家们长袖善舞，利益之争和权力分配都在密室完成。显然，这种“藩阀政治”根本算不上民主政治，因此受到自由民权运动的抨击。

根据1889年颁布的《大日本帝国宪法》，帝国议会设置了贵族院和众议院。贵族院议员由天皇直接任命，众议院议员由选举产生。虽然在野党（自称“民党”）在众议院占有优势，但是藩阀官僚声称不以政党为基础，超然于政党之外（称为“超然内阁主义”），致使议会与内阁脱节，杯葛不断。在野党利用宪法赋予的预算审议权，在议会里猛烈抨击政府，多次削减预算。政府为了获得预算案的通过，则采取怀柔政党、解散议会、暴力干涉选举、天皇诏敕等不光彩的手段。

1900年，伊藤博文组织亲政府的政党“立宪政友会”，和在野党相对抗，进而形成了“桂园体制”。在此后的12年里，以桂太郎为代表的藩阀官僚和以西园寺公望为总裁的政友会互相协作，二人互相推荐，交替执政，史称这一时期为“桂园时代”。“桂园体制”就是藩阀官僚与政党有条件的合作体制，但政权交替的主导权及重要政策的决定权仍掌握在藩阀官僚的巨头——元老手中。桂太郎之所以能够三度出任首相，就是因为他得到了元老、“日本陆军之父”山县有朋的支持。

从甲午战争到日俄战争，国民的关注点都在于战争，对于国内政治则鲜有人提出异议。日俄战争后，以“日比谷烧打事件”为标志，民众开始对国内政治表示强烈不满，民心逐渐起了变化。这个时期的选举仍然根据财产和性别来限制资格，使得当时实际拥有选举权的人数只占国民总人数的2%，民众的真实声音无法传达到国会。在明治天皇去世后，人们期待刷新政治，可是军部仍然干预政治，元老依旧操纵人事，“军阀毒杀内阁”激发了舆论对藩阀政治的攻击。《东京朝日新闻》谴责藩阀的“反立宪的行动”，《东京日日新闻》则高唱“大正政治维新的开始”。《万朝报》也宣布，要进行“维护宪法的斗争”，鼓励民众“作为国民而战斗”。

东京的记者、律师、政党的有识之士等，组织了“宪政拥护会”。1912 年 12 月 19 日，第一次宪政拥护大会在东京歌舞伎座召开，有 2 000 多人参加，声势浩大。大会做出的决议宣布，“阀族的横暴跋扈已登峰造极，宪政的危机千钧一发。吾人断然拒绝妥协，以杜绝阀族政治，以期拥护宪政”。

可是 3 天后，山县有朋的得意门生桂太郎出面组阁。藩阀系的政治家继续操纵政权，加剧了人们的不满，护宪运动蓬勃发展。有“宪政之神”美誉的尾崎行雄和犬养毅在全国巡回宣传，呼吁推翻藩阀元老政治，实行政党内阁制。在各地的民众集会上，喊得最响亮的就是“打倒阀族”“拥护宪政”等护宪运动口号。

大阪每日新闻社社长在写给一位政府高官的信中说：“其间的事情，一经报纸报道（虽与事实有些出入），国民上下便一体皆知，试做种种评论。有识之士和有志之士自不待言，而且从男女学生到市民百姓、马夫、车夫，也在澡堂和理发店里传谣，在客栈和井台议论元老会议的上述讨论经过，甚至家庭妇女和女仆也在背地里悄悄议论。可见，近来罕见的政治思想的变化与时事的普及多么神速。而万一报纸有教唆的言论，则火烧、砸打的事件再闹起来亦未可知，特望留意。”

在两三周内，护宪运动扩大为以知识分子、学生为首的大规模全国性民众运动。明治中期的自由民权运动仅限于地主、地方名士，而此时的护宪运动所参与的阶层范围急剧扩大。实业家参与进来，政党人士也纷纷起来响应。面对声势浩大的护宪派势力，桂太郎只得发挥自己在宫中的影响力，试图渡过难关。

原来，自从明治天皇死后，桂太郎便入宫担任内大臣兼宫廷侍从长。大正天皇自幼患有脑病，病情时好时坏，毫无主政能力，因此完全听凭桂太郎摆布，桂太郎因此被称为“躲在龙袖后面的人”。在 1912 年 12 月 24 日召开的第 30 届议会上，桂太郎曾三度下令休会，同时还以天皇的名义，向政友会总裁西园寺下达“匡救时届”的敕令。

桂太郎的行为彻底激怒了在野党，议会里聚集起强大的反对力量，酝酿对政府提出不信任案。桂太郎不得不亲自出马组织新党，并自任党首，企图渡过议会危机。本来，桂太郎是藩阀政治的受益者，也是积极拥护者，向来反对政党政治。1910 年，他在第二次任首相期间，就曾严厉镇压社会主义者和无政府主义者，将幸德秋水等 12 人以莫须有罪名绞死，制造了著名的“大逆事件”。可是在形势逼迫下，桂太郎也只得顺应潮流，决定组党。

1913 年 1 月 21 日，新年假期结束后，帝国议会准备再次开会。为了赢得组织新党的时间，桂太郎决定议会休会 15 天。

3 天后，第二次宪政拥护大会在东京召开，这一次的声势更大，与会者超过 3 000 人，护宪运动的规模和影响明显扩大。

建立新党一事并无进展，议会复会日期在即，桂太郎决定延长休会时间。他再度求助于天皇的诏敕。不久，宫中传出大正天皇的敕语称："谅暗中斗争之局面，乃朕所不胜轸念也。"但是，诏敕已经没有往昔的威力了。2 月 5 日，在复会的议会上，以尾崎行雄为首的 234 名议员提出弹劾桂太郎的决议案，强烈批判"内阁总理大臣、公爵桂太郎本当身担重任，却屡烦圣敕，混淆宫府之别，以权谋私，营结私党"云云。尾崎行雄还发表了一篇演说，该演说成为日本国会史上最重要的文献之一。尾崎行雄指责桂太郎及其同伙——

天天自称忠心耿耿，好像只有他们才真正了解何谓尽忠天皇、尽忠国家，实际上他们只不过是躲在天皇背后，向其政敌施放冷枪。他们的所作所为，难道不是仅利用天皇作护身符，或者把圣谕作子弹，借此消灭政敌吗？

在决议案提出的当天，议会再度被命令休会 5 天。处于劣势的桂太郎多方活动，想方设法要议员撤回对内阁的不信任案。但是议员们不肯妥协，决定按照预定时间召开议会，并依然谋求通过对内阁的不信任案。

2 月 9 日，第三次护宪大会召开，超过 2 万人参与。第二天，也就是 2 月 10 日，护宪派议员胸前佩戴白蔷薇（表示白票，即对内阁不信任案的赞成票），进入议院。《东京朝日新闻》记录了当时的热烈场面——

“白蔷薇军来了”“民党来了”的呼声一浪高过一浪，涌向议会的群众越来越多，警察的制止也无济于事。中午12时20分，正门前相马邸附近瞬间集结了数千民众，挥动帽子齐声高喊“民党万岁”。进入议院内的约50名民党议员齐齐出现在议院的阳台上，挥舞白蔷薇，随门外的民众齐喊万岁。最后犬养毅出现在阳台随之附和。数千民众忘我狂热，骑马队兵分两路，阻断议院前的道路，禁止通行，骚乱仍然不可收拾。

桂太郎本打算解散众议院，提前大选。但是众议院议长劝其辞职，并且警告他，“现在议院外骑兵与民众发生流血冲突，尔等应负起暴乱之责任”。桂内阁走投无路，被迫总辞职，同时国会休会三日。

事态本应就此平息。可是，议院外的民众只知道议会再次休会，却不知道桂内阁总辞职。错误的信息传递，导致民情激愤，事态更加失控。一位在现场的大学生事后回忆道——

到了下午，群众越聚越多，有数万人从樱田门、虎门和日比谷三个方面涌来。警视厅如临大敌，出动了4 000名警官来警戒。午后1时刚过，听说议会再开后又休会的群众的怒气达到了顶点。大家一面高喊“桂出来”，一面把议院里三层外三层地包围起来。由骑马巡查带头的一队警官开来，想把群众驱散。有人说“官宪来了”，于是，越来越激奋的群众便说“砸御用报纸去”，随后便杀到附近的都新闻社，用火点着房舍。两匹马拉的一台蒸汽水龙前来灭火。纵火者一个接着一个被捕，但群众的声势刚一低落又高涨起来，像潮水一样涌进了日比谷公园。

我也在其中。留在那边的平民遭到骑马巡查的蹂躏，这是怎么回事呢？这就是阀族政治的罪恶。我高喊："我们誓死保卫宪政，葬送阀族桂太郎！"现在想起来，这是很粗糙的演说，是血气方刚的青年在最激愤时的表现。要想停止也停止不下来。暴怒的群众从日比谷公园出来向银座方向涌去，途中相继袭击了国民新闻社和读卖新闻社……终于酿成了死伤者的骚动。这时，我也被捕了。因为混在群众中的便衣刑事警察在我的外套上用粉笔做了记号。两名刑事警察抓住我的时候，我正在国民新闻社门前。看到被押往警视厅，我有点害怕了。同我一样被捕的有 250 多人。

遭到民众袭击的报社有 26 家，支持桂内阁的"御用报社"悉数被捣毁，而站在内阁对立面的报社却都安然无恙。还有 48 个派出所被火烧，其中，从新桥至上野的主要街道上的派出所全被袭击。骚乱还从东京蔓延到大阪、神户、广岛、京都等地，许多派出所、报社遭到破坏，不少人员受伤。

有人说，各地的民众活动"实为宪政的一大进步，不值得忧虑"。但是，不容否认的是，这些活动仍带有负面内容，在有些地方甚至酿成暴乱。假如日本实施普选制和建立政党内阁制，国民的要求能够通过普选制和政党内阁制直接反映出来的话，这些暴乱本来完全可以避免。

2 月 20 日，海军名将山本权兵卫出任首相，收拾残局。此人属于第二代政治家，跟元老们关系不大，也不是护宪运动直接攻击的目标，因此被各界接受。第三次桂内阁成为日本历史上第一个被民众推翻的内阁。持续了两个多月的护宪运动最终取得胜利，各地的骚乱终于平息。

山本权兵卫组阁后，修改了“军部大臣现役武官制”，规定陆、海军大臣不再限于现役武官，预备役、后备役、退役武官都可上位。从此，军部失去了要挟内阁的利器，政党力量则日渐壮大，经验日渐丰富，并开始从与藩阀政府的提携状态中脱身。“桂园时代”那种私下授受政权的局面被彻底打破。此后历届首相都改由元老推荐，经元老会议审议，再上奏天皇批准。历届内阁也都积极寻求与政党的合作，甚至以政党的“提携”为上台的条件。这无疑加快了政党内阁时代的到来。而第一个政党首相就是政友会的原敬。5年后，他打破萨、长藩阀政治格局，成为日本第一位平民出身的首相，组织了日本历史上第一个政党内阁。

在第一次护宪运动成功、一切都恢复平静之后，原敬在日记中写道：“招致如此局势的原因，无可争论是桂定错了方针和民心自日俄战争后逐渐起了变化。”至少他说的后半句话是对的。时势变了，民心变了，人们希望建设以民主为基础的宪政。至此，追求民主的民众撼动了藩阀政治，政治领袖再也无法无视民选议员的力量。

这种变化也引起一些人的不安。评论家德富苏峰在1914年的一篇文章里记下这样的观感：“如今日本正在丧失中心点。政府无威信，军队无威信，就连政治家也无威信……我们既听不到旷野中呐喊的预言家的声音，亦看不到站立街头，试图指导国民的先觉者的踪影。人们彼此猜忌，对自己亦疑虑不安。黑暗即将来临。”作为信奉专制统治的思想家，德富苏峰代表了右翼对时代巨变的疑虑。

“青山遮不住，毕竟东流去。”同样是在1914年，某一天民俗学家柳田国男来到新落成的大型火车站——东京站。当时正值交通高峰，他看到大批青年从车站涌出，他们背部挺拔，腿形修长，穿着裤线清晰的下装。而在以前，对一个武士来说，不论站姿、坐姿还是走姿，都要把力量集中在腹部，身体重心保持在下盘。即使到了明治时代，人们也习惯性地腰背下躬，因此身材显得矮小。如今，这种武士的姿态迎来了终结的一天。日本人开始站直身躯，进入了思想空前活跃的“大正民主”时期。

泽柳事件：教授对大学校长说“不”

泽柳事件是在大正民主潮流中发生的，在日本的大学自治历史上，具有巨大的意义。泽柳辞职后，京都大学校长由东京大学校长兼任，一年后京都大学医学部教授荒木寅三郎选任京都大学校长，之后的校长一律在大学内部由大学自身选举任用。日本的大学自治制度向前迈进了一大步。

“泽柳事件”的主人公是泽柳政太郎，一位非常有事业心的教育家。1888 年他从东京帝国大学[①] 哲学系毕业，进入文部省，担任文部大臣秘书。后来辞去官职，到教育第一线担任中学校长。他聪明能干，处事果断，多次解决校园闹事风波，遂在教育界初露锋芒。

① 帝国大学，是明治维新后的日本帝国在其本土和殖民地上的中心城市所建立的 9 所综合性国立大学的统称，例如东京帝国大学、京都帝国大学。二战后这些大学全部去掉“帝国”二字。本文除此处外，一律省略大学名称中“帝国”二字，以战后名称指代。

1897 年 3 月，泽柳政太郎担任东京市第二高中校长，解决了前任校长因丑闻事件所引发的学校骚动，使学校秩序恢复正常，校貌也焕然一新。一年后，他出任东京市第一高中校长，为重整校风，辞退 4 名教授，任人唯贤，破格提拔县属小学教师，在当时的教育界引起极大的震动。“一高”“二高”是当时莘莘学子梦寐以求的最好的高中，在这两所学校担任校长的经历，使得泽柳政太郎成为教育界的明星人物。

此后，泽柳政太郎重返文部省，充分发挥其行政才能，得到多次破格晋升，先后担任初等教务局局长、文部省副次官。他积极参与修改小学校令，提出减少教学科目、修改假名用法、限制使用汉字、制定成绩考查方式、延长义务教育年限等有益于基础教育发展的建议。作为国家教育政策制定的重要参与者，泽柳对日本初等教育制度的确立起到了推动作用。

1913 年，泽柳政太郎在激烈的竞争中胜出，被文部省任命为京都大学校长。当时的国立大学都由政府控制，大学校长也直接由政府任命。泽柳政太郎到京都走马上任，开始了崭新的职业生涯。

京都大学建立于 1897 年，比北京大学早一年。它是继东京大学之后，日本建立的第二所大学。和泽柳政太郎一样，首任校长木下广次曾任文部省局长（相当于高教局局长）。上任之初，木下校长就很明确地表明：“京都大学不是东京大学的分校，而是一所独立的大学。为了学校的长期生存和发展，我们必须具有独立的办学特点。”因此，京都大学从建校之初就注重追求自己的特色。

同时，京都大学位于有着悠久历史和文化传统的古都。它远离政治中心和繁华的大城市，是学者潜心治学的理想场所。独特的学术氛围，优美的校园环境，京都人那种“优哉游哉”的生活方式，使得京都大学逐渐形成了独立自主办学的传统。

48岁的泽柳政太郎是抱着雄心走马上任的，他希望在自己手里将这所大学建成一流大学。因此上任刚两个月，这位勇于任事的校长就要求7位教授提交辞呈，理由是这些教授在学问和人格方面不符合帝国大学教授的资格要求。

7位教授分属医科、理工科、文科，他们被要求辞职的消息在这些学科的教授中造成极大震动，但是这些学科没有提出抗议。与此毫无人事关联的法学部却迅速召开协议会，与会的教授们做出一个决议：教授的任免必须事先经过教授会同意。法学部负责人根据此项决议，向泽柳校长提出了口头抗议。

法学教授为什么关心其他学科教授的去留？他们又怎么敢干涉校长解聘教授？原来，明治维新时代，日本政府效仿德国模式，建立了七所“帝国大学”，京都大学即其一。《帝国大学令》第一条规定，“帝国大学适应国家的需要，以教授学术、技术理论及研究学术、技术的奥秘为目的”。第一任文部大臣森有礼曾对大学校长们说，“诸君在帝国大学里掌管教务，当遇到为学术还是为国家的争执时，务必把国家放在优先地位而给予高度重视”。尽管政府要求大学为国家服务，但是自建立之日起，日本的大学就形成了一定的自治传统，大学教授们将“大学自治”视为当然之事。

作为日本历史上第一所综合型大学，东京大学创立初期就形成了教授治学的风气。日俄战争期间，东京大学教授户水宽人因为坚持主张对俄罗斯持强硬态度，被文部省停职处分。按照关于帝国大学官制的规定，文部大臣在决定帝国大学教授的人事升迁任免时，首先必须由教授所在大学的校长提出书面申请。但是文部省在做出这个处分决定之前，并没有收到校长的书面申请，因此全校教授强烈抗议该处分损害了学术自由和大学独立。结果，教授们取得了胜利：文部大臣辞职，校长也因为没有书面申请却接受了文部省对教授的处理而引咎辞职。这就是著名的“户水事件”，它确立了大学校长在教授人事上的书面申请权，该权利保证了大学相对于文部省的独立性。

不过，日本的“大学自治”并没有明确的法律依据，仅是大学管理的一个习惯制度。

与“户水事件”中东京大学教授们进行的抗议不同，京都大学法学教授们提出的“教授的任免必须事先经过教授会同意”的要求有些“过分”。因为根据1886年颁布的《帝国大学令》，大学教授任免是属于政府的权力，大学校长由文部大臣任命，职责是“维持帝国大学的秩序”。从理论上来说，校长作为政府任命的官员，对教授的去留有决定权。或许是考虑到自己是新任校长，泽柳并没有像以前那样刚厉从事，与教授们直接对立，而是对法学教授们的意见采取了沉默态度。

10天后，法科部召开协议会，通过了由全体教授和副教授联合署名的意见书，阐述了教授任免必须获得相应学科教授会的同意的理由——

（1）如果校长可以做出对教授的任免决定，则教授地位将失去安定性，从而大学难以获得优秀的学者。

（2）学术进步必须以学术的独立性为必要条件。教授必须身处官权的干涉和俗论的压迫之外。教授会一旦不能介入教授的任免过程，则学术独立性将无法获得保障。

（3）对于学者的能力和人品，应该从其学识的优劣和研究用心的深厚角度进行评判，而对此有能力做出判断的，只能是作为同事的学者。

（4）校长和教授会都是大学的构成机关，彼此之间应该相互合作。然而，当校长以职权的名义对教授做出任免决定时，校长则完全变为政府的代言人而君临教授会之上。

（5）在教授任命方面，从来都遵循着经过教授会推荐这一不成文的规则。即使对于教授免职问题，也同样应该尊重教授会的意见。

（6）校长专断地做出决定，会使教授的地位受到轻视，对内影响学生，对外则使社会丧失对学术的敬意。

泽柳校长收到该意见书，没有表态。但是3天后，他对7位被迫递交辞呈的教授发布照准免职令。校长的做法在校园中掀起轩然大波，教授们纷纷站出来表示反对。为了平息风波，泽柳校长公布答辩书说，在现行的制度中，并不存在大学教授的任免必须获得教授会同意的规定。

泽柳校长说，他本人并不非常反对给予教授终身保障的地位，但该项制度建设为时尚早。教授绝不能因其言论违反为政者的主张，或不合潮流而使其地位受到动摇。但是，就学问、品德和行为方面存在问题而不具备教授资格的情况，在世界范围内还未见有此种原因造成的教授的进退必须经过教授会决定的事例。

校长的说法没有得到谅解，反而激起了教授们的对抗。1914年1月，法学部教师联名提出辞呈表示抗议。法学部的学生也召开学生大会表示，如教师的主张不被接受，学生将与老师们共进退。此事不仅轰动京都，在东京也引起了反响。东京大学法学部开始声援京都大学法学部。

文部省担心事态失控，向社会上蔓延。可是文部省没有无条件支持自己任命的校长，通过使用行政权力来强行解决问题，而是展现诚意，希望通过调解的方式来化解冲突。文部省邀请两位富有声望的东京大学教授穗积陈重博士和富井政章博士充当调停人，展开调停工作。

经过两位博士的调停，1 月 24 日京都大学教授、京都大学校长和文部大臣之间达成协议。文部大臣承认京都大学法学部主张的正当性，法学部教师撤回辞呈，进退两难中的泽柳校长辞职。就这样，历时长达半年的“泽柳事件”得到和平解决，京都大学校园恢复了往日的平静。

“泽柳事件”是在大正民主潮流中发生的事件，在日本的大学自治的历史上，具有巨大的意义。泽柳辞职后，京都大学校长由东京大学校长兼任，一年后京都大学医学部教授荒木寅三郎选任京都大学校长，之后的校长一律在大学内部由大学自身选举任用。日本的大学自治制度向前迈进了一大步。

也有人担心，大学自治将导致教授们保守既得利益，不思进取。可事实上，大学自治是现代大学最为基本的特征，只有这样才能保证学者的尊严，促进学术繁荣。例如，历史学家内藤湖南长期在京都大学任教，是当时头号的中国问题专家。1928 年 2 月，后来策划九一八事变的军官石原莞尔问内藤湖南：“从历史上看，满蒙是不是日本的？”内藤说：“作为一名日本人，我非常想主张满蒙是日本的领土，但是学问是不可以歪曲的！”京都大学的教授们坚守这样严谨的学术态度，致力于学术研究，在史学、哲学等许多方面都取得了惊人的成就，形成了享誉国内外的“京都学派”。

作为京都大学的第五任校长，泽柳任职仅一年零四个月。虽然他尴尬退场，但却没有消沉不振。作为一名民间教育家，他积极参与教育改革，推动自由教育运动，成为日本“实际教育学”的倡导者与新教育运动的重要代表人物，为大正时代的日本实现传统教育的根本性改变做出了重要贡献，被称为“一代宗师”，于内是国民教化的最高顾问，于外是日本教育的代表。

“泽柳事件”不仅成为日本大学发展史上的一段佳话，而且成就了泽柳政太郎。

阿部守太郎暗杀事件：日本的自制力渐将消退

大陆浪人高调声称“宁为玉碎，不为瓦全”，要求必须出兵中国，不惜一切代价维护国家的尊严。在后发国家，这种极端的言论很容易引起民众情感上的共鸣。但很少有人明白这个道理：个人可以选择“玉碎”，但没有人有权利让国家“玉碎”。

1913 年 8 月 5 日，日本华北驻屯军的一位中队长便衣侦察中国军队的行动时，被袁世凯的北洋军误认为是南方革命军的间谍而逮捕。6 天后，又有一位日本军官在汉口遭北洋军逮捕，被夺走军服和军刀。9 月 1 日，北洋军张勋带领着“辫子军”占领南京时，竟将三个日本侨民当作中国百姓砍死，混乱中还烧毁了日本国旗。

1913 年是中国的多事之秋。年初宋教仁被暗杀，孙中山愤而发动“第二次革命”，袁世凯的北京政权同南方的革命势力开始内战。上述三起涉日事件都是伴随着中国内战而发生的误捕误杀，在日本国内激起轩然大波。中国士兵不但杀害日本人，而且侮辱大日本帝国的国旗，这还了得！许多日本人主张，日本军队应该借机占领中国领土，杜绝类似事件发生。

要求进军中国的呼声大涨，让政府进退两难。彼时正值“第一次宪政运动”结束不久，违背民意的桂太郎内阁垮台，新上任的山本权兵卫内阁不得不听取来自民间的声音。在所谓“民间呼声”的背后，其实有军部势力的支持。

军部与政府的分歧由来已久。根据1889年颁布的《大日本帝国宪法》，天皇拥有统帅权，军队对天皇负责，独立于内阁之外。因此，内阁无法驾驭军部，双方常常为军队编制、预算、涉外问题等发生争执。日俄战争之后，中国东北地区成为日本的势力范围，军部在中国问题上的发言权大增。

辛亥革命爆发后，日本政府的政策是尽量维持满洲现状，而军部和一些大陆浪人则认为这是胆怯的消极之举。在军部的暗中支持下，一些大陆浪人趁混乱之机策划“满蒙独立运动”，妄图将满蒙从中国分割出去，建立日本控制下的“满蒙王国”。由于中国军队的打击和日本政府的反对，这一阴谋未能得逞。

政府对“满蒙问题”持消极态度和对中国的“软弱”，激起了军部和大陆浪人的极大不满，三起涉日事件更成为他们鼓噪的借口。特别是大陆浪人，高调声称“宁为玉碎，不为瓦全”，要求必须出兵中国，不惜一切代价地维护国家的尊严。在后发国家，这种极端的言论很容易引起民众情感上的共鸣。但很少有人明白这个道理：个人可以选择“玉碎”，但没有人有权利让国家“玉碎”。

面对不断高涨的社会舆论，政府不能漠然视之，外务省让主管对华外交事务的政务局局长阿部守太郎出面解释，试图引导舆论。于是，阿部守太郎向《东京日日新闻》的记者发表谈话，解释政府的立场，阐述反对以占领中国领土来解决两国之间争端的理由。他说，有些人认为，国旗被侮辱是重大事件，其实国旗不过是一种器具，为此而表示愤慨是愚蠢的。

就如干柴堆上点火一般，这个谈话马上将舆论的焦点和右翼的怨恨引向了阿部守太郎。

阿部守太郎生于 1872 年，毕业于东京大学法科，在中国工作过四年，是外务省有名的“中国通”。一年前他出任外务省政务局长，深受外务大臣牧野伸显的信任。作为外务省的政策制定者，阿部主张“在对外关系方面，必须完全依靠和平方法，以开展贸易和扩大其他经济权利作为重点”。当时，面对各种势力插手对华政策的混乱局面，这位务实的政府官员写了一份万言书，坦陈自己的主张。

阿部反对以军事手段解决外交问题，主张放弃领土野心，用和平方法来争取经济利益，“如用割取领土的方法来解决满蒙问题，不仅中国，而且英、俄、法、美等国都将成为我们的敌国。因此，切勿对满蒙怀有企图获得新领土的目的，应以我们的现有地位为基础，从经济方面和平地取得巩固与发展”。

阿部守太郎非常反感军部和大陆浪人暗中在中国私自活动，认为军部、大陆浪人偏激而又狭隘，没有战略眼光。他竭力主张“外交统一”，“一切外交应由外务省统一进行，陆军、海军两省自不待言，诸如参谋本部、军令部等官衙应遵照政府方针，决不可背道而驰……”，“外务大臣对关东都督需严加监督，而且要使南满铁路，只能按外务省的指示行事。除此之外，不得采取任何独立的涉外行动”，“对于以前由参谋本部、军令部等公开或秘密派往中国各地的军官，要他们牢牢铭记上述宗旨乃是当务之急”。

1913 年 2 月，海军大将山本权兵卫组阁，阿部的对华主张被采纳，长达万言的意见书成为山本内阁对华外交的基本方针。新内阁就是按照这样的思路，以冷静克制的态度处理两国纠纷，包括 1913 年接连发生的三起事件。

可是，这却导致极大的社会反弹，尤其是阿部对媒体的谈话，更让军部内外的右翼分子愤怒不已。这些狂热分子不知道，一个国家必须坚持冷静而合理的外交方针，日本只有作为国际社会的一员才能获得繁荣。外交谈判，特别是危机处理，是非常复杂、细致而专业的事情，绝不能感情用事。他们认为，武力是解决问题的最好、最快的手段，唯有如此才能获得国际地位，保障日本的强大和尊严。因此，他们大肆攻击山本内阁的对华方针，对华外交负有直接责任的阿部守太郎更成为他们的眼中钉、肉中刺，必欲除之而后快。

9 月 5 日，也就是在对媒体发表谈话的第 4 天傍晚，阿部守太郎前往新桥车站，迎接离任回国的驻华公使伊集院彦吉。当他走到赤坂灵南坡自己住所前时，遭到两名暴徒的袭击，喋血街头。翌日早晨，阿部因腹部和左股受刺而死，年仅 41 岁。

第二天，一封署名为“忧国男子”的“除奸信”送到了阿部家里。信中写道——

大凡古今东西，观其国家之兴亡盛衰，诸政虽无轻重，然外政之振作与否，直接影响国家兴衰。而今我国之外交，局内不得其人，徒以退缩卑屈为能事，于局外，东则使神州之国威受到凌辱和蹂躏，西则置满蒙于不顾，而此满蒙乃以二十亿巨额财产和十万同胞流血所得……

“除奸信”写得慷慨激昂，辞藻华丽。它指责阿部和外务大臣“无视民众舆论，使帝国危如累卵”，还造谣说“他们整日出入于妓院街，沉湎于酒色”。“不明真相”的人们最容易相信和传播这种无耻谰言。此文贯穿着反对政府外交“软弱”的逻辑，充满着自以为是的空想。他们根本不了解国家力量关系的对比，也不考虑他国的立场，狂妄自大，一意孤行。他们根本不知道，外交就是妥协，谈判的目的是解决问题，必须在知己知彼（了解各自的利益和底线所在）的基础上讨价还价，达到双方利益的平衡点。这绝不是靠口号和豪言壮语解决得了的。

两名所谓“忧国男子”，其实是不满于阿部局长的“软弱”对华政策的右翼暴徒，而且都是年轻浪人。一个是 21 岁的宫本千代吉，另一个是年仅 18 岁的冈田满。阿部守太郎就是这样做了这些血气方刚、意气用事的青年的刀下之鬼。两个暴徒都是右翼团体“对华同志会”的成员，而“对华同志会”的负责人就是大陆浪人岩田爱之助。辛亥革命爆发后，岩田曾参加革命军守卫汉阳的战斗，并于此役中负伤。他一直主张强硬的大陆政策，认为外务省官员对中国缺乏采取强硬态度的决心，而阿部则是执行对华“软弱”路线的代表人物，于是唆使两名浪人刺杀阿部守太郎。

在岩田爱之助之上，还有“浪人之王”头山满和“黑龙会”首领内田良平。这些右翼头目都是嗜血的暴徒，他们的图谋并不止于除掉阿部，他们还想制造更大的血腥新闻，刺激民众。于是他们把刺杀阿部的凶手之一冈田满叫到一间密室，慷慨激昂地向他讲了一番关于爱国的大道理，并指出两条路供他选择：是被警察逮捕处死，还是像一个英雄一样为帝国光荣地死去。如果选择后一种死法，他们将号召全日本的浪人永远缅怀他的壮举。

行凶后的第四天，在右翼头目的蛊惑下，18 岁的冈田满坐在一张中国地图上剖腹自尽，鲜血染红了中国大地的图案。这一幕是对于时代的暗喻，也是对未来的一个预言。伦敦《泰晤士报》1913 年 9 月 9 日的社论指出——

> 以吾人之见，阿部氏被害较南京暴行事件尤为痛惜。若行凶动机果如世上所报道，则显示日本过去五十年间自制力渐将衰退，民众感情较明治时期更难抑制。①

《泰晤士报》的忧虑终为后来的历史所证实。可在当时，暗杀阿部的行动却赢得了来自民间的喝彩声。军国主义者北一辉说："政务局长阿部之死，乃神武天皇之神灵借冈田满之手，处其死刑者也，神明在上，实所照鉴。"

两个暴徒所属的右翼团体"对华同志会"，还于阿部被杀后的第三天在东京日比谷公园召开国民大会。右翼分子纷纷登台亮相，发表措辞强烈、极富煽动性的演说，提出要严惩南京事件的肇事者，并呼吁政府立即出兵，占领满蒙之要地，以作为谈判解决的条件。会场群情激愤，纸旗乱舞，口号震天，最

① 转引自［日］猪木正道著《吉田茂传》（上）。

后做出要求出兵中国的决议。散会后，部分与会者还拥向外务省和外务大臣官邸进行请愿活动。警视厅不得不派出大批警察维持秩序，以防止发生骚乱。

暗杀阿部事件、冈田满剖腹事件和日比谷公园国民大会造成巨大压力，终于逼迫日本政府改变了态度。日本政府向袁世凯提出强硬要求。在停泊南京的 9 艘日本军舰和新增派的 140 名海军陆战队员的无声的压力下，中国政府无奈地接受了日本的无理要求。驻英国公使小池张造也被召回国内，继任阿部守太郎的职务。小池张造后来成了日本强硬对华外交的旗手，企图灭亡中国的“二十一条”便是由他起草的。

日本政府的退让鼓励了右翼分子，他们更加活跃，又开始野心勃勃地搞起第二次“满蒙独立运动”。这样的活动一直持续到 1931 年的九一八事变，从那时起日本彻底陷入“十四年战争”（日本侵华战争和太平洋战争）的泥沼，直至 1945 年战败。

大正时期确实是民主主义蓬勃发展的时期，政党和民间力量逐渐抬头，元老势力自然削弱，军部和右翼势力处于低潮时期。但是，在大正民主的洪流背后，右翼势力的黑色恐怖一直暗潮涌动。尤其是野心勃勃的陆军，企图将中国置于日本统治之下，不断利用大陆浪人进行各种形式的破坏活动，制造事端。1913 年外务省政务局长阿部守太郎遭到暗杀是这股潜流冲出岩层的一次表现，是这个国家的自制力渐将衰退、民众感情难以抑制的不祥预兆。

从松方正义到孙中山：对中日关系的忧思

在受到西方国家支配的世界里，日本如何安排自己的未来，如何与世界相处？这个问题的基础是日本如何处理对华关系。在神户的演讲中提出这个重大问题半年后，孙中山在北京去世，可是他提出的问题和松方正义的警告一样依旧存在，而且随着日本国内外形势的变化而变得越来越紧迫。遗憾的是，对于松方正义的警告和孙中山的提问，日本并没有做出正确的选择。

对于日本，中国人曾有过好感。在《马关条约》签订后的第二年，第一批13名留学生抵达日本，开启了向日本取经的先河。特别是日俄战争中，日本竟然战胜老牌的世界强国，深深刺激了中国，一场“以日为师”的活动全面展开。一批批留学生先后涌入日本，到1911年留日学生累计达到4.5万人。留学生中既有孙中山、宋教仁、黄兴等革命家，也有章太炎、陈独秀、鲁迅等思想家，他们在很大程度上影响了中国近代史的走向。

那么，中国民众对日本的好感是从什么时候开始丧失的？回望历史，很清楚，就是1915年大隈重信政府提出“二十一条”之后。正如一位日本学者所说，“实际上，日本与中国的不幸关系，可以说是从这个时期开始的。‘二十一条’激起了中国人前所未有的愤慨，是20多年后战争爆发的伏线”。“二十一条”的要求非常苛刻，暴露了日本攫取在华特权的野心，给中国民众以极大的震动和冲击。1916年中国政府宣布将被迫签字的5月9日定为“国耻日”后，国内反日情绪日益高涨。从此留日学生急剧减少，中国社会舆论对日本充满敌意。

在日本方面，却是另一番景象。“二十一条”得到了主要报纸的支持。《东京朝日新闻》说“对华‘二十一条’维护了东亚和平”，《读卖新闻》说“政府的措施应该说大体上是适合时宜的”。日本政府采取发出最后通牒逼迫中国政府同意的高压手段，也获得了新闻媒体的支持。这些媒体先后刊登报道或发表社论，批评中国政府的态度，拥护本国政府，宣称日本的主张极其正当。

在日本知识精英中间，也有很多人支持“二十一条”。辛亥革命时担任过孙中山法律顾问的寺尾亨本来是“亲中派”，此时却在报纸上撰文说，“关于对华问题，应该批评的地方固然不少，然吾人对其事实无法准确把握。即便已经知之，今天亦非公然批判之时。为了国家的体面，最终应该明确我国主张之所在，努力贯彻之”。

作为大正民主运动中的核心人物，吉野作造是一位积极主张民主主义的学者。当“二十一条”交涉结束、中日两国缔约以后，他也发表文章对“二十一条”给予肯定的评价。“这一次的对华要求表面上看有些地方或许侵害了中国的主权，或许让中国丢了脸面，但是我相信，从帝国的立场来看，大部分都是最小限度的要求。”他这样写道，“从与西洋各国的关系来看，（‘二十一条’）选择的时机颇好……处理得极其恰当。”连吉野作造这样的知识精英也被狭隘的民族主义俘获，评价“二十一条”的对华要求“处理得极其恰当”，就不难想象一般日本民众的态度了。

当然，也有极少数人士批判和质疑“二十一条”。不过，他们不但没有对政府形成任何有效影响，反而受到斥责和抨击。例如，时任北洋政府法制顾问的有贺长雄就因为在元老中斡旋而遭到责难，被骂为“国贼”“袁仆”，早稻田大学剥夺了他的教授职务。右翼分子对他进行人身攻击，甚至企图杀害他。

就在这种感情用事的、偏狭的民族主义席卷日本的时候，一位元老却站出来，对日本的外交政策提出警告。这位元老就是松方正义。

松方正义 1853 年生于鹿儿岛，是西乡隆盛、大久保利通等人的老乡。他曾任明治维新政府的大藏卿，此后几乎一直担任大藏大臣的职务，占据日本财政中心位置长达 22 年之久，是一位精通财政政策的政治家。他还曾两度组阁，受封从一位大勋公爵位。松方正义既不是明治维新激变时代的英雄，也没有在战争中建立军功。他之所以能如此显赫，大概是缘于其温厚笃实、朴素勤勉的人品。

早在明治时期，松方正义就已跻身元老之列。进入大正时代，他又收到了大正天皇“匡辅大政”之诏，和明治天皇的主要辅臣山县有朋、井上馨、桂太郎、大山岩、西园寺公望等人一起辅佐新天皇，参与机要。这些元老是超宪法的存在，在朝政中拥有绝对强大的势力。

然而，这些元老却是不负责任的。《外交时报》的一篇文章说："元老这些人，说来很奇妙，可以肯定他人的说法，但即使相信事情对国家有利，他们也不会去扮演受人憎恨的角色，主动向政府当局提出忠告。况且万一因此而使政局发生动荡，这种责任他们绝不愿意承担。因此，这种被人憎恨的角色一个一个往下推，元老自己则回避承担责任。"

不过，对于政府咄咄逼人的对华政策，松方正义罕见地公开而明确地表达了不满。1916 年 10 月，大限重信下台后，81 岁高龄的松方正义向新任首相寺内正毅提交《对华意见书》，严厉批评政府对华政策之恶劣——"然我国近年来对华政策，徒恃我强盛，乘彼之弱小，威吓彼，恫吓彼，时而玩弄欺诈小计，时而行强夺之拙策，唯驱彼怨恨于我，离反于我，以我为不共戴天之仇雠，以迄子子孙孙以我为诅咒对象，不过徒以自得……谚曰：百巧不若一诚。然我国之对华政策，巧拙交互，唯促彼之怨恨，复招其侮"。

在松方正义看来，外交政策要以信义、正义为原则，唯有"遵循天地之公道，重视国家信义"，才能使"我国置于富岳之安，光耀我皇威于八纮"。他主张把"不吐刚，不茹柔，凭据条理，主持正义"作为日本"外交政策之传统要诀"，强调"无势力之信义乃空言，然无信义之势力乃祸媒。无论多大之势力，唯有作为有信义之势力方可有效"。

当时正值第一次世界大战期间，许多国家认为外交就是恃强凌弱，国家之间只有拳头大小，没有公理可言，因此外交就是欺诈和权术，信义和正义无非就是幌子。大隈内阁就是以这样的认识强迫中国签订“二十一条”的。松方正义将批判的矛头直指“二十一条”，认为日本的对华政策“不得不断言绝对堕入了荒谬，实余所不堪痛叹也”。他进而指出，近年来日本外交政策舍弃信义，“徒弄一时之阴谋诡计，不顾因此而酿生国家百年之祸根……唯驱可谓帝国外廓之中国为敌国，从而使帝国在世界之信用丧失殆尽”。他还警告说，尽管日本表面上确保了本国的权益，但“察其真相，实际是岌岌可危，犹如驾驶破舟激流直下，其前途实不禁令人寒心”。

松方正义提出了一个根本问题：“是使中国弱小，衰灭，吞并之乎？抑或将中国视为友弟，善诱之，扶助之，将其作为东洋自治一要素待遇之乎？此乃对华政策之根本问题。”松方正义认为，答案应该是后者。他主张，日本必须与中国建立良好的国家关系，“日中亲善”对中国有益，对日本也是至关重要的，“日中亲善非仅支撑东亚危局之所以，又非单纯救助中国之所以，实乃我日本帝国屹立于世界惊涛骇浪之中而不倒之自卫之道也”。他直言不讳地说，这样做的目的还是为了日本自己，“乃唯欲支持我帝国根本对外政策之大原则，构筑帝国于世界中远大且永久之地位”。

为了日本与国际社会和睦相处，松方正义要求政府改变对华政策。他警告说：“若不幡然猛醒，奈何能不使帝国之威信失于中国，更将使帝国之于世界之地位陷于危殆？”“为今之计，若不迅速采取重大措施，给予根本改正，相信帝国将来之危机祸害实不可测。”

历史证明，这位元老是非常有远见的。寺内正毅内阁也转变了对华政策，即由武力扩张转变为经济渗透。通过借款给北洋的段祺瑞政府，扩大日本在华的政治、经济权益。寺内下台后，在野时就反对“二十一条”的原敬出任首相，更是把日中友好作为对华基本政策。不过，欺压、侵略中国的逆流一直存在，尤其是军部和右翼。

1924 年 7 月，松方正义卒于东京，享年 89 岁。4 个月后，孙中山来到日本。彼时他应段祺瑞的邀请北上，共商国事，途经日本。在日停留的 8 天时间里，孙中山做了 4 次演讲，其中在神户欢迎会上做的《大亚洲主义》演讲备受关注。在演讲中，他尽情述说了他对曾给予许多援助的日本所抱的希望与批评，同时也间接回应了松方正义的问题。

在价值观上孙中山和松方正义是一致的。他也主张讲仁义道德，以正义公理来感化人，反对用洋枪大炮来压迫人的“功利强权”。他呼吁亚洲各民族各国团结合作，建设平等自由、互助互利的“大亚洲”，“大亚洲主义”的基础就是“讲道德，说仁义”。

最重要的是，孙中山指出，“行霸道的国家，不只是压迫外洲和外国的民族，就是在本洲和本国之内，也是一样压迫的”，并敦促日本就究竟是走“西方霸道”还是走“东方王道”的道路做出选择：“你们日本民族既得到了欧美的霸道的文化，又有亚洲王道文化的本质。从今以后对于世界文化的前途，究竟是做西方霸道的鹰犬，或是做东方王道的干城，就在于你们日本国民去详审慎择。”

这次演讲被一些日本学者视为“孙中山一生中最重要的演讲”，因为他指出了当时日本的一个重大问题：在受到西方国家支配的世界里，日本如何安排自己国家的未来，如何与世界相处？这个问题的基础是日本如何处理对华关系。半年后，孙中山在北京去世，可是他提出的问题和松方正义的警告一样依旧存在，而且此后随着日本国内外形势的变化而变得越来越紧迫。

遗憾的是，对于松方正义的警告和孙中山的提问，日本并没有做出正确的选择。自从明治维新把“富国强兵”作为目标以来，这种民族主义的追求一直激励着日本。追求富国强兵本来是新兴民族必然会经历的阶段，可是在国家强大之后，富国强兵的后遗症开始凸显，国家必须重新调整发展目标。在大正时代，随着民主主义的盛行，日本本来有机会做出彻底调整。

1915 年，美国著名的经济学家托尔斯坦・凡勃伦访问日本时就指出，在欧洲和美国，科学和工业的推广导致了相似的文化价值和政治安排的出现，尤其是在像英国和美国这样的国家。他声称，看到了“日本人和西方人之间思想上的相似性”以及“心理的相同”。因此他预言，当日本变得更加现代时，日本人将丢弃“旧日本的精神”，拥抱遍及世界先进国家的“理想道德价值和原则”。反过来，相近价值观的建立也会支持与欧洲和北美相似的作为上层建筑的政治制度。

可是，日本并没有丢弃“旧日本的精神”，将民主主义思潮内化为现代的文化价值和政治安排。尤其是进入昭和时代以后，崇尚武力的日本成为“霸道的鹰犬”，接连不断地采用激烈批评的手段对待中国，不断升级侵略中国的步骤。其结果：一方面，使中国民众对日本的好感丧失殆尽，中日两个邻国成为仇雠；另一方面，日本在妄图统治中国和称霸世界的道路上越走越远，孤立于世界，“陷于危殆”，最终走上了一条不归路。

白虹贯日事件：日本历史上最大的文字狱

“白虹贯日事件”是日本历史上最大的一次言论嫁祸事件，本质是国家对舆论的镇压。这起事件的关键是，利用“白虹贯日”这种词语所具有的“象征性”进行政治构陷。战败后连续发生的许多文字狱都是以此作为范本的。

进入大正时代，明治后期的社会高压开始松动，国民的民主意识逐渐高涨。对于藩阀势力垄断权力的政治现状，民众尤为不满。许多民间报纸作为民众的代言人，站在反对藩阀政治的前列，推动护宪运动，厥功甚伟。其中《朝日新闻》发挥了舆论领袖的作用，可也因此而埋下了遭遇政治报复的祸根。

《朝日新闻》1879 年 1 月 25 日在大阪创刊，“朝日”蕴含“旭日升天、万象惟明”之意。草创时期为插图小报，以“不偏不党”为办报方针。1889 年建立东京本部并开始出版《东京朝日新闻》，但是发行量有限，影响不大，不过很快就迎来了机会。第二年日本政府举行宪法颁布大典，朝日新闻社社长村山龙平从政府拿到宪法全文后，立即跑步交给早已候立在门外的报社职员，这名职员一路狂奔回报社，当日出版号外。《东京朝日新闻》一举压倒对手，在报纸林立的东京脱颖而出，进入大报行列。

早在明治时代，报纸与政府的斗争就经常不断，但是初期的报纸发行量很小，影响力也很有限。自日俄战争时期起，报纸的发行量逐渐增加，出现了发行量超过 20 万份的报纸。因为教育普及，国民识字率增加，报纸成了真正的大众媒体。《朝日新闻》就是一个典型。进入大正时代，它已经成为言论界重镇，汇集了许多进步派人士。著名作家夏目漱石、京都大学教授河上肇、佐佐木惣一等都是报社的客座记者。

在 1913 年的第一次护宪运动中，桂太郎内阁被民众推翻，山本权兵卫组阁。山本属于萨摩藩军阀，因此这次内阁更替只不过是一个藩阀取代另一个藩阀而已，引起民众的反感。“全国同志记者会”做出决议，公开反对不以政党为基础的山本内阁。1914 年 1 月，媒体披露“西门子事件”：在购买巡洋舰的过程中，海军军官及商界人士收受德国西门子公司的贿赂。彼时山本权兵卫内阁为了扩建海军，正在向议会提交增加海军预算的议案。消息传来，贿赂丑闻立即成为议员们关注的焦点。拥护宪政的报纸也在东京召开记者大会，对山本内阁进行抨击。

很快，议会就审议了对山本内阁的不信任案，但是没有通过。3 月，大量国民包围议院示威抗议，还袭击支持山本内阁的报社。4 000 名警察都无法制止，直到陆军出动，才平息暴乱。在混乱中，两位记者被警察砍成重伤。为此，包括《朝日新闻》在内的东京各报社、杂志社与通讯社的代表一致做出决议称："警察、官吏行凶伤害没有进行抵抗的新闻通讯记者，危及吾人的天职。对其负有责任的内务大臣应当以书面形式对此表明谢罪之意。"

时任内务大臣的原敬不承认有警察动武的事实。《朝日新闻》记者前去原敬家访问，竟遭到袭击。在这种情况下，媒体界要求保护言论自由的呼声更加高涨。记者们在东京、大阪等地召开大会，做出了弹劾内务大臣的决议，向天皇递交请愿上奏书。舆论风潮席卷全国，议会内部也掀起了反对政府的热潮。在苦苦支撑 3 个多月后，执政 14 个月的山本内阁最终于 1914 年 4 月 16 日总辞职。

在反对山本内阁、维护言论自由的运动中，报纸发挥了核心作用，《朝日新闻》更是一马当先。作为社长，村山龙平站在最前列，反对藩阀政府，推动言论自由运动深入发展，在日本言论史上留下了浓墨重彩的一笔。

人们由此认识到媒体对于推动政治进步的重要意义，因此开始对媒体寄予厚望。可是谁能料到，4 年后媒体面临的形势却发生了巨大改变。1918 年 8 月，第一次世界大战临近结束之际，日本利用苏俄自顾不暇之际出兵西伯利亚。执政的寺内正毅内阁禁止各报纸发表任何有关报道，6 家东京报纸、50 家地方报纸因违犯禁令而遭到停止发行的处罚。

几乎与此同时，全国多地爆发"米骚动"，并迅速演变为暴动。报纸激烈地批判政府，《朝日新闻》对政府的批判尤其尖锐。政府没有检讨政策失误，反而认为"米骚动"是报纸煽动所致，严令禁止报纸刊登一切有关"米骚动"的报道。某日《大阪朝日新闻》社会版一半开了天窗，以示抗议。

寺内内阁由于不以政党为基础，本来口碑不佳，现在又严厉限制新闻自由，愈加引起媒体的不满，全国随之掀起拥护言论自由的运动。各地记者召开大会，呼吁弹劾内阁，《朝日新闻》一如既往地勇立潮头。就在言论自由运动达到高峰时，《大阪朝日新闻》却遭遇了一场关系到报社能否办下去的笔祸。

事情起因于8月25日在大阪召开的“关西记者大会”。村山龙平主持大会，86家报社的166名记者与会，大会呼吁追究寺内内阁的责任。翌日，《大阪朝日新闻》刊登了一则关于这次大会的新闻，其中写道：“……素有金瓯无缺之誉的我大日本帝国，如今恐怕正在接近令人恐惧的最后审判之日吧。古人嗫嚅的‘白虹贯日’不祥之兆，正像电流一样默默地掠过手操刀叉的人们的脑际……”

“白虹贯日”是《史记》中的一个典故，说的是发生白色的霓虹贯穿太阳的景象，是国家发生兵乱的凶兆。就是这样一个源自中国古代的成语，却惹恼了军国主义组织黑龙会成员池田弘寿，他是一个25岁的狂热右翼分子。这个年轻人后来被抓获后供述说，他看了《大阪朝日新闻》的“不谨慎的论调”后非常愤慨，于是纠集几个同伙，9月28日下午在村山龙平回报社途中，将其拖下人力车，拳打脚踢。然后又把村山龙平绑在神社的石制灯笼上，在其背上插上一根写有“代天诛讨国贼村山龙平”字样的旗子。

村山的伤势并不严重，行凶者也很快被抓获归案，可这才是《朝日新闻》麻烦的开始。因为政府借题发挥说，“白虹贯日”意味着国家将要面临兵祸，在报道中引用这个成语是紊乱朝宪，意味着内乱，是动摇国民，而且“日”象征天子，构成了不敬之罪。政府以此为由禁止《朝日新闻》发行，并以违犯报纸法为名向检察机关提出控告。

其实有识之士都明白，这是官方蓄谋已久的报复行为。因为《朝日新闻》一直对寺内内阁不主张立宪的政策进行抨击，而在这次笔祸发生之前，该报社已被禁止发行12次。特别是在拥护言论自由的运动中，村山龙平社长一马当先，走在各报社的前面，已成政府的心腹之患。政府一直在寻找机会，现在抓住了“把柄”，岂肯轻易放过？尽管起诉期间，寺内内阁总辞职，原敬组阁，然而官方对《朝日新闻》的报复并没有结束，检察官起诉要求停止发行报纸。这无异于要判《朝日新闻》死刑。

在巨大的压力下，村山原想解散报社，但考虑到事关数千人的命运，最终放弃解散之意。为了让报纸活下去，报社宣布社长易人，村山龙平辞职，由《朝日新闻》的另一位创业者上野理一接任。编辑局长和多名骨干编辑记者退出报社，包括河上肇在内的多名客座记者也一起退出。并且在判决公布前3天，《朝日新闻》发表题为《报告本报的违法事件，并宣明特色》的“悔过宣言”，宣称“我社近年之言论颇不稳健，失于片面，今后当树忠厚之风”，公开承诺要改正错误，彻底改变方针并进行改革。

12月4日，撰写报道的记者和编辑以违犯报纸法的罪名，被法院判以禁锢两个月的处罚，报纸仍准发行。检察长还想就禁止发行进行抗诉，但是司法省次官与总检察长协商，决定不再抗诉。身为首相的原敬还不放心，专门要求新任社长到他的办公室面谈。71岁的上野理一抱老病之躯赴京，当面向62岁的首相请罪，陈述了报社改组经过。

根据《原敬日记》记载，新任社长表态说，今后要“彻底改变方针”，“为使今后即便出现人员变动等情况时亦能遵守，特将内容明确写入报社章程，因此今后绝不会再犯如此过失；另外这次判决极其宽大，至于有人被判自由刑，即使有人主张不能全部服从报社的命令，也要进行抚慰，让其认罪服法，绝不上诉。总之，报纸上公布的精神全部贯彻”。

风波平息，“白虹贯日事件”结束。由于上层管理人员承担全部责任，报纸也改变编辑方针，《朝日新闻》才得以渡过难关。这起事件使日本新闻界气氛空前紧张，从此新闻界的自由主义色彩渐失，批判锋芒顿挫。新闻作为舆论的力量逐渐丧失，报纸的风格也发生很大变化，不像从前那样敢于直言不讳地批评政府。

尽管对当时的中国来说，日本政府对于《朝日新闻》的处罚算是非常宽宏大量的，可是“白虹贯日事件”却是日本历史上最大的一次文字狱。这起事件的本质是国家对舆论的镇压，是利用“白虹贯日”这种词语所具有的“象征性”进行政治构陷。战败后连续发生的许多文字狱，都是以此作为范本的。这种抓取只言片语并借题发挥为“内乱”“动摇国民”，从而进行政治迫害的做法，后来成为右翼和军部的习惯伎俩。20 世纪 30 年代的“干犯统帅权”“天皇机关说”等词语就是这样被利用而为法西斯主义开路的。

平民首相原敬：不让这种潮流发展过快

在建立战前日本政党政治方面，原敬发挥了开创性的领导作用，希望使政党政治确立下来。不幸的是原敬被暗杀身亡，生前没能看到他的国家构想得以实现。自由主义在日本是短命的，10年后就在法西斯主义的攻击下风流云散。

“自由主义正在弥漫。”

1919年春天，美国著名哲学家杜威来到日本。他在写给《新共和》杂志的文章里，热情地向美国人民介绍说，“民主”已经在日本扎根一段时间了。当日本按照规则使内阁“向议会而不是天皇负责”时，它就会永久存在。杜威毫不怀疑这种事情发生的可能性。他之所以如此断言，是因为一位政治家担任了首相。在杜威看来，这位新首相上任后，“日本将稳步走向民主。没有血腥悲惨的巨变，变化也会来临”。

这位政治家就是原敬，日本的第一位平民首相。

一、受命于危难之际

第一次世界大战为日本提供了难得的发展机遇。战争期间，出口激增，生产繁荣，许多大资本家因此而暴富。但是随着物价不断提高，实际工资反而在下降。在战争的最后一年，米价飞涨到战前的四倍，全国各地谷物交易所被迫停牌。民众的不满情绪急增，1918 年 7 月爆发的“米骚动”迅速向全国蔓延。据统计，参与骚乱的人数达 70 万以上。

民众的不满表面看来是因为生活状况恶化，其实更深层次的原因是政治。诚如当时的报纸所说，“最近的骚乱是因‘权力和财富分配不公’而起，‘公平的分配’是民众真正渴望的”。这种对公平的渴望，激发了民众的公民意识。一位示威者说：“我们是公民。现内阁的政策不足取，必须打倒目前的政府。”另一位示威者说：“粮价飞涨是寺内内阁犯下的罪行。当务之急是尽快行动，推翻这个违背人民意愿的政府。”

1913 年的第一次护宪运动之后，日本开始逐步摆脱藩阀政治，向政党政治演进。可是在山本权兵卫、大隈重信两任首相之后，政治的钟摆再次反转。日本参加世界大战之后，利用“举国一心”的舆论氛围，元老山县有朋支持陆军出身的寺内正毅出任首相。这是一个没有民众基础的非宪政内阁，被称为“藩阀内阁”“私议内阁”。

面对各地沸腾的“米骚动”，寺内内阁不是尽力去解决此类社会问题，反而一味地严厉镇压。因为参与“米骚动”，数万人被逮捕，7 000 多人被起诉，社会动荡终于平息了。但是暴力只能暂时压制社会的波动，无法消除民众内心的不满。官方试图通过谴责因暴动而遭驱逐的人来操纵大众观念，但是并不起什么大的作用。政党都攻击寺内正毅的政策不得力，全国的报刊也都对他发起弹劾。寺内四面楚歌，名誉扫地，只好以身体抱恙为由辞去首相职务。

作为明治维新以来的元老，掌握着“首相制造权”的山县有朋不相信政党，仍然想如同以前那样操纵政治。他找到另一位元老西园寺公望，请他出任首相。深受现代思想影响的西园寺是一位自由主义者，他婉拒了山县有朋的邀请，转而推荐政友会总裁原敬。面对俄国爆发革命、中国民族主义高涨和国内要求实现普选制的呼声，山县有朋认识到，藩阀官僚政治家已无法担当应对时代的重任，于是转而同意原敬担任首相。

原敬生于1856年，少年时家境贫困，一面当书童，一面刻苦读书。之后他投身新闻界，做过多年的政治记者。28岁时，他受到外交大臣全权井上馨的青睐，被任命为外务省秘书，从此步入政坛。后来他的才干又得到伊藤博文的赏识，1900年伊藤博文组织“政友会”时，请他出任干事长。和那些有资历、有背景的政党人士不同，原敬只身投入政党。他认为，政党政治早晚必然取代藩阀政治。

18年来，原敬全力对抗以山县有朋为代表的军阀、官僚势力，致力于树立全民支持的政党内阁。原敬构想的政党内阁，不是煽动民众发起暴乱而趁机夺权，而是建立具有能力和责任的政党政治。以往的政党打着自由民权运动的旗号，多为豪言壮语派和演说派，缺乏近代政党所必需的制定政策能力和经济运营方面的优秀人才。唯有原敬积极从政界和财界发展有才能的人加入

"政友会"，以期提高制定政策能力，使"政友会"有了质的变化和发展。

1918年9月27日，原敬走上日本政坛的中心，原敬内阁成立。这是日本政治史上划时代的事件。因为在此之前的历任首相，都有藩阀背景，不是元老，就是拥有爵位，而原敬仅是一位众议员。名义上首相是由天皇降旨任命的，但作为政府之长的原敬是从以国民为基础的议会中登场亮相的。明治维新以来，君临国民、高高在上的政府第一次被建立在国民基础之上的政府所代替。除了外相、陆相、海相以外的内阁大臣都来自原敬领导的"政友会"。所以，这是日本政治史上第一个真正的政党内阁。

原敬内阁受到社会各界的欢迎，人们对政党内阁取代藩阀官僚政治充满期待。用民主主义运动的旗手吉野作造的话说，"不管怎么讲，（原敬内阁的诞生）乃是时代潮流所趋，以及与此相伴的国民的众望所归"。原敬也很清醒，他说："国民的期待太高了，期待我在短时间内做很多事。"

二、不让这种潮流发展过快

原敬内阁不负众望，提出了将教育、交通、产业与国防问题作为四大政纲，并强力实行，很快就稳定了局势。除了现实社会问题，原敬面对的最大挑战，是回应民众的民主诉求。

从1918年年末起，各地要求实现普选权的集会越来越多。1919年2月11日是《大日本帝国宪法》颁布30周年纪念日，数万民众汇集在上野公园，要求普选，宣告"民本主义是时代的潮流，君民共治必须真正彻底”，并且举行了声势浩大的示威游行。第一次护宪运动主要是通过新闻报道得知运动的市民自发进行集会，这次普选运动则由工会等各种团体组织示威游行。就像媒体报道的那样，“数不胜数的各种团体一时间涌上街头，其中不乏理事长、会长、理事、干事等。不仅有拥有成千上百会员的团体，甚至那些由二三人自行组成并分别担任理事长和会长、无一名会员的团体也混迹其中”。

政治家、评论家、劳动运动家、学生、右翼一起加入到普选运动中，有野心的团体为展示自己的实力而采取过激行为，因此发生了激烈打斗。警察出动，多名示威者被捕，直到夜幕降临东京才恢复平静。期待着更加开放的政治民主的人们对原敬感到失望，发现他并不是他们心目中的自由主义政治家。

原敬出生在东北诸藩阀之一的南部藩，该藩在戊辰战争中一直与萨长政府军战斗到最后，因此被萨长藩阀蔑视。原敬对藩阀政治怀有强烈的对抗心理。他认识到民主主义是潮流，但是并不同意马上实现普选。“实际上将来民主主义发展是件可怕的事情，对此我与官僚势力有相同的担忧。”原敬在日记中曾这样写道，“所不同之处在于官僚势力想阻断这种潮流，而我是想不让这种潮流发展过快，进行疏导，使之不致引起大乱。”

原敬向议会提出了扩大选举权的法案《众议院议员选举法修正案》，只是把现行纳税资格的10日元降至3日元，而并没有将普选付诸实行。法案由议会通过，有选举权者由原来的150万人增至300万。虽然拥有选举权者倍增，但是300万人只不过占全国成年男子总数的10%。同时他把旧法时的中选举区制改为小选举区制，来巩固政党的基础。

普选运动继续发展，除了要求扩大选举权，民众还要求修改《治安警察法》，保障民众的生存权、结社权、罢工权。右翼也要求“改造国家”，北一辉在上海起草《日本改造法案大纲》。在左右两翼的压力下，原敬依旧拒绝普选。在他看来，“匆忙实行普选之危险不在郡、村，而在都会，且古来革命系于首府进行，如突然实行普选，则东京即成混乱之街巷，令人害怕”。

为了避免普选运动“引起大乱”，原敬关注社会问题，推行社会政策，以求纾缓社会矛盾。同时，他加强思想的管制。东京大学副教授森户辰明在《经济学研究》杂志上发表论文《克鲁泡特金社会思想之研究》，被指控违犯宪法，并被起诉。原敬说，“起诉乃不得已之事”，并强调“近来有大学教授等越出常规，发过激危险之议论以炫耀名声，此风于国家甚为不利。有鉴于此，我认为采取严格之措施是可取的”。

可是，普选运动难以遏制。人们期望实现普选，消灭藩阀，迎来美好的生活。在野党主张普选，以作为“革命的安全阀”。但原敬仍未改变态度。他断定，特地向“民众之强求”让步，将危及国家之基础。为此他解散议会，重新选举。

由于原敬的教育政策和交通政策施惠于民，桥梁、公路和新厂房如雨后春笋般冒出来，尤其是铁路设施遍及广大“郡村”，因此在选举中，他所在的“政友会”获得绝对胜利。可是由于他没有顺应潮流积极主动地推进民主主义，以使日本的政党政治建立起坚实而稳定的基础，一旦国内外形势发生变化，幼稚而脆弱的政党政治很容易被动摇，乃至被推翻，使国家政治陷入困境，为右翼的激进主义打开通道。

在这个意义上，原敬辜负了时代赋予他的重任。

三、军国主义为世界所不容

原敬组阁不久，持续 4 年多的第一次世界大战结束了。为了应对日本面临的国际环境新变化，避免日本在国际上受孤立，原敬采取了与英美进行协调的外交路线。他说："日美英三国进行合作对国家的将来极为有利。反之，如果日本与美国关系疏远那将是十分危险的。"

在巴黎和会上，日本代表团提出的废除人种歧视的议案未获通过，日本国内呼声四起，要求采取不加入"国际联盟"等强硬措施。但是原敬首相始终保持冷静，没有感情用事，保证了日本战后外交路线的稳定。

原敬在施政纲领里提出"充实国防"，他同时也提出应防止过度依赖军事力量。他认为军备终究是相对性的，如果能控制在低水平就不要超越它，大规模的扩军是无益的。他在日记中写道："我国国防政策不应有侵略方针……军国主义为世界所不容"，"（今后在发展军备方面）如果没有国民的同情和支持什么事情也办不成"。

随着"大战景气"结束，1920 年 3 月以后，日本经济陷入慢性衰退境地，政府不得不对军扩计划进行根本性修改。原敬对美国提出的裁军方案表示欢迎，派海军大臣作为首席全权代表，参加华盛顿裁军会议。原敬始终认为"政治应高于军事"。为了抑制逐渐膨胀的军阀势力，他试图废止参谋本部武官专任制，允许文官担任。在海军大臣出国期间，原敬兼任海军大臣，从而为他谋求军部大臣文官制、改革军队制度提供了机会。

在此之前，日本的海军大臣、陆军大臣一律由现役军人担任。一旦他们辞职，军部又拒绝推荐人选，就会导致内阁垮台。事实上，这已经成为军部操纵政治的惯用伎俩。对于军部强权、特权的存在，原敬抱有强烈的警惕。他在日记中写道："总参谋本部总是强调统帅权，其前途危险……参谋本部的军人们……动辄抬出皇室对政界施压，其谬甚也"，"参谋本部直属天皇，独立于政府之外，不论什么事都反复强调统帅权问题，这还不足以令人忧虑吗？值此之际，将此弊端一扫而光才是为国家、皇室着想之策"。

原敬限制海军扩展计划得罪了右翼，他积极推动皇太子出国访问，更加深了右翼对他的仇恨。原敬一方面拥护"宪政"，另一方面又拥护"皇室"。当时大正天皇病情恶化，右翼势力反对皇太子此时出国访问。但原敬认为皇太子有必要扩展见识和教养，积极主张皇太子出国访问。1921 年 2 月，皇太子裕仁出发，前往欧洲国家访问。几乎同时，原敬接到会被暗杀的警告。他在日记中写道："我深切感谢其好意，可又没有什么特别值得注意的地方……我想，只要不是'形同狂犬'的家伙，就不应有特别憎恨我的理由。"

半年后，皇太子平安归来。历时半年的出访对皇太子的思想形成很大影响，他在赐给原敬的话中称："余对（第一次世界）大战教训有了鲜明认识，达到学习目的，余心甚喜"，对原敬力排反对意见积极推进出访计划的见识给予高度评价。

皇太子回国后，身心疲惫的原敬一度想辞职。执政两年后，他向国民承诺的政策开始走上轨道，但是由于皇太子要摄政，华盛顿会议即将召开，于是不得不留任。两个月后的一天晚上，原敬应邀参加比利时驻东京公使馆举行的夜宴。公使馆原为大久保利通的故宅，于是席间宾客自然而然地谈到大久保利通被暗杀的往事。大久保利通作为“维新三杰”之一，在明治维新中厥功甚伟，却遭到暗杀。这些往事令众人唏嘘不已。

就在第二天，1921 年 11 月 4 日，65 岁的原敬步入东京火车站。为消散积存已久的郁闷，他想到外地旅行。可是黄昏中白刃一闪，65 岁的原敬被一位 18 岁的右翼青年刺杀身亡。这是自 1885 年内阁制建立以来首位被暗杀的现职首相。原敬之死对内外造成冲击，海外媒体对此十分罕见地予以报道，表示痛惜。

原敬身后，留下了资料丰富的日记。从日记里人们发现，原敬不仅是一个对眼前问题临机应变、巧妙处理的务实型政治家，也是日本政治家中十分罕见的怀有国家构想的人。多年后人们回过头看，许多构想都是正确和有先见之明的。在对外政策上，原敬制定的国际协调的和平外交路线和政党政治一直是国家的基本政策，直到 1931 年发生九一八事变为止。在建立战前日本政党政治方面，原敬发挥了开创性的领导作用，希望使政党政治确立下来。不幸的是原敬被暗杀身亡，生前没能看到他的国家构想得以实现。自由主义在日本是短命的，10 年后就在法西斯主义的攻击下风流云散。

美国哲学家杜威访问日本后，又顺便去中国旅行。本来他打算在中国停留几个星期，但是后来改变了计划，在中国竟然讲学两年。他对比日中两国的自由主义，说了下面一段话——

来到中国以后，日本的自由主义在我眼里变弱小了。在中国一侧看来，日本所谓的自由主义，就好比演戏时为了救场而预先设置道具，然后突然出现在舞台上的怪神，看上去很是古里古怪……未来大战的所有种子，如今都已经深深地播种在中国的大地上。

吉野作造：大正民主的旗手

在日本的发展过程中，民族主义与民主主义始终是一对矛盾体。吉野作造的民本主义思想“在内政上彻底地贯彻民本主义，在外交上确立国际的平等主义”，是非常难能可贵的。假如他的思想成为社会共识，日本很有可能走上完全不同的发展道路。

五四运动在中国如火如荼之际，日本报刊上充斥着质疑乃至污蔑这场运动的声音。可是，却有一位日本学者公开发表文章，大力赞扬中国学生的爱国行动——

多年来，吾人为此而致力于从官僚军阀手中解放我所爱之日本，北京学生团体之运动于此点岂非与吾等同一志向目标乎？愿我等速使这一解放运动成功，并真诚祈愿邻邦民众之同一运动也有所成功。从官僚手中解放，始可建筑两国间固牢之国民亲善，而以往之所谓亲善，实乃妨碍真正亲善之大障碍。

不顾舆论汹汹而敢于独立发声的这位学者，就是被誉为“大正民主主义旗手”的吉野作造。他一生的重要时期都在激荡的大正时代度过，就像《纽约书评》主编、历史学家伊恩·布鲁玛所说，“吉野本可以加入那些行事诡秘的小团体，借天皇之名统辖日本。但是他没有这样做，而是效法前辈福泽谕吉，选择了一条最难能可贵、最岌岌可危且最危机四伏的道路：成为一名独立知识分子”。

一、站在世界看日本

吉野作造 1878 年出生于宫城县，后来考入东京大学。这是日本最重要的高等学府，为政府输送了众多精英人才，学校师生非常关注国家大事。甲午战争爆发时，作为学习政治学的青年学生，吉野和普通日本人一样狂热。每有半夜出征的队伍，吉野都会到车站前送行，并高呼万岁。如果有捷报传来，吉野便卷起袍襟穿着草鞋，加入到庆贺的提灯队伍里面。

甲午战争的胜利让日本举国若狂，知识界弥漫着蔑视中国的认知。沉浸在大国迷梦里的吉野这样写道：“维新后我们停止了对最早引进文物制度的老师的尊敬，唯在武力上难以轻侮，但是通过此次（甲午）战争，就连这点体面也悲惨地剥落了。西洋人曰‘沉睡的雄狮’是错误的，狮子已经疾死。”

本来，甲午战争后日本还担心清朝的报复，可是清朝国运如江河日下。1900 年发生的义和团运动（“庚子事变”）引发列强干预，日本兵也第一次进入北京，从此日本消除了对清朝复仇的担忧。义和团运动后，日本看透了清朝的真实面目，开始与列强一起欺负清朝。

日俄战争爆发时，吉野作造已经大学毕业，留校工作。这场战争对日本和东亚的影响深远。作为年轻的政治学者，吉野敏感地意识到，国民的心态发生了转折性变化，“日俄战争后，日本产生了作为军国称雄世界的自负心理，视别国为狗屁不如。”

晚清末年，不少日本知识分子受邀到中国工作。1906 年，28 岁的吉野也在别人的推荐下，担任了直隶总督袁世凯长子袁克定的私人家庭教师。一年后，他“跳槽”到北洋法政学堂任教。在天津的三年里，他看到的是一个腐败衰弱的老迈国家，毫无生气，因此他对中国没有什么好感，“并不认为中国会前途光明”。他没有研究中国，而是热心学习英语和德语，为将来留学欧美做准备。1909 年吉野回到东京大学讲授政治史，翌年留学海外。

在后发国家，成长于国力强盛时代的知识分子，很难冷静客观地看待自己的国家，尤其是当国家处于上升期、民族主义浪潮高涨之时。和暮气沉沉的中国比起来，20 世纪初期的日本显得蒸蒸日上，因此日本的知识分子更容易滋生傲慢自大的心态，常常被狭隘的民族主义和国家主义蒙蔽了眼睛。幸运的是，吉野没有囿于一国之内。他在欧美国家留学 3 年，走访了许多充满活力的城镇，并广交朋友，用自己的眼睛观察了正在发生巨大变化的世界。站在世界看日本，他的思想也随之开阔起来。

“3 年留学生活中的诸多见闻与后来确立我的政治立场密切相关，”他后来在回忆自己的思想历程时说，“其中特别值得一提的有以下几点：①在英国目睹了缩小上院权限的过程；②在奥地利首都维也纳目睹了因生活必需品的价格上涨而发生的劳动党的运动，其秩序井然，一丝不乱，让人深感国民大众值得信赖，并让人佩服；③ 1912 年比利时的工人同盟大罢工自准备阶段起，就体现着秩序化并显示出力量，因而我深感秩序化的民众运动相当必要”。

1913 年，吉野回国，发现日本已经进入了大正时代。随着明治天皇去世、新天皇登基，民心搅动，政坛风起云涌：反对军队增加编制的西园寺内阁在军部的压力下被迫辞职，藩阀政治的代表桂太郎出任首相，引发了“第一次护宪运动”。民众集会抗议，高呼“打倒阀族”“拥护宪政”的口号，一度包围议会。政府出动 2 000 余名警察镇压，酿成了流血事件。骚动向东京、广岛、大阪、神户、兵库等地蔓延，最终桂太郎被迫辞职。藩阀政治越来越不受欢迎，政党政治开始受到民众拥护。

在东京大学执教的吉野在《中央公论》上发表文章，根据在欧美各国的见闻，分析日本的现状，论断在日本实行“民众政治”的可能性。他认为，自己不应该安坐在书房里做一个遗世独立的政治学者，而是要密切关注发生在身边的政治变革，思考如何有秩序地、合理地发挥民众运动的实力，这才是自己的重要任务。远赴欧美所做的政治观察让吉野感受到民众运动的威力，国内的“大正政变”更坚定了他对民众实力的看法。

二、时代的胜利

经过数年的思考与酝酿，1916 年 1 月吉野作造在《中央公论》上发表《论宪政本义及其完成至善至美的途径》，标志着他的“民本主义”思想体系的正式形成。

吉野的“民本主义”有两个基本含义：第一，政权运用的目的在于追求一般民众的福利；第二，政策的决定要根据一般民众的意向。因此，吉野主张完善代议政治，以达到使人们能够监督议员，议会能够监督政府的政治效果。在他看来，日本政治的弊端在于只有贵族政治而没有民主政治，唯有政党才能使代议政治付诸实际行动。因此，吉野力主扩大人民的权利，实行普选，建立政党内阁制，限制枢密院、贵族院、军部等非立宪主义势力对政治的干涉。

由此可见，吉野的“民本主义”理论既重视民权，又直接挑战藩阀权威。事实上，“民本主义”就来自英语单词“Democracy”。那么，为什么吉野不直接打出“民主主义”的旗号呢？他之所以刻意回避“民主主义”的现成表达，而翻译为“民本主义”，是因为“民主主义”本意的“主权在民”，与《大日本帝国宪法》中的“天皇主权论”在法理上相抵触，于是只有退而求其次，以“民本主义”作为权宜性的一种表达。

实际上，日俄战争以来日本就出现了两股矛盾的社会动向。一方面让国民陶醉于帝国主义海外发展，另一方面也敦促国民自觉增强民智、朝着民主方向努力。进入大正时代以来，新生的中产阶级反对延续多年的军阀官僚专制，要求实现政党政治，实施普选。吉野的“民本主义”理论，本质上是在明治宪法体制的框架内追求民主，即在不否认君主制的前提下，主张以宪法保障人民权利、三权分立、民选国会等。由于契合了时代要求，吉野的民本主义理论成为大正民主运动的指导思想，推动大正民主深入发展。

在民主运动蓬勃发展的同时，保守的国家主义也在滋生疯长。国家主义者认为，吉野的理论是“反国体”的，对其进行围攻。吉野的同事、东京大学的宪法学者上杉慎吉就大肆批判民本主义，叫嚷要对国民进行思想辅导。在校园之外，那些激进的国家主义者则直接采取恐吓行动。

“浪人会”就是一个典型的国家主义团体，成员是一批大陆浪人。他们鼓吹国家主义的舆论，特别以“扑灭德谟克拉西”为己任。1918 年 8 月 26 日，《大阪朝日新闻》的报道里引用了古语“白虹贯日”，“浪人会”四处活动，上纲上线，以破坏国体、企图谋反等罪名对该报进行攻击迫害，最终迫使社长辞职、编辑部改组，毁掉了这个民本主义的根据地。

吉野作造仗义执言，称“白虹贯日”笔祸事件是“排除言论自由的社会压迫”。“浪人会”遂把矛头指向吉野，逼他修正自己的看法。一天，酒气醺醺的四个“浪人会”成员到吉野的研究室挑衅，吉野慨然要求与他们进行公开辩论。

1918 年 11 月 23 日，一场激烈的辩论会在东京神田南明俱乐部举行。辩论的一方是温文尔雅的吉野，另一方则是气势汹汹的“浪人会”。当天的报纸以“德谟克拉西论战”为题向社会宣传这场论战。学生们情绪高涨，呼吁大家到现场去——

浪人会对吉野先生之战，是自由的学府被军国主义的马蹄所蹂躏践踏，还是以民众之手来保护的决战？讴歌军国主义的去攀附浪人会！而忠实于大学的文化使命的学徒，这时正好与吉野先生共同作战！同学诸君！什么都别说了，行动吧！挺身而出，一个人也不要剩下，都到南明俱乐部去。埋葬浪人会！保护吉野先生！

当天下午四五点钟开始，工人与学生陆续在会场一带集聚，人数越来越多，甚至出现了警察与人群的冲突。快到六点钟，吉野作造乘坐的汽车停在了会场入口，顿时群情激昂，如波涛汹涌，“吉野博士万岁！德谟克拉西万岁！”的呼喊声震耳欲聋。

吉野在会上批评“浪人会”以暴力压制思想自由，斥责他们才是破坏国体的乱臣贼子，“浪人会”理屈词穷，为阻止演说而威胁施暴，吉野义正词严地说：“论辩时，暴力本身就已经说明攻击者的败北和吾人见解、主张的正确性！”在青年学生和群众的掌声和欢呼声中，吉野获得了论战的胜利。这场辩论被认为是“时代的胜利”，是“指明时代方向的大事件”。

三、时代精神象征

吉野作造不仅是思想家，还亲自投身民主运动。他不但通过演讲与不同政见者进行辩论，让民众理解和认可接受自己的主张，而且为刊物写稿，参与创建各种团体，通过团体将自己的思想主张变成行动纲领。

吉野直接参与创办“黎明会”“东大新人会”“早大民人同盟会”等团体。“黎明会”的纲领明确提出，“扑灭与世界大势逆行的危险及顽固思想”，“顺应战后的新形势，促进国民生活的安定充实”。“东大新人会”的目标是“必须改革不合理的特权阶级社会，创造出以具有新型思想意识的人为基础的社会。要彻底地打破与改造社会的世界思潮逆行并对运动加以阻碍的羁绊”。

在这些启蒙团体与媒体的推动下，民本主义逐渐成为思想界的主流，普选成为大多数民众的要求。1919 年 2 月，《大日本帝国宪法》颁布 30 周年之际，各社会团体在日比谷公园召开大会，向社会宣告：“德谟克拉西是世界大势所趋，民本主义已成为时代的潮流，必须彻底地实行君民同治。”要求普选的青年学生们向众议院出发，举行了示威游行。一年后，社会团体又在东京的芝公园、上野公园等处举行普选演说会，普选运动热烈展开。

一方面民众要求民主权利，另一方面藩阀元老仍不甘心丧失政治主导权。自 1918 年原敬担任首相以来，日本的政党内阁运转了 4 年。可是，1922—1924 年，元老先后推荐海军大将加藤友三郎、山本权兵卫和清浦奎吾组阁，中断了政党政治的正常发展。这种倒行逆施被认为是“贵族对国民的宣战”，激起了民众的愤慨和社会的不满。连续 3 次被排斥于内阁之外的三大政党（立宪政友会、宪政会和革新俱乐部）联合起来，发动了“第二次护宪运动”，要求回归“宪政常道”，目标是“排除贵族专制”和“确立政党内阁”。

“第二次护宪运动”提出断然实行普选、改革贵族院、整顿行政和财政等要求，是大正时代以来不断高涨的群众性民主运动的继续。吉野发表《贵族院改革问题》，要求对几乎毫不受制约的贵族院加以钳制，最好是撤销这一机构。他还辞去东京大学教授职务，加入朝日新闻社，站在舆论第一线支持护宪运动，发出理性平和的声音。当时日本已成为名副其实的大众传媒社会，有多份发行量动辄达数百万份的全国性大报和周刊。在舆论的推动下，普选运动走向高潮。

1924 年 5 月，政党在大选中取得压倒性胜利，以加藤高明为首的三大政党组成联合内阁。这是日本政治史上首次产生的以选举中成为第一大党的政党为中心组建的政党内阁。从此直到 1932 年，六任首相都是政党总裁，而且政党成员通常都占据最重要的大臣位置。加藤内阁向议会提出普选法案，经过各方力量的博弈，1925 年 5 月议会正式通过了《普通选举法》。

1889 年颁布的《大日本帝国宪法》规定：只有年满 25 周岁以上、缴纳国税 15 日元以上的男子才有选举权，候选人必须缴纳 2 000 日元的保证金。这使得实际拥有选举权的人数只占日本总人数的 1.1%。《普通选举法》取消了对选举人和被选举人的财产限制（性别限制依然存在），使有选举权者从此前的 334 万人猛增至 1 415 万人（占人口总数的 25.8%）。考虑到一个世纪前亚洲其他国家的情形，《日本普选法》的出台可谓一项了不起的成就。

在维持《大日本帝国宪法》所规定的天皇专制体制现状的前提下，日本实现了民众的普选权，实现了吉野所代表的知识分子的政治要求。政党内阁的产生和《日本普选法》的颁布，成为大正民主运动取得的最大政治实效。二战结束之后，在军国主义最终消亡、学者扔掉“皇国史观”之际，回首历史，猛然发现在“荣光的明治”与“黑暗的昭和”之间，吉野曾强烈呼吁民主，引领民众运动，造成了生机勃勃的“大正民主”。

大正民主运动成就了吉野，吉野也以自己的思想引领了大正民主运动。他的民本主义被称为“大正时代精神象征”。难能可贵的是，吉野虽然参与现实政治，但却能够同时保持知识分子的独立人格，他从未带头参与暴力游行，也未被融入政治权力中。“第二次护宪运动”获得胜利后，吉野退出朝日新闻社，回到东京大学的校园。

四、对外的良心

吉野作造不像一般的评论家，也不像一般的学者，他游走在媒体和学术界之间，既能对现实世界的脉动做出实时的反应，又能冷静深思，提出具有深度和体系的理论。尤为难能可贵的是，作为彻底的民本主义者，吉野作造在国内和国际问题上保持了价值观的一致性。

在巴黎和会上，作为一战战胜国的日本踌躇满志，希望得到绝大好处。吉野却公开批评说，日本的巴黎和会外交政策是罔顾国际责任只顾本国利益的分赃政策。在当时弥漫着战胜国傲气的氛围中，吉野的批评如空谷足音，令人警醒。

随着国力的增强，日本从 19 世纪末以来加紧实行了军事扩张政策。尤其是日俄战争胜利后，国民陶醉于帝国主义海外发展的惊喜与满足中。当时在日本国民中普遍流行的是“对内立宪主义，对外帝国主义”的观点。就连一些在国内主张扩大民众权利的知识分子，也在国际问题上主张对外扩张。当时年轻的吉野也一度认为日俄战争是一场“义战”，并以此鼓吹民众的“爱国心”。

一战爆发后，武力至上、国家利益至上成为日本国内舆论的制高点。不过，随着民主主义国家在一战中取得胜利，欧亚大陆上的奥斯曼土耳其帝国、俄罗斯帝国、德意志帝国和奥匈帝国全部崩溃，国际上的民主主义思潮提高了威信，更加鼓舞了那些追求民主的人们。有位军人把大战后的特征归纳为平等化、民众化、劳动化、国际化，指出其根本都是民主主义，并进行了这样的阐述：“民主主义这个词也许是刺激近代吾人头脑的最中之最，又是在吾人头脑中留下印象的优中之优。”

吉野主张接受“自由”“平等”等价值对日本国家行为的制约，倡导日本走重视通商贸易的经济和平扩张路线，突破了狭隘的国家主义。在他看来，在国家之上，还有普遍正义和人道等。1919年，他挥笔写下了《世界的主要潮流及顺应政策和对应政策》，指出“世界的进步推动日本的发展，日本的发展又是世界的发展，而且必须是推动世界发展的”。他认为，为了日本帝国将来的发展，日本必须顺应世界的大潮流。那么，世界的“大潮流”究竟是什么呢？就是“在内政上彻底地贯彻民本主义，在外交上确立国际的平等主义”。为此，他呼吁在激烈的国际竞争形势下，民众要重视以道德为基础的“对外的良心”。

吉野对中国和朝鲜的态度，就体现了这种“对外的良心”。1919年朝鲜爆发爱国的“三一运动”，吉野批判日本国内把这次运动视为受第三者煽动的论调，指出日本政府和国民欠缺对朝鲜民众的同情和了解，“三一运动”是日本对朝政策的失败。

他告诫日本政府首先要彻底反省，从根本上改变对朝鲜的殖民政策，尊重朝鲜的民族性。

一个多月后，中国爆发五四运动。吉野发表《勿要谩骂北京学生团的行动》《关于北京大学学生的骚乱事件》等多篇文章，支持学生运动。在他看来，“这次运动完全是自发的，并没有日本报纸所称的某国的煽动”，“这次运动是根据一种确信的精神，为了达到确信的目标的行动，而这种目标所向并没有错误”，“这次运动的结果并非单纯的排日，首先是为了铲除国内的祸根”。他欢呼“这是中国民众举国向开明目标前进的开端”，“中国将别开一新生面矣”。吉野支持入狱的中国学生上诉，还邀请李大钊及北大学生访日交流。他在《致北京某君书》中提出希冀，“侵略的日本行将瓦解，未来平和人道的日本，必可与贵国青年提携”。

当时的日本国内舆论一边倒地谴责五四运动是一场“排日”运动，而“表示共鸣的日本人只有吉野作造一个”。作为吉野在天津北洋法政学堂的学生，李大钊一直感念自己的老师。每当与来访的日本人见面时，他必会问及吉野先生安否。1923年，李大钊在天津母校发表讲演时，深情地回忆说，“当时有两位日本教员，一系吉野作造，一系今井嘉幸，在本校当教授。后来，两位归国都极力鼓吹平民主义，介绍民治思想，作民权运动，教导他们国民。日本国民很受他们的恩泽。”

五、法西斯主义已经来到日本

1923 年关东大地震，东京流传出“朝鲜人放火”“朝鲜人要暴动”等谣言，引起恐慌，警察和军队一些人趁机消除异己，造成社会动乱。根据中、日、韩三国学者编撰的《东亚三国近现代史》记载，军队、警察和市民自发组织的自警团杀害了约6 000名朝鲜人。吉野作造庇护朝鲜学生使其免遭杀害，还发表文章抗议。

关东大地震不但摧毁了东京大部分地区，而且成为日本近代史的转折点。由于民间经济不振、政党政治腐化以及军部势力抬头，军国主义思想开始在社会上盛行。吉野过去的战友有的开始怀疑民本主义，转而投向共产主义。有的则转向右翼，甚至与法西斯主义同流合污。不过在政府的镇压下，共产主义运动难以振作。而法西斯主义思潮在政府的纵容下，迅速向全社会蔓延。

1931年九一八事变发生以后，吉野曾热心地参与组建的日本社会民众党，为了扩张自己的政党势力，竟然以“确保国民大众的生存权”为由支持军部的侵华政策，并提出尊重国体和否认议会中心主义等内容的“国民社会主义”的新运动方针。吉野愤怒至极，断然和社会民众党划清了界限。他还发表文章，斥责关东军发动九一八事变，也抨击了社会民众党坐视政府侵华政策而无动于衷甚至默认支持的不义。

“法西斯主义已经来到日本”，1932年“五一五事件”发生以后，吉野感到悲伤失望。当时欧洲的民主正在遭受攻击，这位值得尊敬的民本主义者担心，日本的暴徒和反民主的运动将否定议会政治，把国家引向歧途，“在日本民众中，有这一种思绪：如果民主制度不合那些发明它的人心意的话，那么一直持些许怀疑态度的日本，就更没有什么特别的理由支持该制度”。

事实上，“五一五事件”以后，日本的内政外交都迅速滑向法西斯主义，完全背弃了吉野多年来极力主张的民本主义，宪政制度遭到否认。右翼和军部对言论自由严格限制，但是吉野依然通过评论向社会发出民主政治的呼声，虽然在当时汹涌的法西斯舆论大潮中，他的声音微弱，听众很少。虽然那种不愿冷静地倾听少数意见并强迫接受某一既定国策的社会氛围已经形成。

1933 年 2 月，吉野在病床上发表最后一篇时论《李顿调查报告的读后心得》。他在文章中提醒世人，“在李顿调查报告发表后的今日，一个坚持自我立场的日本和一个作为国际联盟会员国的日本是无法并容的”。果然，在国际联盟大会投票时，日本彻底败北。日本谈判代表松冈洋右在会场上大喊，“日本政府与国际联盟的合作已到极限”，带领手下愤然退场。

态度强硬的松冈洋右却深得国内的民心。当他从瑞士日内瓦回到东京时，大批老百姓聚集火车站，像欢迎凯旋的将军一样迎候他。这表明，民众支持政府选择的一意孤行的不归路，日本至此再无机会回头。吉野幸运地没有看到自己的国家滑向战争深渊。1933 年 3 月，吉野作造病逝，享年 55 岁。

在日本的发展过程中，民族主义与民主主义始终是一对矛盾体。随着国家跻身世界列强，日本民智渐开，国民的民主权利要求不断提高。可是，日俄战争、一战等的胜利又让国民陶醉于帝国主义海外发展，帝国主义思想很有市场。吉野作造的民本主义思想“在内政上彻底地贯彻民本主义，在外交上确立国际的平等主义”，是极其难能可贵的。假如他的思想成为社会共识，日本很有可能走上完全不同的发展道路。

可是，由于日本的启蒙思想不彻底，导致日本国民中普遍流行“对内立宪主义，对外帝国主义”。“对外帝国主义”的存在和发展，又破坏了“对内立宪主义”，最终将国家推进了对外战争的灾难之中。这是日本近代史的惨痛教训，也是所有后发国家应该警惕的前车之鉴。

牧野伸显：预见世界形势的外交家

牧野伸显为“协调外交”做出了重要贡献。相对稳定的国际关系为“大正民主”营造了较好的国际环境，促进了日本的民主事业和社会进步。如果日本不参加国际联盟，势必导致日本基本外交路线的转向，加剧日本在国际社会中被孤立的危险，也会使国内的右翼势力大涨，法西斯时代可能提前到来。

试观以前日本在国际关系史上的行动，或标榜正义公道，或声明机会均等和门户开放，并提倡不干涉内政、日华亲善等。实际上这些仅体现在帝国政府的方针乃至意见中，与日本的措施往往不一致。因此，各国将这个帝国视为表里不一、不可轻信的国家。这是掩盖不了的事实。

1918 年 12 月 8 日，在首相原敬主持召开的外交调查会上，牧野伸显男爵对外交政策的批评引起与会人群的骚动。不过，在与会者看来，牧野伸显持有这种观点并不奇怪。

牧野伸显身世不凡。他是明治维新元老大久保利通的次子

（因过继给亲戚而改姓牧野，但在大久保家中长大），1860 年出生于鹿儿岛。他 11 岁时就跟随岩仓使团赴美，从此留在美国读书，在费城中学读书 3 年。14 岁回国，进入东京开成学校（东京大学前身）就读。19 岁就进入外务省工作，先后担任过日本驻奥地利大使、驻意大利大使。牧野外语娴熟，熟知欧美社会，是一位难得的具有国际视野的外交官。他同时也是一位资深政治家，担任过内阁文部大臣、农商务大臣、枢密官、外务大臣等要职。牧野主张对外进行协调外交，学习英美民主政治，在日本政坛上被视为亲英美派。

第一次世界大战结束，各国将在巴黎召开和会。作为战胜国之一，日本当然要参加这个重要的国际会议。外交调查会讨论的主要问题，就是在即将召开的巴黎和会上，日本应该采取什么样的政策。牧野已经被任命为全权代表，即将奔赴巴黎。可是他担心，假如各国对日本的认识依然如故，代表团很难有所作为，因此他直言不讳地指出，巴黎和会是恢复和提高日本国际信义的好机会，为此政府要顾全大局，放弃那些“高压的、利己的以及阴险的政策乃至手段”，包括在中国问题上，“帝国应率先提倡取消治外法权，撤走驻在中国的外国军队，特别是日本的军队，并致力于其实现，其结果将会在政治上、经济上对帝国有利”。

牧野的言论引发了激烈争论。陆军大臣、陆军元帅等人对其反唇相讥，后来曾任首相的犬养毅则质疑道：“若按牧野男爵的意见，将来在获得领土这个问题上，不能要求一寸土地，除经济利益外，就要有一寸土地也不扩大的极大决心……如果说从现在起不扩张一寸土地，除经济方面外，那就等于不能寻求如何发展帝国之道。”枢密院顾问官伊东巳代治子爵也主张，“不管如何向往光明正大，但大势所趋，每当风云变幻，力求乘机扩大我国领土，乃我富有奋发图强趋势之国民所应经常考虑之事”。

显然，犬养毅、伊东巳代治的观点是赤裸裸的帝国主义论调，根本没有对侵略主义立场的反躬自省。这也不奇怪，因为从 19 世纪以来，国际社会普遍认为扩张领土是国家富强之道，争夺殖民地成为普遍做法。自明治维新以来，日本侵占中国台湾、吞并朝鲜半岛都是这种认识的结果。不过与此同时，也存在一种以牧野伸显为代表的相反观点，即认为在国际关系中要讲公理、倡导和平，反对对外扩张，主张通过贸易发展国家。日本外务省和军部之间在外交上发生的诸多互不相容的摩擦，都和这种不同认识和观点主张之间的冲突有关，只是外务省总体上处于弱势，民间也更多地支持扩张领土。

可是，第一次世界大战改变了世人的看法。这场战争被普遍认为是“公理战胜强权”，明目张胆的掠夺式旧外交在世界舆论中开始难以立足。作为胜利国一方的日本国内，在国际关系中讲公理、倡和平的主张逐渐抬头。就像牧野所说，现在尊重和平主义、排除威压主义的新式外交已经成为世界潮流，日本也应该顺势而为，“对外固应为我帝国极力倡导顺乎世界大势，同时又不能不切望勿使国内陷入茫然自失之窘境”。在外交调查会上，他也说明自己的心志，“今后愿致力于排除威压权谋之手段，以走正道扶助弱国为主义”。

外交调查会上还有一个焦点问题，就是对于成立国际联盟应采取什么态度。自从美国总统威尔逊提出这个建议后，日本政界疑虑甚深，唯恐国际联盟成为几个大国的操纵工具。牧野认为，成立国际联盟是大势所趋，日本不应该采取旁观态度，“此时要预见世界形势，至少政府必须在原则上主动做出决议，赞成国际联盟的成立……致力于使国际联盟顺利发展”。

这种理性的观点也遭到激烈反对。伊东巳代治子爵认为，国际联盟是美国总统威尔逊的理想主义，“自 18 世纪以来，政治哲理方面的大学者主张此道，鉴于以往情况，显然每次都是纸上谈兵”。他认为国际联盟是维持英国人既有利益格局的政治同盟，将会限制日本将来的发展。这是当时日本盛行的论调。在第一次大战停战前不久，20 世纪 30 年代三度出任首相的近卫文麿在杂志上发表文章，题目就是《排斥以英美为中心的和平主义》，反映了日本国内的气氛。

外交调查会上争论的结果是，日本决定在成立国际联盟问题上采取消极态度。在离开东京、前往欧洲的前一天，牧野接到的外交训令说，“国际联盟是最为重要的问题之一，其最终的目的虽是日本帝国政府所赞成的，但鉴于现在国际上种族歧视仍未完全消除的情况下，不论以何种方法达到上述联盟的目的，事实上都有可能对日本帝国带来很大不利……因此，在议定具体方案时，应力求拖延时间，只宜拟定建议案”。同时训令又要求，假如反对不成，那么在结成国际联盟时，“不能使帝国最终孤立于联盟之外”，“只要情况许可，应努力采取适当的保障方法”。

带着这种自相矛盾的命令，牧野一行来到巴黎。虽然元老西园寺公望也是全权代表，但他年事已高，因此牧野作为主要负责谈判的全权代表，感到左右为难。一方面，作为全权代表他不能不遵循政府的训令，对国际联盟采取“总论赞成，分论反对”的态度；另一方面，牧野伸显青少年时期在美国学习多年，又多年在欧洲工作，很清楚这个训令在国际社会上不能成立。因此，他在巴黎和会上只能尽力周旋。

1919年1月22日，牧野伸显在讨论成立国际联盟时的发言，反映了他的苦心孤诣——

> 日本诚欲根据国际联盟的精神进行合作。但无奈国家遥远，情况不甚了解，尚无时间对此充分进行研究，不宜发表肯定的意见。况且我国政府希望在研究了本问题和充分了解其义务和责任以后，再做决定。在将此提案提交委员会讨论之际，如能将我方意见提交委员会，作为原提案里所包括的主张中尚未决定的部分，那对本人来说是再好不过了。

这种模棱两可的态度，让其他国家代表如坠云里雾中。鉴于一战的惨烈冲突，与会各国都同意建立国际协调组织。眼见成立国际联盟已经箭在弦上，日本代表团根据“不能使帝国最终孤立于联盟之外”的训令，转而积极介入国际联盟盟约草案的讨论。可是在日本，盟约草案却成为攻击牧野的借口。那位一直对牧野心怀不满的伊东巳代治声称：盟约关于裁减军备问题的规定，违犯了日本宪法中“天皇决定陆海军的编制及常备兵额”的规定；盟约关于仲裁后3个月内不得诉诸武力的规定，侵犯了日本宪法关于天皇宣战的大权。总之，牧野没有坚决反对盟约草案，既违背训令，更违犯宪法。

幸亏首相原敬力挺牧野。他说：“推选牧野男爵为我国全权代表，责任完全由我承担，男爵的行动虽说有不少不足之处，但现在再对此追究也无益。倘若牧野男爵一开始就发言表示反对联盟方案，我帝国政府势必超脱于联盟之外，不无可能被开除于国际行列之外。”

在巴黎和会上，日本代表团肩负三大使命：接管德国在中国山东的权益，取得德国领有岛屿（赤道以北），把废除人种歧视写入国际联盟盟约。前两个（都是不义的）使命都完成了，唯有第三项提案遭遇挫折。

100年前，种族不平等是世界的普遍现象。尤其是亚洲各国，深感欧美歧视之重。日本希望把废除人种歧视写入国际联盟盟约，据此解决美国排斥日本移民问题，进而获得与欧美国家平等的地位。显然，日本有借此成为与欧美大国平起平坐的世界级大国的私心，不过人们也不能因此否定日本提案的合理性和先进性。

可是，牧野失望地看到，只有中国、巴西、罗马尼亚、捷克斯洛伐克四个国家赞同日本的提案，英国、法国、秘鲁、希腊等国都表示反对，英国以及其自治领澳大利亚的反对尤为强烈。美国最初表示原则上同意日本提案，可是和会期间一度回国的威尔逊总统发现，美国国内舆论普遍持反对态度，认为人种问题属于内政问题，而日本的提案是干涉别国内政，并指责国内歧视其他国家人种的日本政府没有资格提出人种歧视废除案。于是，美国的态度发生了变化。

由于反对者众，日本代表团把废除人种歧视写入国际联盟盟约的努力失败。消息传来，日本国内产生了极度不满和失望，对牧野全权代表的批评之声高涨。舆论认为，全权代表对待欧美态度的行为太懦弱，理应强硬坚持。如果日本提出退出国际联盟，各国就会接受日本的提案。他们还登门造访首相官邸，要求首相原敬电令代表团采取强硬姿态。

面对这些感情用事和不负责任的言论，首相原敬巧言敷衍，告诉他们“绝无此等单纯之事”。他在外交调查委员会上指出，“此提案虽无望如我所愿获得通过，但亦不至于因此而退出（不加盟）联盟。其结果虽不圆满，但也没有比现在的状况不好，能保全颜面足矣”。

在巴黎，牧野仍然在继续努力。日本代表团又提出把“承认各国人民平等，同意采取公正原则对待其所属的每一个人”添加到国际联盟章程的前言之中。表决结果，在16名与会者中，包括中国代表在内的11人举手表示赞成，英国、美国、波兰、巴西、罗马尼亚代表5人反对。由于得不到全会一致同意，日本的新提案也没有通过。

1919年4月19日，国际联盟盟约在全体会议上通过。牧野在发言时说：“在会议临近结束之际，我对于委员会没有接受公正主张，深表遗憾。这一主张是以解决日本政府和国民很久以来不断产生的不满为目的的，是基于国民深信不疑的。我会继续努力，直至国际联盟采纳这一主张为止。”按照牧野的要求，他的演说被写进会议记录里。

经过将近半年的激烈较量和彼此妥协，1919年6月28日，各战胜国终于在巴黎近郊著名的凡尔赛宫镜厅签订了《凡尔赛条约》。同一天，44个国家签订国际联盟盟约，日本也是签约国。

巴黎和会结束以后，牧野一行回到日本，迎接他们的是极度不满与失望。以权威报纸为代表的许多媒体强烈谴责英美等大国排斥有色人种，批评日本代表团没有采取断然行动。《东京朝日新闻》发表评论说："倘若日本始终坚持自己的主张（废除种族歧视方案），任何国家都不可能拿出公然反对的理由。高喊正义人道的大国如果借权势反对此等体现世界公道之根本大义的提案，和平就并非世界的和平，而只是两三个大国的和平，联盟就并非国际联盟而是各大国的联盟。我国全权代表须顺应国内民意拂袖而去。"意思是说，日本全权代表应该退出大会，与国际联盟一刀两断。

值得庆幸的是，这种舆论并没有影响到日本的外交政策。1920 年 1 月 10 日《凡尔赛条约》正式生效，在威尔逊主持下国际联盟宣告正式成立，标志着新型国际体系的建立。11 月 15 日，国际联盟在日内瓦举行第一次全体大会，有 41 个国家的代表出席。作为国际联盟的创始会员国，日本成为四个常任理事国（英国、法国、意大利、日本）之一。20 世纪 20 年代，国际联盟曾成功地解决一些国际纷争，日本也在其中发挥了重要作用，极大地提高了日本的国际声望和国际地位。

一战之后，日本在外交上存在两种主张：一种认为，英美目的是维持既得利益现状，日本必须打破英美主导的不合理秩序，打破英美霸权。另一种是主张与英美进行协调合作，承认并适应新形成的国际秩序，在新秩序中维护日本的权益。这种"协调外交"又被称为"温和外交"（反对派称之为"软弱外交"），它是 20 世纪 20 年代日本外交的主流。

牧野伸显为"协调外交"做出了重要贡献。相对稳定的国际关系为"大正民主"营造了较好的国际环境，促进了日本的民主事业和社会进步。如果日本不参加国际联盟，势必导致日本基本外交路线的转向，加剧日本在国际社会中被孤立的危险，也会让国内的右翼势力大涨，法西斯时代可能会提前到来。

遗憾的是，随着军国主义的扩张，20 世纪 30 年代“协调外交”被抛弃，日本也退出了国际联盟。但是牧野一直坚持自由主义，主张与英美“妥协”。结果在 1936 年的“二二六事件”时，他作为亲英美的代表被暴乱的军人袭击。75 岁的老人从旅馆后门跑出来，在外孙女的帮助下爬到一座峭壁上。火光就像探照灯一样照亮了峭壁，山下的叛军举起了枪。千钧一发之际，20 岁的外孙女展开和服挡在外公的面前。暴乱士兵们看到这种英勇的姿态，便放下了枪。老人逃过了一劫。

这个勇敢的女孩名叫吉田和子，他的父亲就是吉田茂。吉田茂和岳父一样，是一位公认的近代日本少有的具有国际视野的政治家，曾作为随员参加巴黎和会。亲身经历告诉他，除了与美国合作，贯彻国际协调主义外，日本别无发展的路径。二战结束后，身为首相的吉田茂始终把对美关系看作是日本的政策基石，执行和平的外交路线，带领日本实现了复兴。可以说，这也正是牧野本人一直倡导的。

1949 年 1 月，这位能够预见世界形势的杰出政治家平静去世，享年 88 岁。他在巴黎和会上呼吁的“种族平等”，在他去世 4 年前也终于修成正果。1945 年 10 月签署的《联合国宪章》，第一条就规定了种族平等的原则。尽管历经磨难，人类文明终究在不断进步。

日美战争不可取：一位海军将领的警世之言

以外交手段来避开战争，才是日本国防的真正途径。最重要的是坚持避免日美两国关系恶化，维持太平洋的防务现状。对日本来说，只有抑制自我膨胀，停止与国力不相应的军备扩充，缩小过分扩展的战线，重新走国际协调道路，才是国家发展的光明大道。

当听到加藤友三郎被任命为华盛顿会议首席全权代表的消息后，日本政坛人士纷纷摇头，认为这是首相原敬的不智之举。因为华盛顿会议的主要议题就是要裁减海军，而加藤友三郎是现任海军大臣，他怎么可能答应裁军呢?

加藤是日俄战争的功臣。在那场使日本跻身世界强国的关键战争中，他担任日本联合舰队参谋长。作为舰队第二号人物，他是司令官东乡平八郎的得力助手，为取得对马海战胜利发挥了重要作用。1906—1909 年，他担任海军次官，之后在五届内阁一直担任或兼任海军大臣。在任期间，他致力于建设以八艘战列舰和八艘装甲巡洋舰为主体的“八八舰队”编制，是军备竞赛的积极推动者。

一战结束后，列强为了角逐海上霸权，掀起了一场如火如荼的海军军备竞赛，尤以美、英、日三国表现最为突出。美国海军部长宣称，将在5年内“建设一支世界上最强大、最优秀的海军”。英国首相则立下誓言，“大不列颠宁愿花尽最后一分钱，也要保持海军对美国或其他任何一个国家的优势”。日本为了与美英一争高下，雄心勃勃地制订“八八舰队计划”，大力发展海军。

伴随着一艘艘战舰的开工，军费开支陡然大增，各国的财政纷纷捉襟见肘。为了停止海军的扩张竞赛，1921年7月，美国总统提议召开华盛顿会议，得到各国的响应。日本经济虽然在一战中获得巨大繁荣，可是战后很快就陷入危机之中。1919年军费超过国家财政支出的45%，1921年则逼近50%。为了实施“八八舰队计划”，海军拨款占到整个国家预算的三分之一，国家财力难以支撑下去，因此原敬内阁决定派员参加华盛顿会议。

财界非常欢迎这次裁军会议。他们苦于军备扩张重压和战后危机，期盼通过裁军缓和财政负担，调整日中邦交，促进贸易并恢复国际信用。而政界和言论界却认为，这次会议将对远东问题进行总清算，使日本面临危急存亡的紧要关头。至于军界则从自己的利益出发反对裁军，指责美国提议讨论裁军和太平洋问题是“蛮横无理”的举动。陆军认为美国可能通过这次会议把日本拉上被告席，捆住日本手脚，因此坚决反对华盛顿会议，并表示陆军不减一兵一卒。

外务省却认为，应该借此机会，纠正以前的双重外交、军人政治、军阀外交等错误，“为日本对外政策和国际地位打开新局面，以利帝国的长远利益和进步。总之，日本要基于公正、自由的立场研究参加会议的方式”。

原敬支持外务省，决定积极参加华盛顿会议。他力排“加藤身为海军大臣，不可能裁减自己的母体海军”的质疑。认为只有从海军中选派这个实力派人物，才能说服海军方面接受条约。在他看来，加藤是一个具有超乎眼前利害得失、从大局出发做出判断的奇才，足以胜任，定会不辱使命。

加藤和原敬首相的观点是一致的。他认为，裁军可以大大减轻军费负担，正好给日本提供一个“发展民间工业，奖励贸易，名副其实地充实国力”的绝好机会。受命之后，他就率领代表团奔赴美国。可是就在轮船横渡大洋的途中，传来了原敬首相遇刺身亡的噩耗。他和日本代表团强忍悲痛，继续前进，终于驶抵美国。

1921 年 11 月 12 日，也就是在原敬首相遇刺后的第 8 天，来自美、英、法、意、日、比、荷、葡和中国的代表齐聚美国华盛顿的独立纪念馆，华盛顿会议开幕。为了渲染和平气氛，会场内装饰了许多棕榈叶，摆设了“U”字形的会议桌，桌上覆盖着绿色台布。东道主美国总统哈定在开幕词提出：“我们希望建立一个良好的秩序，恢复全世界的安宁……”

美国国务卿休斯在会上提出了一个爆炸性的提案：放弃一切建造主力舰的计划，英、美、日三国的军舰拥有量应按五、五、三的比例。这个提案对于日本来说，简直就是晴天霹雳。日本代表团中海军专门委员加藤霓治中将等人强烈反对。他们振振有词地坚决主张，日本必须维持“八八舰队计划”或保持对英美 70% 的比例。

为什么要 70% 的比例呢？因为日本海军根据明治以来战史研究，得出一个结论，即进攻舰队对迎击舰队必须保持 50% 以上的优势兵力，而防守舰队则必须对假定敌国的舰队保持相当于该舰队 70% 以上的兵力。70% 的要求正是以海军内部的这种共同想法为基础的。对于出身海军的加藤而言，来自本国海军内部的要求是他不得不严肃考虑的。但是，这个 70% 比例的要求却不能被与会各国接受，华盛顿会议也难以达成协议。

是在谈判中让步，还是坚持自己所属的海军的立场？作为首席全权代表，加藤不得不做出决断。当时的日本帝国，军事力量遍及亚洲大陆东海岸，并统治着原德国属地南洋群岛。这个烜赫一时的新兴帝国正如日中天，一旦接受美国提案，就意味着自己抑制自己的军事膨胀，势必被国人指责为“长他人志气，灭自己威风”的“软弱外交”，有损日本国体的“颜面”。可是加藤很清楚，日本根本不可能在军费接近预算一半的情况下，同经济力量相差甚远的美国进行造舰竞争，何况当时日本还要对中国山东问题、出兵西伯利亚问题等做善后处理。

最终，加藤友三郎顶住来自海军的巨大压力，接受日本对美军舰保持 60% 的比例。因为他认识到，以外交手段来避开战争，才是日本国防的真正途径。最重要的是坚持避免日美两国关系恶化，维持太平洋的防务现状。对日本来说，只有抑制自我膨胀，停止与国力不相应的军备扩充，缩小过分扩展的战线，重新走上国际协调道路，才是国家发展的光明大道。

加藤在给海军省的报告里指出——

国防远非只是军人的职责，战争亦非只是军人的任务。如不以国家总动员相配合，终难达到目的。因此，一方面要整顿军备，另一方面亦应发展民间工业，奖励贸易，充实国力。否则，纵令军备充实，亦不能发挥实际作用；换言之，没有钱，就不能进行战争。

即便在军备上具有与美国抗衡的力量，也不能如日俄战争时期那样，以少量的资金进行战争。一旦发生战争，要筹措战争资金，恐怕除了美国外，没有一个国家能答应向日本提供贷款。如以美国为敌，则这个渠道即告堵塞，唯有依靠自己的力量筹措军费。不意识到这一点，就不能进行战争。英法虽在，却不足恃。概而言之，日美战争不可取，这可作为结论。

这是一种极为明确而冷静的观点，充分体现了加藤的政治家眼光，同时也说明原敬首相有识人之明。

1922 年 2 月 6 日，美国、英国、日本、法国和意大利 5 个海军强国签订了《限制海军军备条约》(华盛顿海军条约)。这是直至 1972 年美苏两国达成限制战略核武器谈判前，历史上最成功的一次裁军会议，也是华盛顿会议的最大成果。值得一提的是，这次会议的另一个成果是，在美国的调停下，中国成功收回了山东主权。

但是如何落实《限制海军军备条约》，仍然是一个问题。尤其是日本，国际社会一直怀疑其是否守约。因为华盛顿会议是历史上第一次讨论限制军备的会议，也是第一次尝试以更平等的国际协调安排世界和平的长效机制，没有安排和采取强制程序。

回国后不久，加藤被推荐为继任首相。作为华盛顿会议首席代表和裁军事务负责人，由他担任首相顺理成章。加藤内阁采取并实施与华盛顿体系相协调的政策，雷厉风行。在内阁成立后不到一个月里，日本政府就宣布放弃海军建造“八八舰队计划”，放弃 14 舰战列舰的建造计划；中止 6 艘战舰的建造；裁减海军 7 500 名下士以上人员；解雇了 14 000 名相关工人。在海军的表率作用和社会压力下，陆军也不得不接受裁军决定，裁减了五个师团，从西伯利亚和中国山东半岛撤兵。巨额军费减少，财政整顿也获得成功。

就在加藤首相大刀阔斧地裁军之时，军部也在悄悄地修改 1918 年确定的国防方针。军部特别注意保密，在修改过程中向陆海军元帅征求意见时，过去都是召开元帅会议，但这次则不开任何会议，而是个别地听取意见，以防走漏风声。这样做，是因为新的国防方针把假想敌国的顺序由过去的俄国、美国、中国改为美国、俄国、中国，美国成为日本的第一个假想敌国，与对美协调的外交政策完全对立。

从华盛顿会议开始，日本明确提出了与英美两国进行国际协调的路线，除参加军备管制外，还约定维持太平洋和中国的现状。一部分军国主义分子对华盛顿裁军会议非常不满，而陆海军的裁减也使不少军人的美梦终成泡影，因此心生怨恨。但是如果循着国际协调路线一直前进，如果日本和军界多一些像加藤这样有眼光、有担当的人士，就能够抑制日本社会潜伏着的肮脏怨恨之心，绝不会发生与周围所有国家为敌的那种自我毁灭的战争。

内阁成立之初，61 岁的加藤友三郎面色青中透白，被戏称为“残烛首相”，意为在日俄战争中被点燃的蜡烛又被拿来接着烧。原来，当时他已经身患癌症。1923 年 8 月 24 日，这位日本的一代奇才去世，那句“日美战争不可能”成为他的警世之言。可惜的是，18 年后日本失去理性的疯狂举动，竟然使理应不可能发生的战争变成了现实。

朝日平吾：想给国家治病的“病人”

朝日平吾充满社会关怀，希望为日本“治病”，可是他本人却是一个认识偏激、思想激进的“病人”。在大转型时代，需要许多有志向的思想者、行动者，推动国家的平稳转型。值得警惕的是，那些缺少理性、急躁冒进的人可能把转型国家推向歧途。

走进世界著名学府东京大学，最引人注目的，是南北主干道尽头的安田讲堂。它矗立在校园中，外观独特，量块化的形式加上哥特式的基调吸引来客。但是很少有人知道，为东京大学捐建这座学术殿堂的人却死于东京大学的学生之手。

捐建安田讲堂的，就是日本近代史上著名的安田财阀创始人安田善次郎。在明治维新时代，安田善次郎以经营钱币兑换的钱庄为基础，创办私营安田银行，而后逐步向纺织、建筑、铁路交通、保险等领域扩展，形成了安田财阀，在日本政治、经济界中具有巨大影响力。1921 年，安田善次郎听说大正天皇将要到访东京大学，即慷慨出资 100 万日元（当时是一笔巨款），支持东京大学建设大讲堂。工程还在设计中，83 岁的安田善次郎就在家中被一个叫作朝日平吾的年轻人刺杀而死。

朝日平吾比安田善次郎小 54 岁，1892 年出生在一个贫寒家庭。当他出生之时，安田善次郎已经是一个卓有声望的金融家，事业越做越大，成为四大财阀之一。不过，明治维新虽然成就了一批像安田善次郎这样的巨富，却没有解决社会贫富悬殊问题。生活贫困的朝日平吾先后进入早稻田大学和东京大学学习，都因交不起学费而肄业。

在大正时代，一批年轻人带着梦想和野心来到中国，有的做浪人，有的做马贼，有的甚至参与中国革命。不甘平庸的朝日平吾就是其中的一员，24 岁时他参加了日本大陆浪人薄益三的土匪部队。

“从 1916 年开始，想做一个为国家鞠躬尽瘁的男子，积极率领危险至极的马贼队驰骋于满蒙的原野，也无非是觉悟到与其做一个平凡的男子只会贪生，不如将性命做乾坤一掷的大比拼。”可是，这个年轻人并没有实现自己的野心。他在给父亲的信中说：“可大志徒然化为水泡，结果不明真相的世人仅仅把我们作为危险分子来看待。本来有‘胜者官军、败者贼寇’的比方是都明白的冒险，但是世人太不体谅的态度，使我这个小人物增加了心理上的不平，此后从早到晚以酒遣忧，想着什么时候干一番大事。”

满怀失败感的朝日平吾回到国内，从事贫民救济等社会公益活动。他几次计划组织社团以改变社会，都因缺乏资金而失败。他遍访资本家募集资金，这些人全都报以冷淡态度，将朝日平吾拒之门外。个人的贫困无路、贫富悬殊的社会现实、权力阶层的腐败、富人阶层的不义，让这个年轻人心中的失望和愤怒越来越强烈。他急于寻找自己的人生出路。

一战期间，日本获得巨大的战争“红利”，经济增长状况令人瞩目。但是伴随发展而来的问题依然困扰着这个国家。尤其是战后，这个国家似乎正在分裂成形形色色的群体：暴跳如雷的佃农、愤愤不平的工人、勇往直前的女权主义者、激进的学生、愤怒的少数民族、无政府主义者、共产主义者等。这是大转型时代的典型特征，激流澎湃，伴随着现代化而来的各种新思潮持续冲击着这个国家。一旦度过转型期，一个国家就像驶出“三峡”一样，从此扬帆直下，进入海阔天空的太平之洋了。可是在千折百回的大转型时代，却山重水复疑无路，人们都在寻找着解决社会问题的妙方良药。

在纷乱的社会思潮中，朝日平吾看中的是北一辉的思想主张。当时北一辉的著作《日本改造法案大纲》还没有出版，但是他的观点已经在一些激进的年轻人中流行了。北一辉主张，日本改造必须“土地国有，救济佃农”“对拥有10万日元以上财富者没收一切”“大公司由国家经营”。这些极端国家主义（超国家主义）的主张使朝日平吾在心中产生了共鸣。

朝日平吾自认为是“志士”，自觉地将个人与国家联系起来。就像他自己所说：“我们是人，同时希望成为真正的日本人。真正的日本人都是陛下的赤子，有得到保持与身份相称的荣誉与幸福的权利。”他自称“神州义团团长”，纠集了一批年轻人，开始献身于所谓的“改造”日本的事业。这是一群什么样的年轻人呢？朝日平吾后来在遗书中这样写道——

我所支配的只是未满20岁的青年，他们不像今日之有识青年会算计，也不是小才子，其特征为愚直、不言实干、莽撞，立于信念、不为名利而动，故坚强沉默，所望不在瓦全而在玉碎，所期在决死的真实。强烈鼓吹天下之事皆为赌博的人生观，与其病死，不如诛灭奸人而死等等男子汉的豪爽之气。加上没有父母没有家庭没有教养，因此有咒骂世道之眼光与对贵族的深恶痛绝，因为愚钝才可靠。

在朝日平吾看来，国民生活在水深火热之中。“有的赤子因劳动过度、生活环境污秽、营养不良而患肺疾，有的赤子因丈夫死亡为养育爱子而卖淫，有的赤子唯有在战时被捧为国家干城负伤变为残疾人而等同乞丐卖药为生，有的赤子无论是烈日炎炎还是风雨交加都在街头奔忙徘徊，有的赤子因食不果腹触犯轻罪而在监狱里烦恼不已。相反，达官贵人却能操纵法律免受处罚……”

朝日平吾认为，造成这些社会问题的罪魁祸首是天皇身边的那些官僚、财阀，因为他们隔离了天皇和臣民。改造日本必须拥护天皇进行变革，为此就要“清君侧”，把明治以来的元老、重臣、新旧华族、军阀、财阀、政党首脑统统杀掉。“因而清除君侧之奸，诛杀奸富乃实现日本繁荣昌盛之手段，乃为大多数国民造福之举，同时乃吾等真正之日本人之要求、权利也。”

朝日平吾主张采取“一人一杀”的恐怖暗杀手段。他对自己的盟友说：“卿等体会我平素的主义，不声张、不外露，只是默默地刺杀、冲击、斩伐、投放，不需要同志间的往来、结集，唯有埋葬一个，这即是尽自己个人的方法与手段”，“鄙人愿意率先垂范，诛杀一奸物。鄙人虽要自刃，但坚信第二、第三志士必能体察鄙人思想，继承鄙人抱负，数十计地付诸行动”。他认为，四大财阀之一的安田善次郎是一个典型的“奸富”，“虽积巨富，却不尽富豪责任，无视国家社会”，于是他将安田善次郎作为自己刺杀的对象。

1921年9月28日，29岁的朝日平吾自称律师，来到安田善次郎的别墅。在会客室谈话时，当场将83岁的安田善次郎杀死，随后自杀。自杀前，他留下了《檄文》和“斩奸状”。这些文字发表后，激起社会的同情。朝日平吾的葬礼规模盛大，竟然有上千民众自发参加。

朝日平吾的遗书还鼓舞了一个19岁的车站扳道工。一个多月后的11月4日，这名叫作中冈艮一的青年在“国贼！国贼！”的尖叫声中杀害了首相原敬。至于杀害首相的动机，判决书中这样写道——

……如能拼死杀害首相，即可推翻原内阁，从恶政中拯救国民。被告人作为志士虽想由此即足可震撼当世，并留名后世，但此时尚未下定暗杀之决心，偶于同月（9月）28日，发生壮士朝日平吾刺杀财阀安田善次郎并自戕之事。艮一由次日即29日的报纸记载得知，并见到世间大多不同情善次郎，而同情平吾，还听到被告人（桥本）荣五郎（大冢车站副站长）把这当作使富豪觉醒之开端而称赞平吾，深为平吾之举所感动。同月30日夜，其于深思熟虑后终于决心效仿平吾坚决刺杀原敬首相，同年10月2日，先在该站（大冢车站）附近的五金商店购买了白鞘短刀……

在日本历史上，暗杀事件多如牛毛，明治时代的大村益次郎、大久保利通、森有礼等政府高官都是遭暗杀而死。但与以往的暗杀活动有本质区别，朝日平吾的暗杀是典型的法西斯恐怖行动。他不像从前一样只是针对某个具体人物或具体政策的推行者，而是针对整个日本体制而实施的行动。他并不了解安田善次郎，更与安田善次郎没有个人恩怨，只不过把他当作体制的代表，实行“天诛”，以此制造震惊朝野的效果，警告当权者改弦易辙。

朝日平吾的这种做法开启了先例，20世纪上半叶日本社会的恐怖刺杀活动由此“流行”开来。那些狂暴的法西斯主义者将枪口对准在任首相、重臣以及大银行家、大企业家，掀起了暗杀的高潮。因此，日本学者升味准之辅在《日本政治史》中说：“朝日平吾的行为具有后来的法西斯主义运动先驱的意义。”

朝日平吾充满社会关怀，希望为日本“治病”，可是他本人却是一个认识偏激、思想激进的“病人”。在大转型时代，需要许多有志向的思想者、行动者，推动国家的平稳转型。值得警惕的是，那些缺少理性的人可能把转型国家推向歧途。朝日平吾认为自己是充满“男子汉的豪爽之气”的志士，所作所为是“乾坤一掷的大比拼”。这种法西斯恐怖行为并没有达到解决政治问题、“拯救”日本的目的。恰恰相反，刺杀事件只会将国策推向更激进的方向。因为时局没有转变，后来者又进行新的暗杀。财界害怕右翼的恐怖活动而开始为其提供资金，右翼和财界的媾和又进一步把日本推向军国主义，离自由宪政越来越远，直到最后将整个日本帝国推进二战的深渊。

朝日平吾死后发生的故事更耐人寻味。朝日平吾刺杀安田善次郎的事件，是将北一辉《日本改造法案大纲》一书思想付诸行为的首次事件。朝日平吾的姐姐在接受警察审讯之后，根据弟弟的遗嘱，将遗物和遗书交给了北一辉。北一辉拿着朝日平吾刺杀安田善次郎时所穿和所用的衣物等，主动上门来到了三井家。深陷恐怖之中的三井家知道北一辉的用意，遂赠其以巨资。事实上，作为年轻革命运动的精神导师，北一辉和财阀一时之间保持着非常密切的关系。

假如朝日平吾知道这个故事，不知道他是会哭，还是会笑。

从极左到极右：北一辉的激进人生

日本战后著名思想家丸山真男将北一辉视为“日本法西斯主义教祖”，并将他的《日本改造法案大纲》与希特勒的《我的奋斗》等同起来。他们都打着底层旗号，鼓吹“改造国家”，最终却将国家推向灾难的深渊。历史的惨痛教训，值得人们永远牢记。

他是一个社会主义革命论者，也是法西斯思想领袖；他是一个国粹主义者，也是一个国家社会主义者；他是中国革命的参加者，又是主张侵略中国的急先锋；他是一个民族主义者，也是每日坐于佛堂念佛的《法华经》信仰者；他是持不同政见者，又极端推崇天皇；他是一个性格古怪的思想家，也是许多年轻军人的偶像……

一个人的身上同时兼有这么多迥然不同的思想和倾向，在历史上也是罕见的一例。他就是北一辉，近代日本史的一柄多面镜。他打着底层旗号声称要“改造国家”，搞出了一系列改造方案，不但把自己和众多年轻军官推向刑场，也把日本推向了战争灾难的深渊。

他到底是一个天才，还是一个疯子？

一、狂妄的年轻人

北一辉原名北辉次郎，1883 年出生在北部海岛佐渡郡。这是日本沿海的一个偏远小镇，曾是犯人们行刑服苦役的流放之地，附近开有一些金矿和锡矿，镇上的大多数居民从事渔业。北一辉的父亲经营过酿酒业，但效益不佳，整个家庭挣扎在贫困线上。

北一辉的求学之路也不顺利，先是因为眼病而休学，后因升学考试失败而退学，又因家庭反对遭受失恋的打击。正是人生起步的不顺利，使得北一辉性格迥异于同龄人，对人生和世界产生了与众不同的思考。他在当地报纸上发表了一些反“国体论”的文章，受到警察的追究，父亲令其停笔，使他做“政治评论家”的幻想破灭。随后这位右眼失明的 18 岁年轻人只身来到东京，寻求别样的人生。

一个远离家乡的年轻人，身无长物，又无学历，踌躇在东京的繁华街头，心中定是五味杂陈。就在这期间，日本最初的社会主义政党“社会民主党”成立，旋遭政府取缔。这个社会新闻热点吸引了北一辉，激发了他对社会主义思想的兴趣。这位没有固定职业的年轻人不断来往于家乡和东京之间，也在家乡报纸上发表了一些文字。其中《国民对皇室历史的观察》一文批判日本的传统国体，被政府视为对皇室“不敬”，禁止再次刊载。

在20世纪初，日本社会矛盾尖锐集中。如果明治维新晚起步二三十年，那么日本可能会变成一个社会主义国家。然而在当时，社会主义还停留在理论上。在一场国家之间的竞赛中，日本一开始就站到了资本主义的跑道上。饶是如此，社会主义思潮仍然吸引了许多年轻人，其中就包括潜意识里早已埋下对社会不满和仇恨的种子的北一辉。

1905年，日俄战争正酣之际，北一辉又来到东京。因为弟弟在早稻田大学读书，北一辉就和弟弟住在一起，到早稻田当旁听生。当时，这所由政治家大隈重信创建的民办高校是日本思想界的一个汇聚点，开放包容，百家争鸣。北一辉听了政治学、法理学、社会发展理论以及欧洲政治制度等课程，并去上野图书馆查找资料，为自己的第一部著作做准备。

1906年春天，23岁的北一辉完成了《国体论与纯正社会主义》一书，阐述他对日本社会的看法和解决方案。北一辉认为，日本底层民众生活贫困，原因就在于“经济贵族”的掠夺，只有实现“社会主义”才能解决“人生的悲惨丑恶之两大事件”。为了解决“贫困”的问题，要从经济秩序着手，重新调整经济秩序。为了解决“犯罪”的问题，就应该从伦理道德着手重建伦理秩序与道德秩序。最理想的国体是“社会主义”国体，最理想的政体是“民主主义”。

从表象看，《国体论及纯正社会主义》似乎是一部社会主义论著，一部批判资本主义的宣言。读者从这本书中得到的印象：似乎在披露社会底层的悲惨遭遇，寄予同情与希望；揭示财阀官僚的奸邪罪恶，投以鄙夷与愤怒，发出“救世”的呼号——日本在遭难，千钧一发的内外交加之危机，有待北一辉发明的另类的“社会主义”来挽救。从这本书里，人们看到了一个入世不深的青年路遇不平的愤世嫉俗，也看到了一个没有经过系统学术训练却野心勃勃的青年的狂妄。

北一辉听过有贺长雄、安部矶雄、穗积八束、美浓部达吉、浮田和民等学术界著名人士的讲座，从《国体论与纯正社会主义》中可以看出他的许多思想就是来自这些学者。不过，这个狂妄的年轻人几乎对上述学界人士的思想都加以批判。其实，北一辉的思想很混乱，例如他既标榜自己是“纯正社会主义”，又抨击日本的“反战论”，强调优胜劣汰、弱肉强食，崇尚专制和对外侵略；他既主张实行土地及生产机构的公有化，同时又重视个人的“生产权”；他既批判了天皇绝对权力的“国体论”，认为天皇是国家最高机关的一个成员，又认为日本社会要进化，首先要让天皇拥有无限权力。

由于惧怕镇压，没有出版社敢为他出版。屡经挫折之后，北一辉自费出版了《国体论及纯正社会主义》，但是 10 天后就被内务省以“紊乱朝纲”为由禁止发行。因为《大日本帝国宪法》为钦定，天皇权威至高无上，必须绝对服从，岂容北一辉议论国体，质疑神圣？他删除了部分敏感内容后再次出版，但社会对此没有了反响。著作的失败，使北一辉陷入生活困境，同时被贴上了“危险分子”的标签。

二、中国革命的“顾问”

1911 年武昌起义爆发后，28 岁的北一辉以黑龙会刊物特派记者的身份，赶到硝烟未散的武昌城下，置身中国革命的现场。

《国体论与纯正社会主义》遭禁后，失意的北一辉被右翼分子看中，邀请他加入“革命评论社”。这是一个由在野激进人士组织的团体，以支援中国革命为主要任务。他还加入了成立不久的同盟会，是同盟会里为数不多的日本人之一。从此北一辉投身中国革命，为中国革命筹措物资和资金。这既解决了他眼前的生活困境，也躲避了日本政府的监控。

在同盟会里，北一辉非常欣赏革命家宋教仁的组织头脑和才干。在他看来，“他（宋教仁）具备作为冷静不惑的国家主义者所固有的立法素质，足以担当组织集团的大任”。在辛亥革命的风云岁月里，北一辉追随宋教仁，转战于武汉、南京、镇江等地，成为中国革命的现场观察者和参与者。南京临时政府成立前后，他是日本黑龙会与中国同盟会之间的交涉桥梁，对双方的事务均有参与。

革命并没有给中国带来和平稳定，相反，民国初年的中国政坛充斥着血雨腥风。1913 年 3 月，有望出任内阁总理的宋教仁在上海沪宁火车站遭到暗杀。在宋教仁的遗体入殓仪式上，北一辉痛哭不止。据当时的报纸报道：“宋先生灵体下楼后，由服役者将衾穿服竣事，遂入棺含殓。视含者环立四周，哭声震宇，黄克强、于右任尤恸……尚有日本人北辉次郎等四五人，皆泣不可抑。”

作为宋教仁的忠实信徒，陷在悲痛中的北一辉在上海的报纸上公开发表文章，指称“暗杀宋教仁乃孙中山所为”。后来他被日本驻上海总领事强行遣回日本。后来他回顾此事时说，当时自己快找到凶手了，有人要暗算他，日本领事驱逐他出境回国，正是保护了他的性命。

但是查看当年日本外务省的档案，事实似乎并非如此。档案密件指称北一辉是无职业的平民，“敲诈勒索成为其糊口之手段。虽说毫无收入，其日常之生活，却极尽奢侈之能事。据说该人欠下在华侨民和中国人巨额债款，众人对其无可奈何。现在发生了宋教仁暗杀事件。有关暗杀疑犯及行凶情况，该人信口雌黄，密告黄兴与在华侨民共谋，又密告各国租界的警察也有干系，引起中国人和外国人的重大疑惑，对我在华国人也有其他嫌疑。若任由其胡言乱语，必将严重妨碍地方之安宁。为此，命令该人从本日起三年内不准在清国侨居”。

回到日本后，北一辉又重陷孤独而贫困的生活。不久，“二次革命”失败后，中国革命的流亡者们来到日本，北一辉再次与中国革命产生联系，他还领养了中国革命党人谭人凤的孙子。1916年，北一辉完成《中国革命外史》，并将其印刷后分发给日本的朝野人士。此后，北一辉便以中国革命的“顾问”而为人所熟知。

终其一生，北一辉以反孙中山干将自居。孙中山也对北一辉深恶痛绝，公开与其决裂。北一辉认为，辛亥革命是在日俄战争的胜利及日本思想的启蒙下发生的。虽然北一辉承认孙中山在推翻清末的腐朽统治、确立共和政体这一点上建立了“百代不磨的功绩”。但是在他眼中，孙中山是一个民主的梦想家，是一个完全西化的东方人，并不理解中国，政治理念只是企图求得美国式的民主政治在中国复制。在革命中国的发展建设问题上，孙中山的“美国式理想”是没有根据的空想。

在北一辉看来，日本应该帮助中国，以武力完成统一，并摆脱西方国家的束缚。人口过剩的中国因缺少土地，应该向中亚扩张。他企图以“中日同盟”为基础，以“日美经济同盟”

为经济后援，击退英德的元寇来袭，让“日出处的太阳旗照亮全世界的黑暗”，最终实现日本成为“亚洲盟主”的愿望，并完成与西洋对抗的“亚洲门罗主义天启之使命”。

显然，北一辉是将中国革命作为日本外交的一环来加以考虑的。也就是说，他参与并研究中国革命并不是目的，只是一个手段，制定出合理有效的日本对外政策才是终极目的。因此，北一辉在该书的序言中指出：“对中国革命及中国革命党的真正理解，对日本政府及国民来说是非常必要的。”

1916年，在禁止进入中国的期限结束之后，北一辉再次回到中国。此时，他已经以中国革命的“顾问”而为人所熟知。为了便于在中国境内的行动自由，他将本名“北辉次郎”改为类似中国人的名字“北一辉”。从此，他以“北一辉”名世。

三、“日本改造”的狂想曲

信仰不限于哪一宗，但是从1916年1月（34岁时）以来，专心诵读《法华经》，此后只是将此作为自己的生命，年复一年地修业，20年来没有间断。因而不用说，每天的祈祷，神社佛阁等的参拜是我认真的生活。

这是20年后，北一辉在狱中的供述。确实，自从中国革命遭受挫折之后，北一辉就开始了所谓“修业”生活。但是，诵读《法华经》并没有让北一辉看空一切。尤其是当五四运动的怒涛从北京奔涌到上海时，反对日本的声浪让这个同情中国革命的日本人感到烦闷苦恼，因为他看到，“站在眼前发生的排日运动前列进行指挥、鼓吹叱咤的人竟是十几年来血泪交融、生死与共的同志”。

五四运动击碎了北一辉为中国革命效力的志向，让他无所适从。他把五四运动看作排日运动，为此甚至一度绝食抗议。眼看着中国的民族主义浪潮日益高涨，不可遏制，伤心失望的北一辉想回到故国。可是，这时的日本也不太平。当时一战刚刚结束，大企业和中小企业之间的工资差距变得悬殊，贫富之间的差距明显增加，左翼运动逐渐增强。回望故国，以社会主义者自居的北一辉认为日本正处于危机之中——

大日本帝国内忧外患，面临史无前例之国难。多数国民苦于生活之不安，纷纷效仿欧洲各国破败之举，而将政军财权据为己有者则竭力维持其不义。英美德俄无不背信弃义，恃日俄战争方得以保全之邻邦中国亦酬以排侮。真可谓东海粟岛之孤立。如若走错一步，则将招致祖宗建国伟业一扫而空之危机，再现幕末维新之内忧外患。

于是，北一辉的人生道路和思想发生了急转。后来，他回忆当时的情形说：“我已下定决心，放弃十余年来参与中国革命的生活，而回到日本。若让十几年来特别加速腐败堕落的我国任其自然发展下去，则显然有损于我国的世界对策、对华政策和国家本身……是的，我要回日本去。把日本魂彻底翻个个儿，以使其适应日本自身的革命。为此，只是向国内存在的许多正在行动的革命领导人提供革命帝国的框架略图，也许是必要的。是的，可以保卫全亚洲 7 亿人的‘最后的封建城堡’，应是将要在太平洋沿岸的群岛上建成的革命大帝国。于是，我便着手起草了这个法案。”

在上海的亭子间里，北一辉在诵读《法华经》之余，仅用一个月时间就完成了《日本改造法案大纲》(以下简称《改造法案》)。他宣称，军阀、财阀与政阀是社会的蠹虫，占有最大量的社会资源，压迫社会底层，理应成为革命的对象。革命将以“阶级战争”与“革命战争”铲除社会的蠹虫，实施“昭和维新”，迅速完成国家改造。

通过什么办法实现“国家改造”呢？北一辉的答案是，必须依靠底层大众，特别是通过军队的“武装政变”来完成。中国革命中的经历，让北一辉相信军队是革命的主要力量。由于在任何需要革命的国家中，军队必然是腐败的，北一辉也相信将军和高级军官是靠不住的。所以他主张，日本革命必须由年轻军官和士兵所领导的一场军事政变来发动和完成。政变成功之后，天皇应该公布一项有效期三年的军事管制法令，解散国会两院，在这段时间里为国家的重建打下一个坚实的基础。在强制性的军管法有效期间，后备役军人应该在内阁的直接控制下，被委托以维持公共秩序的任务。同时，后备役军人要对每个地方的富人所拥有的财产进行调查，凡超出国家关于私人财产限额的部分均没收充公。同时实现生产的高度集中，完成“大资本的国家统一”，即国家的统一经营。

北一辉迷信武力，鼓吹要把“‘宝剑的福音’即武力看成神圣”，“没有战争的和平不是通往天国之路”，因此日本“应该永久地维持现时的征兵制”。作为国际社会的无产者，日本可以通过战争来实现东亚乃至整个亚洲的解放，最终建立起“一个北起俄国、南至澳大利亚的大帝国”。他大言不惭地说，日本应该成为一个“太阳旗将给全人类以阳光”的“革命帝国”，“诉诸战争匡正非正义之国际性划界。假若此为侵略主义、军国主义，那么，日本就应在全世界无产者阶级欢呼雀跃中，加冕此黄金之冠”。

在那个大变革时代，日本出现了两个方向相反的思想家：其中一位是吉野作造，另一个便是北一辉。吉野作造想通过舆论和民众运动建立与国民直接联系的政府，而北一辉想通过暴力和政变建立与天皇直接联系的政府。《改造法案》激烈亢奋，充满了对天皇权力的推崇与对议会政党制度的仇恨，表现出露骨的军国主义与“超国家主义”（极端国家主义）色彩。打开《改造法案》，鼓吹“底层革命”的气息扑面而来，即使导致专制与自由的被剥夺也在所不惜。

在军队扮演主角的革命中，基于狭隘爱国主义和民族主义的法西斯主义国家可能随之建立。北一辉鼓吹以社会主义的名义剥夺私有制，以国家的名义控制和垄断一切社会资源，对外诉诸战争构建有利于日本的国际新秩序。沿着他提出的路线而进行的革命，明治维新后已经变成了民族主义国家的日本，其必然的结果就是建立一个对内专制、对外侵略的极端法西斯主义国家。

北一辉完成《改造法案》的同一年，墨索里尼在意大利组织“战斗的法西斯”，希特勒则加入主张以“民族的社会主义”作为真正的德国社会主义的德国工人党。法西斯主义不期然而然地同时在东西方呱呱落地了。

弗洛伊德曾抱怨，在人类历史上有些“疯子、能见到幻象的人、预言者、神经官能症和精神病错乱者，曾经起过重大作用”，“有些人对他们的以及后来的时代产生过无法估量的影响”。北一辉就是这样的人。在他死后，历史基本上是按照他所预言的方向发展的，一个北起满洲里，南至新几内亚岛的大帝国在第二次世界大战中出现，而后迅速崩溃。

如果说《国体论及纯正社会主义》里有不少社会主义的思想，那么在《改造法案》里则裸露着法西斯思想的心脏。北一辉的案例再次表明，极左与极右只有一纸之隔。

四、右翼偶像

一战结束后，随着普选运动及民本主义运动的发展，日本迎来了“改造”的时代风潮。许多标榜“改造国家”的“革新”团体先后成立，其中接近法西斯主义的团体也急剧增多起来。当北一辉在上海的亭子间写作《改造法案》之时，日本国内的法西斯分子大川周明（二战后被列为战犯）、满川龟太郎等人组织成立了“犹存社”，这是日本历史上第一个法西斯组织，但是还苦于缺乏理论指导。

1919年8月的一天，大川周明专程来到上海的长田医院，访问病中的北一辉。两人畅谈两天一夜，相互许为知己。后来北一辉在一篇文章里这样写道：“身高六尺、体格健壮、连一面之识都没有的大川君，特地到上海接我。他说日本将要发生革命，日本比中国还危险，因此您要回国。他的这一真诚邀请，使我与他结成了生死之交。”

大川周明携带《改造法案》书稿回国，用誊写钢板秘密印制 47 部，在“犹存社”内部发行。“改造”是那个时代的流行语，但是大多数人不具有具体的“国家改造”方案，思想界也缺乏对重建社会的清晰构想，唯有北一辉例外。他将日本放在东亚范围内，进而将东亚乃至整个亚洲放在与繁荣的欧美相对立的层面上加以思考，提出的国家改造方案最完备、最系统，也迎合了部分民众的心理。因此，《改造法案》在当时日本各社会团体的改革方案中最具影响力。

1920 年 1 月，37 岁的北一辉告别中国革命，回到日本，参与“犹存社”活动。这时他已从五四运动的苦闷中解脱，自诩“肩负日本自身的革命”，决心为日本国家主义效力。“犹存社”的机关报《雄吼》主张重建“革命的日本”，鼓吹执行“道义”的对外政策，实现“亚洲解放”，共抗英美侵略。

北一辉本来希望以“犹存社”为据点，扩大其“国家改造”的思想主张。然而没过两年，他就与大川周明产生矛盾。1922 年初，在东京市长后藤新平的邀请下，共产国际代表越飞访问日本，北一辉撰写《训斥越飞的公开信》，攻击俄国，讽刺后藤新平。后藤与大川周明关系密切。此事激化了北一辉与大川周明的矛盾，最终导致“犹存社”解散，北一辉失去了自己的阵地。

不过，此时北一辉已经在日本学生和青年军官中颇有名气，他们特别热衷于传阅、讲读《改造法案》，有时还登门向北一辉求教。因为北一辉的著作充满了“革命”“人民”“反帝”之类的激进词句，以人民、底层的名义，反对民主自由，反对西学传播，坚持文化封闭，因此吸引了那些涉世未深的学生和青年军官。在众多军人崇拜者中，最忠实的就是西田税。

西田税比北一辉小 18 岁，在陆军士官学校上学时就开始对《改造法案》产生了深刻的共鸣。后来他因病而被编入预备役后，就在北一辉身边奔走从事改造运动。跟他来往的青年军官越来越多，他也热衷于接触和动员他们。于是，他被看作改造运动的一方之雄，但也有人用轻蔑和疑惑的目光把他视为“革命掮客”。

1926 年，多年为疾病所苦的大正天皇去世，25 岁的裕仁即位，改元“昭和”。北一辉写出《维新革命论》一文，认为新天皇给日本带来了希望，要求进行“昭和维新”。这与少壮派军人不谋而合。这些下层青年军官大多出生于农村，深知士兵家庭的贫困。他们以“爱国青年”自许，不能假装看不见民众的痛苦，认为只有军人奋起，以“明治维新”为蓝本，来一场“昭和维新”，清除天皇身边腐败的“邪恶臣子”，建立天皇亲政的“皇道国家”，才能打破腐败的政党政治。他们因此被称为“皇道派”。北一辉的理论恰恰为“皇道派”提供了思想武器，《改造法案》成为鲁莽的青年军官们的“圣经”。

其实，这些自许为“革新者”的青年军官身上充满了前现代性。他们聚集在情人幽会处或小酒馆里，一边喝酒，一边悲愤地慷慨陈词。他们在幽暗的灯光下策划着惊天计谋，心里向往的是幕府末期的那些“醉伏美人膝，醒握天下权”的“志士”。

作为北一辉的忠实弟子，西田税是“皇道派”中的骨干。他协助编辑并公开发行《改造法案》，并纠集陆军中下级青年军官组成法西斯组织“天剑党”。《天剑党章程》声称：“天剑党为以军人为基础、广泛联络全国战斗的同盟的改造国家的秘密结社，是把《改造法案》作为经典实行的剑。”“天剑党”组成不久，即被日本的宪兵发觉，勒令该组织解散。但西田税等人仍然四下活动，北一辉的国家改造理论在青年军官中广泛传播。

从“犹存社”开始，日本兴起了民间法西斯团体和军队中的法西斯运动。1929 年爆发的世界经济危机深深影响了日本，也加速了法西斯思潮的蔓延。到 1933 年时，日本国内各类法西斯社团数量已达 500 余个，北一辉的思想对日本法西斯主义运动起了指导性作用。

如果说在 20 世纪 20 年代，法西斯主义在日本还处于思想开端迅速传播的阶段，那么 1930 年以后，法西斯分子就开始采取暴力行动，日本进入多事之秋。1931 年 10 月，一些军官策划政变，推翻内阁，组成军人政府，计划的政府领导人名单里就有身为民间人士的北一辉。不过，这个政变（史称“十月事件”）胎死腹中。第二年又发生“五一五事件”，海军少壮派军官刺杀内阁总理大臣犬养毅，声称“点燃昭和维新之火炬”。

这一系列政变及暗杀活动，都与北一辉的思想密切相关，只不过他本人没有参与其中。自从与大川周明产生隔阂以后，北一辉一直闷居家中，靠诵读《法华经》以及在此期间出现的幻视幻听和妻子求神降灵给他的“显灵生活”度日。他没有想到的是，危险正在悄悄逼近。他在上海诵经过程中想出来的《改造法案》，经过青年军官运动的领导人反复咀嚼，已经被付诸行动，给日本带来了多次政变，也将给他本人带来灭顶之灾。

五、悲剧结局

1936 年初，一位年轻军官每天清晨都到明治神宫去参拜，白天则精读和抄录北一辉的著作。这位名叫矶部浅一的人是近卫步兵军官，也是“皇道派”的一名骨干。后来他在遗书中说：“在此期间，我的脑海中已经形成某种坚定的决心和要旨，就是说已经逐渐确定了能够断然实行的腹案。”

“断然实行”的，就是震惊全国的“二二六事件”。1936 年 2 月 26 日，包括矶部浅一在内的 22 名陆军青年军官率领 1 400 多名士兵攻击首相官邸、大臣官邸和东京警察总部，甚至一度占领部分皇宫。大藏大臣、宫内大臣等高官被残忍杀害，原计划要刺杀的人还包括天皇周围的所有“奸佞之人”，包括所有国家元老重臣、内阁成员和许多陆军高级指挥官。

暴动者的口号是“尊崇天皇，驱逐奸佞”，提出将兵谏的文书传达给天皇、罢免“统制派”军官、重用任命“皇道派”军官等要求。政变不到 3 天就被镇压，矶部浅一等政变领导者被捕。据说事件发生后不久，北一辉就收到了有关“二二六事件”发生的电话，但是他本人并没有参与政变。可是，北一辉还是被作为此次事件的罪魁之一遭到逮捕，他的忠实弟子西田税也一同被捕。

其实进入 1930 年以来，少壮派军人先后发生多次政变，1932 年的“五一五事件”中还杀死了首相犬养毅。这些政变在很大程度上受到了北一辉思想的影响。这也符合北一辉本人的《改造法案》。他曾宣称，真实的“革命”无法用一本书去解读，重要的是“革命”的实践与关切社会的“本心”。实际上，《改造法案》绝非学术著作，而是人人都懂的行动指南。

“二二六事件”后，警视厅对北一辉进行调查并做了详细记录，事实证明北一辉与这次叛乱确实没有任何联系。但无可否认的是，发动政变的青年军官确实是受到了北一辉思想的影响。作为“二二六事件”主事者之一，矶部浅一在狱中日记中写道：“我相信《改造法案》丝毫也不要修改，完全地实现它”，“日本的前途除了《改造法案》之外绝对别无他途。日本如果沿着法案以外的道路前进，那就是日本的没落之时”，“《改造法案》，一点一画一字一句都是真理，是历史哲学的真理，是日本国体的真表现，是大乘佛教在政治上的展开，我为了法案即使天子传唤也不下船”。

1936 年 7 月 5 日，东京陆军军法会议开始审判叛乱参与者。这是一次不允许有辩护人、不允许公开、不允许上诉的审判。负责检举右翼思想的检察官指控说：“在‘二二六事件’中，众所周知他们所信奉的思想的中心是北一辉的所谓《改造法案》……以此《改造法案》为他们的国家改造的神圣的经典，或者称之为在日本改造中必须实践的神圣的经典。”

法官认为，北一辉和西田税的作用是“帮助主谋者的利敌行为”“略有利敌或对我军稍有不利”“其最高限度相当于三年与极刑的中等以下的刑罚”。但是，军方高官决定对“皇道派”进行总清洗。在陆军领导机关的指示下，军法会议不得不枉法宣判死刑。担任审判长的吉田少将后来说——

起初，伊藤预审官（陆军法务官伊藤章信）认为是利敌，检察方面也认为以利敌为合适而提出公诉，但本省指示应定为主谋者，检察官接受了这一意见，便勉强改为主谋者提了出来。这恐怕不会是真实情况。

北一辉和他的学生西田税也被认定为政变主谋而宣判死刑，在政变中起核心作用的 17 名军官也同时被判处死刑，而且不允许上诉，一个月后行刑。在行刑前一天，北一辉给养子北大辉（中国革命家谭人凤的孙子）留下了一部《法华经》，他在遗信中说，这是直到他临终一直在诵读的“至重至尊的经典”，“为父没有留下其他任何东西给你，只留下这无上最尊之珠宝”。

1937 年 8 月 19 日早晨，北一辉留下绝笔：“狱里诵读《法华经》，或拜谢加护，或血泪哭泣，迷界之凡夫古人亦如斯乎。”随后，北一辉和西田税、矶部浅一等人被押赴刑场。西田税向他的老师提议，“咱们三呼天皇万岁后再死吧”，北一辉拒绝说，“我不愿意这样做”。枪响了，北一辉结束了 54 岁的人生，但是北一辉的思想却因其死而得到更广泛的扩散。

日本法西斯的特点是，来自下层的激进法西斯运动的每一次痉挛般的发作都成为一种契机，而促进上层的法西斯化。“二二六事件”也是如此，发动政变的下层军官“狡兔死，走狗烹”，军部官僚借此在军队内进行彻底肃清，确立了自己的霸权。军部和官僚、财阀沆瀣一气的体制得以强化，开始走向正轨、完善的法西斯主义。

北一辉死了，他的思想大行其道，极端民族主义走上前台。自由主义悉数化为灰烬，政党政治从此完全退出政治舞台，侵略主义成为日本的基本国策。北一辉被处决后的 17 个月的时间里，日本与德国缔结了《反共产国际协定》，并发起侵华战争，开始在军国主义的道路上狂奔，一直到全国毁灭的终点。这是一个诡异绝伦的历史因缘。

六、“圣人”的真相

作为北一辉的忠实弟子，西田税曾说：“志士必须是圣人，古来的革命者都是圣人——真理之把持及其现实只有圣者能够担当。”在他眼里，老师北一辉应该属于“圣人”。

但是，这位“圣人”却生性古怪。1912 年，29 岁的北一辉在上海结婚。新娘原籍日本长崎，颠沛流离来到中国，沦落在社会的最底层，坠入上海的一家妓院。北一辉与之结识后，视其为红粉知己。两个月后，他们在上海结婚，后来再也没有分开过。北一辉诵念《法华经》时，他的妻子便会有神灵附体的表演，代为宣读法旨。夫唱妇和，十分默契。

1921 年 9 月，深受《改造法案》影响的青年朝日平吾刺杀了财阀安田善次郎。这是将北一辉《改造法案》一书思想付诸行为的首次事件。朝日平吾的姐姐将他的遗物和遗书交给了北一辉，随后北一辉拿着朝日平吾的衣物找到了三井家，获得了大笔的资助。显然，这是一次赤裸裸的威胁与敲诈。

作为革命运动的精神导师，北一辉手中掌握着大量与革命相关的信息与资源。而在当时日本社会，由于正处于一个人人自危的混乱时期，在政经界拥有大量上层资源的财阀和资本家们也愿意通过给予金钱贿赂北一辉，求得自身安全。事实上，北一辉从写作《改造法案》开始，每年都从三井财阀处得到 2 万日元资金资助。在财阀处得到巨额资金的北一辉，用这笔资金不仅维持了自己在中国的人脉（在中国期间），而且还资助了在野的右翼政客，以及军队年轻将校的革命活动。

北一辉声称站在工农与城市贫民即社会底层的一边，他所宣扬的理论就是要打倒财阀。从这个意义上说，北一辉似乎已经成为资本主义的敌人，财阀的敌人。可是暗地里，他却接受财阀的资助。这就是历史的真相。而信奉他思想的年轻人却不明就里地去杀财阀，并为此丧命。北一辉在被执行死刑前，曾对他的弟弟说："我与这次叛乱没有任何联系。但是，由于这个集团胡说自己是我的著作的崇拜者，因此，人们可能会问，和他们在一起我是否感到荣幸。"显然，北一辉对自己的追随者很是鄙夷。假如他们知道这些事实，一定会后悔自己的愚昧。这类充满悲剧性的讽刺剧，在人类历史上并不少见。

至于北一辉本人，虽然被奉为日本法西斯主义的鼻祖，但却死在法西斯主义军部的枪口下。他的人生不也是一部悲剧性的讽刺剧吗？

德富苏峰：日本帝国的“戈培尔”[①]

德富苏峰的思想轨迹与日本走向歧途的道路重合。他声称自己是为了“国家”与“民族”的至上利益而思索与行事，可是，他的思想正是将民族引向歧途的一股重要力量。社会转型需要精英做时代的引领者，可是如果他们没有正确的价值观，就有可能把国家引向灾难。“德富苏峰现象”永远值得人们警惕和深思。

1924年是日美关系的转折之年。是年4月，美国参议院通过针对日本的移民修正法案，几乎完全禁止日本人入境和取得美国市民权。消息一出，日本举国哗然。东京、大阪等地召开国民大会，并进行游行抗议，发表强硬宣言，督促美国反省。

① 德富苏峰（1863—1957）一生横跨幕府末期、明治、大正、昭和四个时期，此处主要讲述他在大正、昭和时期的活动和思想，其前期活动参见本书作者的另一本著作《国家的启蒙：日本帝国崛起之源》中的文章“德富苏峰：一生为野心驱使”。

在东京国技馆举行的一次国民大会，听众达 6 万人，馆内毫无隙地，不能入场的群众，则环绕于馆外周边。日本政府当局还算克制，设法避免引发大规模冲突。这也是考验知识分子的时刻：是保持理性克制的态度，对民众进行引导，还是顺应民族主义和国粹主义情绪，对民众进行煽动？

一位知识分子在《国民新闻》上发表文章说，移民法是“对我大日本帝国的侮辱”，其“不在于利害，而是与我国的脸面相关”。他煽动说，这个排日法案的出台，揭穿了美国“正义人道”之假面，暴露出“帝国主义”之真实本质，“国际关系的结果是力与力的角斗”。

在那个民众情绪高涨的时刻，发表这种火上浇油言论的，就是著名的思想家德富苏峰，一位从自由主义滑向法西斯主义，最终扮演了日本帝国“宣传部长”角色的知识分子。

一、变节汉

德富苏峰出生于 1863 年，从少年时代起就参加自由民权运动。他 23 岁离开家乡熊本，来到东京，创立民友社，创办《国民之友》杂志，因此而参与舆论界的角逐。他主张全面“欧化”，提倡“纯粹泰西主义”，迅速成为言论界的新星。后来，他又创办《国民新闻》杂志，攻击藩阀专政，宣传自由民主，在社会上引起巨大的反响，确立了他在舆论界的主导地位。

苏峰认为，必须彻底地否定日本传统的文化价值观念，全盘吸收西方的物质文明与精神文明，日本国民才能取得与西方国家“大国民”同等的地位。他提倡“平民主义”，反对“武备”社会，主张依靠生产来获取生活的自由，建立近代市民社会秩序。因其言论的巨大影响力，他被誉为继福泽谕吉之后的第二大明治思想家。

但是随着中日甲午战争爆发，这个本来呼唤和平主义的言论家却突然转向，狂热地鼓吹战争，提出“大日本膨胀论”。在他看来，这场战争是“膨胀的日本，进行膨胀的活动之良机”，日本一旦取胜，“可促使朝鲜改革，可订立北京城下之盟，可获得几个亿的赔款，我日本确立在世界上的地位，这些岂不都是在此一举吗”。从此，他从平民主义走向帝国主义，而且毫不掩饰地以“帝国主义的急先锋”自命。

“我的意见从和平主义进化到帝国主义，这是比较显著的事实！”德富苏峰在给一个友人的信中这样坦然写道。他还自称是日本帝国主义思想的“最有力的鼓吹者”。他曾这样总结自己的思想发展，“从个人的平民主义到国家的平民主义，从自由和平的理想家到‘力的福音’的信者，最终作为帝国主义者而成为东洋自治的倡导者”。

苏峰主办的《国民新闻》不再以思想启蒙为己任，而是转向以政治为主，他本人也开始向政界靠近。为追求政治权力，他出任松方正义内阁的内务省敕任参事官，为山县内阁的扩充军备政策辩护，成为藩阀政治家的智囊，时人骂他为“变节汉”。可是“笑骂自由他人”，苏峰得到了实际好处。1911 年 8 月，他被选为贵族院议员，跻身权贵阶层。

1912 年 9 月 13 日，明治天皇殡葬之日，乃木希典大将剖腹殉死。明治维新后，武士为主人殉死的做法已经被取缔，文明开化也有近半个世纪了，竟然还有如此愚忠之举，当然招致许多知识分子的批判，称其为愚蠢之举，不足为训。可是，苏峰却写文章《心事分明》，为乃木希典大唱赞歌，令知识界侧目。

作为舆论界的重要角色，德富苏峰早就从思想解放的启蒙家变为保守主义者。不过，他竟然走到为天皇殉死者唱赞歌的地步，仍然令人震惊。20多年前，苏峰在驳斥复古主义时曾说，“今日提倡复古，岂非痴人说梦？欲变明治人民而为封建臣民，可行乎？吾闻三尺小儿可变为六尺男儿，然未闻六尺男儿变回三尺小儿”。这些话用于讽刺苏峰本人，不也是十分恰当吗？

以第一次护宪运动为开端，日本社会进入了风云激荡的大正时代。社会求变，人心思变，实现了“强国梦”的日本开始重新选择国家发展方向。于是，各种学说竞起，思想界呈现出百家争鸣的局面。苏峰对此非常不满，他认为思想多元化意味着“精神界的土崩瓦解”，大正时期处于“国家无理想，国民无志向”的所谓混乱状态，“我日本国民的现状是惰性十足，不思政事。其可忧患之处在于奢侈淫逸、荒唐无度”。“今日日本青年是世界所有危险思想的储藏所”，因为他们的国家观念和爱国观念已很淡薄。苏峰认为，这是明治时期“思想中毒”带来的直接恶果。

在苏峰笔下，明治初期引进和吸收的西方现代思想就是“毒”。它们带来日本思想界的混乱，导致国民思想的根底发生动摇，大正时期的青年实际是明治维新社会改革的最大受害者，“父母的因果，报应在子女身上”。在他看来，日本有日本的国情，也应该有与日本国情相适应的思想主张，不应盲目追随西方思想。想当初，青年时期的苏峰大力主张“纯粹泰西主义”，现在他却将国民吸收“泰西思想”视为“思想中毒”，两相比较，判若两人。这标志着，他与自己的思想出发点彻底脱离，彻底抛弃了现代思想。

二、煽动仇美

在社会转型期，极力诋毁外来思想，往往是为了回归传统。苏峰也是如此。他提出“皇室中心主义”思想来对抗现代思想。他说，“我日本社会变为世界思潮的汇合地，一切新奇思想、危险思想、破坏思想正在酝酿。但根本思想仍然是皇室中心主义”。

德富苏峰鼓吹说，“皇室中心主义”是“顶天立地的”，“以它统一大和民族、振兴大和民族，以它在平时与非常时期鼓舞国民之斗志。因此，在世界的竞技场上，以它来发挥日本帝国之国威”。他把“皇室中心主义”思想的内核“忠君爱国”奉为“宗教之上的宗教，哲学之上的哲学，学问之上的学问”。

苏峰不但以“皇室中心主义”来强调日本国体的特殊性，也把“皇室中心主义”作为整合民族、鼓舞国民斗志的思想工具。他提倡所谓“积极的忠君爱国”。他说，“我对大正青年的期望不只是忠君爱国，还应当是积极的忠君爱国、膨胀的忠君爱国、进取的忠君爱国。忠君之第一义就在于把皇威布于四海，把皇泽披及八荒。爱国之第一义在于把大日本帝国建成世界第一等强国、雄国及正善之国”。这样，“皇室中心主义”自然地与对外扩张的帝国主义、军国主义连接起来。

德富苏峰自称是日本帝国主义思想的“最有力的鼓吹者”。不过，这种弱肉强食的帝国主义思想在20世纪20年代受到质疑和批评。一战结束以后，“国际和平”“国际协调”成为调整国际关系的新取向。美国总统威尔逊提出的“十四点原则”被称为“世界和平的纲领”，人们憧憬着战后国际新秩序。在新的国际环境下，日本应该如何处理国际关系？如何学会与世界和平相处？各种思想激烈角逐，国际上的和平思想也在一定程度上影响了日本国民的思想意识。

可是，德富苏峰不承认普遍正义和人道主义等超越国家的价值存在，只把国家的存在和膨胀作为目的。他把国民思想受影响的种种迹象概括为“美化（美国化）作用”“赤（苏联）化作用”。比起来，他更警惕“美化”。在他看来，“所谓美化作用是指在精神上变成美国人。即把美国作为日本人的理想故乡……美化作用有种种倾向。或醉心于美国的富强，或以美国为理想之国度，或以美国为文明之发源地。总之，即崇拜美国”。他担心在“美化作用”的影响下，日本会丧失固有的“皇室中心主义”的观念。

早在一战之前，苏峰就别出心裁地提出要打破“白阀”。他把白种人视为与日本“藩阀”同样的专权势力，是阻碍日本追求世界一等国的国际地位的障碍。他提倡“尚武之精神”“国民皆兵”，对内打破“藩阀”，对外打破白种人对世界的“专制”，重建有利于日本的国际秩序。显然，德富苏峰以打破国际上的“白阀”作为与欧美列强对抗的理论，作为日本国进一步走向“膨胀”的理由。

从 1919 年的巴黎和会到 1922 年的华盛顿会议，一套全新的国际秩序建立起来，曾经动荡的世界开始稳定下来。苏峰却宣称，日本在华盛顿会议上签署条约，将山东主权归还中国，与中日甲午战争后的“三国干涉还辽”事件具有相同的性质。他在《国民新闻》上煽动起民众的民族主义情绪，也借助 1924 年美国参议院通过排日提案做蛊惑性宣传，声称“美国化会给日本带来危险”。

苏峰不遗余力地鼓吹帝国主义，宣称大日本帝国“担负着一种特别的天职。这种天职就是给东洋及南洋带去政治组织的恩惠”。他以罗马在上古史上的天职为比喻，来说明日本在近世史上的天职，“我们一点也没有侵略其他领土之念。然替天行道，相信于布大义于天下之精诚决不可自限。不安于小成、不贪小康，四千余万勠力协心，发挥此坚忍不拔之大精神，以为冠绝千古之历史的一大事功”。

无论他对帝国主义如何进行粉饰打扮，都不能掩盖其侵略扩张的思想实质。所谓“大事功”，就是对外扩张。用他自己的话说，“日本今天的问题，不是帝国的独立，而是帝国的扩张”。

三、日本的“戈培尔”

1926 年昭和天皇即位，被民主自由活动家高度评价的“大正民主”渐行渐远。这时苏峰已经年过六旬，但仍然不遗余力地向大众宣传“皇室中心主义”，试图以此来整合国民的思想意识，以“国家认同”理念来追求日本的国际地位。如果说吉野作造和北一辉是体制外的思想家，那么苏峰则是一位体制内的思想家，因为他的“皇室中心主义”得到政府的赏识，越来越成为主流意识形态。

随着世界经济危机的到来，日本社会充满了动荡：经济大恐慌、社会矛盾、军事扩张、政坛暗杀不断，这一切改变了日本的政治生态，独立政党、商人团体、工会、佃农协会等社会组织通通不见了，取而代之的是控制社会的各种国家大型机构。军部越来越成为国家的主导力量，整个国家急剧向极右翼发展。

德富苏峰仍然对国民进行教化，宣扬他的“皇室中心主义”及“国家认同理念”。他特别强调“国民教育”的重要性。他认为，小学教育应该处于教育的第一阶段，军队教育是第二阶段。接受这两个阶段教育的大和人民“和平时是忠良的市民”，“一旦有缓急，在至尊的军旗下，则为护国之干将”。就这样，作为战争的舆论制造人，苏峰和军部步调一致地推动国家沿着战争的轨道前进。

1931 年 6 月，大日本国史会成立，德富苏峰任会长。九一八事变令他兴奋不已，年已 68 岁的他声称这是日俄战争以后他最愉快的时刻，“相信这一事件是实现我的主张的最好机会”。七七事变爆发后，他发表《皇道日本的世界化》，把日本侵华美化为日本“皇道”世界化的标志。他认为，以前日本民族长期以来就像蝾螈和蓑虫一样闭守在日本诸岛，并非命运注定如此，相反，“日本民族本来是雄飞世界的人种，不幸机会没有成熟。换言之，雄飞的训练所需要的时间过于漫长”。“进入”中国是日本“以国运做赌注”，日本“在大陆经营上不止走出了一步，而是走出了数步，只能前进而不能后退。所谓背水一战，就是今天的情形”。

在报界一片黑暗中，苏峰依旧活跃异常。他积极组织策动全国的文化人、学者、文学家为侵略战争效力，美其名曰“文学报国”“言论报国”。同时他倾全力宣扬日本的军国主义，笔耕不辍，先后写了《昭和国民读本》《满洲建国读本》《国民必胜读本》等畅销书。其中的《昭和国民读本》，三个月销售量超过 50 万本。这些书的主题都是宣扬对外侵略扩张的。

德富苏峰鼓吹与德国、意大利结盟。在《昭和国民读本》中，他指出，“我国既有敌人又有朋友，我同行国之德国与意大利都具有伟大历史，都具有与本民族相应的特殊文化。我们不仅在防共这一点上相互合作，而且还以三国特殊的文化为基础，相互补充、相互促进、相互斟酌，以求各自文化的发展与提高……因此，三国防共协定在世界历史上具有伟大的意义”。

德富苏峰的“国民皆兵”“把军人之教养普及到民众中间去”等言论主张，被输入到政治体系之中，更加完善了军部体制，使其沿着超越政府而独自决断走向战争的方向迈进。随着日本滑入与中国全面战争的困境，这个国家日益军国主义化，“皇室中心主义”成为新的公式化的表述。

1940 年 12 月偷袭珍珠港后，德富苏峰为天皇起草了宣战诏书。在战争期间，苏峰是军国主义的积极支持者和文化统制管理的急先锋。他出任日本新闻界最大团体“大日本言论报国会”会长，该组织是日本法西斯战争体制在思想统制上的主要组成部分。他在言论界进行蛊惑宣传，调动起民众的民族主义情绪，使大部分民众盲从军部法西斯战争体制。他因对宣传皇室中心主义和法西斯思想的“贡献”而被授予文化勋章。

在二战期间，德富苏峰把“皇室中心主义”规定为“日本学”的基本格调，把《神皇正统记》作为“日本学”的首选教科书。由于该书阐述了日本之国体，明确了“皇室中心主义”之要领，所以德富苏峰把它尊为“日本精神的结晶”。同时，他还把传统医学中的“和”的思想与“皇室中心主义”思想结合起来，酝酿出他的“八纮一宇”思想。他认为，“日本国家性格的特殊性就在于一‘和’字……‘和’之一字，如将其扩充则变为八纮一宇之皇谟、天业恢弘之圣猷、开拓万里之波涛、置国家于富裕安泰的圣诏”。所谓“八纮一宇”与“大东亚共荣圈”同出一辙，成为正当化、合理化日本海外侵略的标语。

当时日本军国主义还没有学会极权主义的做法，不知道应该成立“宣传部”。不过，在战争期间，德富苏峰恰如尽职尽责的“宣传部长”，他就是日本的“戈培尔”。因此，他本人的地位也直线上升。据一位日本记者的战时日记记载，“‘不敬罪’在日本有几个，皇室，东条首相，军部，德富苏峰——不允许国民对他们进行丝毫的批判”。

由此可见，德富苏峰的地位几乎与皇室、首相、军部等同。难怪战后他被指控为甲级战犯，他的著作也被收缴焚烧。

四、一切都化为泡影

1945 年 8 月 15 日，昭和天皇宣布无条件投降。德富苏峰痛感“我毕生的辛苦，一切都化为泡影，即我在此作为公众方面完全死去了”。当天他辞去“大日本言论报国会会长”“大日本文学报国会会长”，结束了自己 60 余年来的新闻记者、公众言论人的“操觚者”生涯。

一年以后的 8 月 15 日，德富苏峰在日记中回顾自己的一生时说，“在过去 84 年的生涯中，无论是有意还是无意之中，除了为使日本冠绝于世界而效力之外，一无所有”。尽管“一切都化为泡影”，但是德富苏峰仍然坚持，“我在今天仍然确信皇室中心主义是日本唯一的或最善的，没有比它更好的东西”。他失望地说，“或者有人以此嘲笑我等为白日做梦、空中楼阁等，但我等确实是以全部身心投入其中，而这些形迹全无，连根除去了，我等的理想完全化为了泡影”。

苏峰认为，这场战争是国民的战争，不能只是将责任归之于军部，“谁也不会说自己从心里反对战争，只是力所不及而被卷了进来。在胜利的时候作为国民的胜利来欢迎，而在失败了的时候，则作为军部的私斗来攻击，这完全是不负责任的说法”。

悲哀的是，苏峰没有任何反省。虽然他承认这场战争“使日本国民的父母失去其子、妻子失去其夫、子女失去其父，蒙上了如同日本人杀害日本人一样的罪行”，但是他认为欧美各国对这次战争要负首要责任，日本的战争责任是次要的。因此，他“决无丝毫悔悟”。就是抱着这样顽固不化的观念，他又活了11 年，直到 1957 年去世。

德富苏峰一生横跨幕府末期、明治、大正、昭和四个时期，著书 300 余册，长期处于日本言论界的核心地位。从“平民主义”转向“皇室中心主义”与“帝国主义”，从标榜独立到向权力靠近，从主张和平到推动国家走向战争，他的思想轨迹与日本民族走向歧途的道路重合。他声称自己是为了“国家”与“民族”的至上利益而思索与行事，可是，他的思想正是将民族引向歧途的一股重要力量。

社会转型需要精英做时代的引领者，可是如果他们没有正确的价值观，就有可能把国家引向灾难。“德富苏峰现象”永远值得人们警惕和深思。

《治安维持法》：制造20年“白色恐怖”

当人民要求民主权利时，权贵们想的却是维安。普选与维安是日本大国崛起进程中的一对矛盾，当政者将《治安维持法》视为维安的工具。这部被多次修改、内容越来越严厉的法律，不仅打击实际的反政府运动，而且也严厉镇压思想学术上的所谓“异端”，使日本社会长达20年处于“白色恐怖”中。

一

1925年春天，从京都到东京，从北海道到鹿儿岛，日本各地举办庆贺会和灯笼游会，国民完全沉浸在兴奋之中，因为3月29日国会通过了《普选权法案》。

36年前颁布的《大日本帝国宪法》虽然赋予民众以选举权，但却有严格的纳税额限制，只有不到1%的国民才享有选举权。《普选权法案》废除了纳税额的限制，给予25岁以上的“帝国男性臣民”选举权，有选举权的人数从328万增加到

1 240 万。虽然妇女和生活穷困者、无处居者仍然没有选举资格，但是毕竟极大地普遍提高了普通民众的政治权利，是一个历史性进步。难怪《东京朝日新闻》说，这一天是实现了“国民夙愿”，“开辟了通往新时代道路的、国民不可忘记的日子”。

不过，也有媒体提醒道，“虽然值得庆贺，但我们不要认为普选问题到此就解决和完成了”。确实，根据议会的决定，这部法律三年后才能正式生效。而有识之士更对普选权的前景感到忧心，因为几乎同时，议会也通过了另一部法律《治安维持法》。他们担心，这部法律将极大削弱民众的政治权利。

事实上，政府之所以要制定《治安维持法》，确实是针对《普选权法案》的。时任司法大臣、后在东京审判中被定为甲级战犯的平沼骐一郎曾回忆道：“普选在当时已是大势所趋，但我认为应制定一部禁止共产党结社的法律。《治安维持法》是防范赤色思想的有效方法。”当人民要求民主权利时，权贵们想的却是维安。普选与维安是日本大国崛起进程中的一对矛盾，当政者将《治安维持法》视为维安的工具。

自 1910 年以来，无政府主义运动、共产主义运动日渐勃兴。尤其是 1917 年“十月革命”之后，国际社会对于“红色政权”的警惕和恐惧日渐加剧，德国、英国、荷兰等许多国家纷纷制定了取缔共产主义和无政府主义的法律。1922 年，高桥是清内阁向议会提出《过激社会运动取缔法案》，内容主要是禁止无政府主义、共产主义及其他有乱宪政的结社行为或宣传诱导行为。该法案同时规定，参加结社的集会将以犯罪论处，最高刑期可达 10 年。但是在众议院审议时，议员认为该法案否定结社自由的基本人权，未能获得通过，成为废案。第二年，在发生关东大地震后不久，政府为了防止社会混乱，发布紧急敕令《治安维持令》。

1925 年 1 月，日本与苏联建交。为了防止日本国内的共产主义革命运动的激化，在《过激社会运动取缔法案》和《治安维持令》的基础上，政府向议会提交《治安维持法》。该法共有七条，第一条规定“以变革国体以及否定私有财产制度为目的的结社者，以及知情后还加入此种组织者，处以十年以下徒刑以及监禁”。“国体”是一个语焉不详的概念，给予执法者任意定罪权。

该法案在草拟时期就遭到舆论的强烈反对。《东京朝日新闻》指出，法案把国民的思想生活当成了警察取缔的对象，集会结社的自由也变得荡然无存，实际上是“蹂躏人权、压制人权”。劳动团体代表者聚集起来组成“恶法案反对同盟”，强烈反对这一法案。但是，众议院还是在当年 4 月通过了这项法案。和《普选权法案》延期三年生效不同，《治安维持法》在颁布 20 天后，就于 1925 年 5 月 12 日起施行。

二

《治安维持法》甫一实施，就成为“特别高等科”（简称“特高”）手中的棍子。他们最先打击的是学生运动。

“特高”成立于 1911 年所谓“大逆事件”之后。当时日本政府为了压制“异端思想”，在警视厅内设立了这个思想警察性质的机构。“特高”尤为关注学生思想。

在大正民主运动中，京都大学的学生非常活跃。他们组织

“日本学生社会科学联合会”（简称学联），反对现役将校的学校配属制度，举行军事教育反对运动，也反对全国高中校长会议提出的解散高中的社会研究的决议。结果，1926年1月15日“学联”共计38名相关人员一起被“特高”检举。这就是日本近代史上著名的“京都学联事件”，是《治安维持法》出台后的第一个案件。

在“京都学联事件”中，司法省和内务省采取的措施成为后来众多的《治安维持法》事件中的固定套路，即事先采取措施阻止报纸的报道。在搜查逮捕的前一天半夜，当局向各家报社等发出了禁止报道该事件的命令。一直到8个月后，即1926年的9月14日，禁令被取消后，“京都学联事件”才得以在报纸上披露。这时，第一次审判已经结束。一位杂志编辑在日记中写道——

今年1月发生的学生社会科学联合会属下的京都大学38名学生的逮捕事件，在经过了8个月之后才解除了报道禁止，今天政府发表了该事件的一审判决书。和以往一样，报纸以大号字体的标题进行了报道，同时这种情绪化的报道内容给予读者的印象就是京都学联本质就是全国性的学生的共产主义联盟，是学生们的阴谋，是反动势力。这些事件与破坏国体阴谋相结合，违犯了《治安维持法》。但是京都大学的事实真相却没有得到探究：在真相未得到探究时，被起诉的38名学生已经带上了犯罪者的符号，报纸的这种做法充满了恶意。[①]

---

① 转引自孙道凤《论日本历史上的治安维持法与大正民主思潮》，载《前沿》2013年第24期。

最初，警方以《治安维持法》的名义起诉学生，但是“特高”始终没有在“学联”中发现类似日本共产党等的结社行为，最终只好冠以“协议罪”和“煽动罪”的罪名。这种恶意利用《治安维持法》的做法，后来成为众多案件的通行手法。

以“京都学联事件”为借口，文部大臣要求全国高中和专科院校禁止各种内容的研究会以及读书会，禁止个人关于社会思想的研究，禁止阅读规定之外的书籍杂志。从此，学术思想的民主和自由受到了极大限制，大正民主运动逐渐瓦解，恐怖气氛笼罩日本。

受到“京都学联事件”牵连，京都大学教授山本宣治被解聘。山本宣治是一位生物学家，在西方留学时受过自由民主思想影响。回国后，面对贫富差距巨大的日本现状，他出于理性和良知，决心以自由民主思想来改造不公平的社会。被大学解雇后，他成为劳动农民党党员。

三

1929 年 3 月 4 日，身为众议院议员的山本宣治在大阪举行的集会上发表演讲称：“规定有死刑的《治安维持法》明天将提交议会审议。为了反对该法案通过，我今天晚上要去东京。我准备发表反对演讲，或许会因为中止质询而让我无法演讲。说实在的，维护阶级立场的只有我一个人，但是我不觉得孤单。我山宣就是一个人也要保卫红旗。但是，我身后有很多同志……”演讲还没说完就被警察命令中止，山本随即奔赴东京。

《普选权法案》生效后，在 1928 年 2 月的首次大选中，共产党和劳动农民党的力量增大，8 人成功当选议员，山本即是其中一员。3 月 15 日，政府为了阻遏有害“国体”的势力进入国会，在全国逮捕共产党员和进步人士 1 600 人（全年共逮捕 3 400 余人），随后还下令解散劳动农民党。这场大规模的白色恐怖，被称为“三一五事件”。

同年 4 月，田中义一内阁意图向第 55 次议会提出《治安维持法》修正案，加强处罚力度。修正案将 1925 年《治安维持法》的构成要件分离为“变更国体”和“否定私有财产制度”两个，对于前者的组织或结社行为，将最高刑提高至死刑。并新增“目的实行罪”，即把处罚对象扩大至“犯有为了实行而组织结社行为者”，将目的犯与实际加入组织者所受的刑罚等同起来。该修正案一度成为废案，但田中内阁以紧急敕令的形式加以公布。

1929 年 3 月 5 日，众议院开始审议政府提交的《治安维持法》修正案。身为议员的山本宣治赶到东京，参加全体大会。他本来预备发言，要求废除《治安维持法》。可是由于另一位议员水谷长三郎反对通过《治安维持法》（此人支持镇压共产党，但是担心该法被扩大解释使镇压范围扩大化）的讨论发言使质询中断，停止质询的动议获得通过，山本未能阐述自己的反对主张。表决结果是 249∶170，修正案在众议院获得通过。

当天晚上，山本宣治刚刚回到位于东京神田的旅馆，一名男子前来拜访。该男子进门后胁迫说：“反对《治安维持法》就是赤化日本，因此，你必须辞掉议员职务。”接着，他掏出藏在身上的短刀刺中山本的颈部，山本倒在血泊中。凶手是右翼分子，他随身携有《斩奸状》，里面指责山本“反对《治安维持法》，使赤化运动易于开展”。

山本为反对修改《治安维持法》付出了生命的代价，却没能够阻挡住这部恶法的实行。就在修正案通过一个多月后，政府就又展开了一次大搜捕，逮捕了 800 人，几乎将日本共产党的领袖一网打尽，日本共产党由此遭到毁灭性的打击，一些原来的日本共产党员或骨干分子在狱中纷纷表示忏悔，转向支持政府。

《治安维持法》修改后，掌权者可以随意以莫须有的罪名逮捕任何不利于己方的行为人员或组织。作为负责执行《治安维持法》的机构，“特高”四处活动，一旦落入其手，嫌犯通常要遭受棍打、烫烙铁或鼻孔灌水等酷刑。1933 年 2 月，著名的无产阶级作家小林多喜二就是被“特高”严刑拷打致死的。

《治安维持法》制造的恐怖气氛就像越来越浓厚的乌云，笼罩在日本国民的心头。

四

随着左翼运动进入低谷，极右翼组织、民主主义者或自由主义者成为《治安维持法》的新目标。这些群体观点截然不同，可是只要有“反动言论”，即使不涉及“变更国体”，也就都成为该法的适用对象。只要是政府不希望看到的对象，都可以被认定为在从事“以结社为目的的行为”。那些为《治安维持法》案件的被告提供辩护的律师也受到了不公正的歧视和限制，甚至被剥夺律师执业资格。一系列镇压活动的结果是，只有在思想上与被告毫无关联的律师才能被当局认可。

1941 年 3 月，鉴于日益严峻的治安形势，议会又对《治安维持法》做了大幅度修改，最初的 7 个条款由此被增至 65 个。修改后的治安维持法扩大取缔对象范围，新设禁止“为支援变更国体的结社行为的结社”和“以准备成立组织为目的的结社”（又称“准备结社”）等规定。由于“预备犯罪行为”由官方判断并检举，因此新法导致普通公民能够被随意地认定为罪犯。另外还新设“预防拘禁制度”，对于本应刑满释放的罪犯，可以根据“明显具有再犯同类罪行之虞”的理由，在新设的预防拘禁所内加以限制人身自由。刑事诉讼程序方面设立更为便利的特别程序规定，例如三审制改为二审制、辩护律师由司法大臣指定并禁止私人委托律师等。此外，处罚程度全面加重，刑期下限也全面上调。

此后，“特高”的工作范围大大扩展，从抓捕政治异见者扩大到监管所有国民的思想言论。枥木县的一位母亲曾经就儿子被征兵的事向朋友说，“天皇陛下没有为我们养活孩子帮过一分钱的忙，现在他却要抢走这些孩子”。高知县的一位农民则抱怨战争时期的生活变得日益窘困，“如果一个农民的大米被抢走，那他该如何生活？这样的政策又如何赢得战争？”。他们很快被警方以违犯《治安维持法》起诉，两名“罪犯”的上述罪证因此被记录在内务省“特高”的报告中。

除了这些分散在各地的琐碎案件，“特高”在新法通过一年后，制造了二战中最大规模的言论镇压事件——“横滨事件”（也称“泊事件”）。

1942 年秋天，学者细川嘉六在《改造》杂志 8、9 月号刊载论文《世界史的动向与日本》，结果被神奈川县的“特高”逮捕，罪名是“宣传共产主义”。可是，他们从论文中找不出宣扬共产主义的确凿证据，后来偶然在其他事件的查抄品中发现一张细川邀请《改造》和《中央公论》等媒体编辑参加聚会的照片，于是诬陷他们“密谋重建共产党”，竟然先后逮捕中央公论社、改造社、日本评论社、岩波书店等所谓相关人员达3 000余人，根据《治安维持法》进行起诉。1944年7月，《中央公论》和《改造》两杂志被迫停刊。审讯中严刑拷打致3人死亡。而对此事件的正式审判，直到战败也未进行。

1945年10月，在美国民主化改革的压力下，“特高”解散，《治安维持法》被废止。这部被多次修改、内容越来越严厉的法律，不仅打击实际的反政府运动，而且也严厉镇压思想学术上的所谓“异端”，使日本社会长达20年处于“白色恐怖”中。据统计，在施行期间，因违犯该法被拘留的人数约7万，其中有10%受到起诉。因此，《治安维持法》在日本成为臭名昭著的“恶法”的代名词。半个多世纪以来，在日本的多次立法争论中，“《治安维持法》的死灰复燃”经常成为反对派的标语式口号。

第二编　转向

“非国民”石桥湛山：大日本主义还是小日本主义？

从明治后期开始的半个多世纪里，关于国家究竟应走什么道路，一直是日本各界争论的重点和焦点。石桥提出的“小日本主义”虽然被打压、被排斥，但是在付出巨大牺牲之后，日本最终还是选择了“小日本主义”。战后日本的实践证明，一个国家完全可以不依靠侵占他国领土、掠夺他国资源的方式来获得成功。认同文明世界规则，通过正常的自由贸易，也可以获得全球资源和全球市场，从而建设一个欣欣向荣的富裕国家。

明治时代后期，在先后赢得中日甲午战争、日俄战争的胜利之后，日本越发膨胀起来。朝野都认为，日本是一个了不起的民族，“大日本主义”风行一时。这种意识形态鼓动着民众的民族主义，推动着日本对外扩张。

可是，却有一个日本人勇敢地站出来主张“小日本主义”，“通过改革内政，促进个人自由和活力，立足于产业主义，以达到利国富民之目的”。他尖锐地批判说，“大日本主义是把军事力量和武力征服放在首位的军国主义、专制主义、国家主义”，核心是“军事立国论”，对国家有害无益。

这个敢于反对主流意见的人，就是石桥湛山。在日渐走向疯狂的近代日本历史上，他是一个引人注目的“异类”。他的故事是日本近代史的另一条线索，是日本理性力量的标志。

一、“小日本主义”

1884 年，石桥湛山出生于一个信仰佛教的家庭。他在中学时就接触到了民主思想与个人主义，认识到个人尊严、个人价值的重要性。后来，石桥进入早稻田大学，攻读哲学。早稻田大学是两度出任日本首相的大隈重信创办的一所私立大学，培养了许多精英人士。在充满了自由、民主氛围的校园里，石桥成长为一名坚定的自由主义者。

作为那个时代的“天之骄子”，石桥毕业后没有像其他人那样选择政界或商界，而是选择做一个媒体人。1911 年，他进入东洋经济新报社。《东洋经济新报》以英国《经济学人》为榜样，是一份面向经济界人士的杂志。杂志的创刊号宣称：“有了健全的个人之发达，始能有健全的经济社会。”该杂志主张自由市场经济，反对偏狭的贸易保护主义，批判元老政治和帝国主义。崇尚独立自主的石桥与《东洋经济新报》的精神气质非常吻合。一进入杂志社，这个哲学系毕业的年轻人就开始努力自学经济理论，研究经济问题。

1912 年，也就是石桥进入东洋经济新报社的第二年，在位长达44年的明治天皇去世。有人提出，要为这个功勋卓著的天皇建立神宫。石桥湛山发表文章，称这是“愚蠢的建议”。他指出：“真要纪念先帝的话，我觉得与其在一块固定的土地上，用石头和木头建造神宫，倒不如用那些钱来设立‘明治奖金’。如果诺贝尔将他的遗产用来建立纪念碑，结果会如何？恐怕他早就被人遗忘了。可是他为了创造更美好的世界文明，将他的遗产作为奖金留给后人。他虽然只是一个小小的科学家，却永远留在大家的心目中。”

明治天皇去世，给世人留下了一个东亚强国。同年清朝皇帝退位，却给国人留下一个动荡的中国。面对纷乱的邻国，日本产生了觊觎之心。日本朝野蠢蠢欲动，出现了要像吞并朝鲜那样吞并“满洲”的社会呼声。这种社会舆论就是典型的“大日本主义”。

早在1890年，元老政治家、“日本陆军之父”山县有朋就提出“利益线”理论。他说：“国家独立自卫之途有二：一是防守主权线，不容他人侵害；二是保护利益线，不失形胜地位。何谓主权线，国家之疆土是也；何谓利益线，同我主权线安全紧密相关之区域是也。”这套理论成为“大日本主义”的先声。“大日本主义”混合军国主义和国家主义，把军事力量和武力征服放在首位，其要害是鼓吹不仅要防卫“主权线”，而且要保护“利益线”的军事扩张理论。如果说“主权线”还有相对清晰的边界的话，“利益线”的解释完全可以随心所欲。

日俄战争胜利后，日本摆脱了东亚弱国的地位，成为世界公认的列强之一。“明治梦”实现了，未来日本应该走什么样的道路？走“大日本主义”道路是那个时代所叫嚣的最强音。“大日本主义”推动“利益线”不断扩展，“利益线”不断扩展又反过来刺激了“大日本主义”。尤其是1910年日本吞并朝鲜，完成了走向亚洲霸权的第一步以后,“大日本主义”更是甚嚣尘上，吞并“满洲”甚至成为“爱国”的标志。

面对这些狂热鼓噪，年仅28岁的石桥湛山公开发表与主流观点不同的文章。他以大量统计数据和翔实的材料，论证拥有殖民地不仅在经济上没有价值，而且会过度增加军费开支，压迫国家财政，最终导致国民生活恶化，进而产生有引发毫无益处的战争的危险；尤其会刺激殖民地的民族主义，并导致日本与英美等西方发达国家的对立，使国家在国际上陷于孤立，反而不利于日本的发展。

石桥不仅从经济合理主义出发反对主流主张，而且在道义上谴责侵略“满洲”是愚蠢、危险的行为，发出了那个时代稀缺的清醒之声。石桥的文章论证严密，在社会上引起很大的反响。从此，石桥作为一位政治经济评论家，开始在日本舆论界崭露头角。

1914年第一次世界大战爆发，日本趁机出兵中国山东。国内舆论支持这种扩张做法，认为日本国土狭小，必须争取更大的空间，向外移民，才能生存。石桥湛山在《东洋经济新报》上发表《我国无移民之必要》，批判了这种谬论，指出一个国家只需发展经济就可以解决人口压力，完全没有必要向外移民，更无须以武力去建立殖民地。

可是，日本却在扩张的道路上越走越远。它强迫袁世凯政府签订“二十一条”。在全日本都“欢欣鼓舞”的时刻，石桥发表《日华亲善之法如何》《日华新条约的价值如何》等文章，旗帜鲜明地反对这种做法。他认为，日本政府强加于中国的“二十一条”是未经深思熟虑的领土侵略主义和轻薄的举国一致论的产物。石桥预言，如此下去，结果会使日本丧失中日甲午战争以来获得的一切利益，最后被逐出大陆。

虽然这种反战和平的观点遭到舆论的非议和攻击，可是石桥不回避危险，连续发表《放弃一切的觉悟》和《大日本主义的幻想》等文章，指出“大日本主义”只能是幻想，为日本向何处去提出了一个全新的答案：走“小日本主义”道路，通过和平和贸易建设富裕国家。

“小日本主义”主张，日本应该先在国内实现民主自由化，采取政党政治和普选权，创造国民幸福，激发人民的力量，改善日本本国的农业，实施贸易自由化，通过贸易交换，取长补短，来解决日本人口增长与资源匮乏的矛盾。对外则主张放弃朝鲜、中国台湾和库页岛，放弃殖民地国家的建设，改为建设通商国家，缩减兵备，采取和平主义的功利外交，以此来缓和与其他国家的矛盾、避免战争。在石桥看来，只有这样，才能为日本发展争取到良好的国际背景。

如果当时的日本真的能走上这条道路，那么世界的未来都会为之改变。但是，当时日本自信心膨胀，几乎没有人赞同“小日本主义”。一些人批评“小日本主义”是“算盘主义”，会让日本国民丧失“大国民的气魄”。有人耸人听闻地说，“若有如此言论弥漫于我国而成为我国之立国国是的话，亡国之日亦将不远”。右翼则攻击石桥不爱国，是一个危险的“非国民”。

二、只有依靠自由言论的力量

1930年11月，首相浜口雄幸在东京站遭到右翼青年袭击。这是20世纪30年代一系列政治暗杀事件的开端。浜口雄幸之所以遭到暗杀，是因为他同意在《伦敦海军条约》上签字。右翼认为他的外交政策太软弱。代理首相币原喜重郎也遭到反对派的强烈抨击，右翼势力蠢蠢欲动，暴力事件时有发生。

这时石桥已经是《东洋经济新报》的总编。他敏锐地意识到，一个非常时代到来了。他在文章里发出了预警，“整个国家都处在非法化中”。他深刻地剖析了这种社会倾向的原因，“从过去的历史来看，只要是社会制度僵化、失去柔软性的时候，非合法暴力行为就会极端盛行”。

在石桥看来，日本之所以危机重重，除了僵化的社会制度需要进行变革之外，政府的消极应付也是重要原因之一。他说，日本的统治阶级没有责任感，也缺乏勇气，“几乎所有人面对经济困难和社会不安均是束手无策，只是寻求消极的安慰，缺乏采取克服困难的积极计划和行动的勇气及热诚……其结果是在不久的将来必会给我国带来更大的灾难”。

石桥警告说，如果不痛下决心进行改革，长此下去，“国家只会陷入暴力性的残虐行为中。世间没有比无视道义更可怕的事了。国民若失去对理性的信赖不知道会做出什么事”。因此，他极力提倡“万机决于公论”的民主运动。在他看来，只有这样才能避免整个日本社会滑向危险的境地。

在暗杀首相浜口雄幸、反对《伦敦海军条约》的背后，是咄咄逼人、不断膨胀的军部势力。石桥意识到军部势力的危险性，仍坚决支持裁军。他发表文章《做好与军阀血战的准备》，以大无畏的勇气公开宣称："如果军阀不按照这样明智的国策行事，我热切希望毅然赌上未来与其血战。"

仅仅两个月后，石桥担忧的事情发生了。关东军制造了九一八事变，占领中国东北。当时日本国内很少有人意识到，这是日本走向灾难深渊的第一步，反而为之欢呼。在九一八事变前曾担任中国领事的松冈洋右制造的"满蒙是日本的生命线"论调，更是大行其道。日本军部还发布命令，要求所有记者、讲演者都必须对此进行宣传。

就在"满蒙生命线论"风靡日本、全社会都维护特殊权益论的时候，石桥再次勇敢地站出来唱反调，针锋相对地提出"满蒙放弃论"。他根据事实论证了在满洲的特殊权益光靠武力推行是不会成功的，"用武力破坏中国统一的国家运动反而会引起更严重的运动"。日本将重蹈旧德意志帝国的覆辙，最终被中国的民族主义推翻。

没有其他人敢像石桥这样，光明正大地阐述反对理由。他还向国民提问道："难道放弃了满蒙，我们国家就真的会灭亡吗？"他的回答是否定的：就像英国在国防上不需要对岸大陆领土一样，日本只要日本海就足够了。至于日本的人口增长问题，即使靠扩张领土也不会解决。在确保煤、铁等原料供应方面，完全可以采取和平的贸易方式来达到目的，没有必要动用武力。

日本侵占满洲引起国际社会的不满。国际联盟理事会通过决议案，要求日本撤军。日本不仅不反思，反而疯狂地攻击和批判国际联盟。石桥再次表示了对社会不良倾向的强烈担忧，他敏锐地洞察并尖锐地预言道："我可以断言今日之我国面临着前所未有的危机。而且不仅仅是内政有问题，外交也有。但其外交危机的根源其实在于国民失去对内政的希望。"

为什么会酿成这样的危机？石桥认为，一个重要原因是报纸记者、学者和评论家等媒体界人士屈服于军部，对不义的行为没有反对，而是采取谄媚奉迎的态度。他在社论《真正的爱国之道：保障言论自由》中，阐述了言论自由的必要性——

有一部分人是依据法律受到了官论压迫。但我认为，今日我国失去言论自由的最大原因是，我国的学者、评论家、有识之士或是报纸以外的言论机关的经营者，没有人能像650年前的日莲一样，将自己相信的事物毫不隐藏地说出来，为国家尽自己最大努力。我认为现在的人连日莲勇气的百分之一都没有。

不仅是这样，我看到有一些人竟然表面上迎合现在的社会舆论，说出一些根本就不是自己真心的言论。最近我国的非法运动面临着如果走错一步，就会跌入万劫不复的深渊这一危险境地。如果说存在力挽狂澜的方法的话，那就只可能是言论自由的力量。如果言论自由被压制，完全窒息了的话，国家一定不会有前途。

日莲上人是13世纪时的日本僧人，被当时的权贵迫害，但是他以"我将成为撑起日本的大柱"为信念，无所畏惧地传播自己的理念，最终成为受后人敬仰的佛教日莲宗创始人。石桥以笔为旗，坚持为言论自由而发声，成为风雨如磐时代里的“日本的大柱”。

三、坚持说“不”

1933年3月27日，日本政府发表通告，宣布退出国际联盟。从那时候起，军部就开始宣传，说日本将在1935年、1936年迎来前所未有的“国难”，因为1935年日本退出国际联盟将生效，1936年华盛顿、伦敦两裁军条约将失效。军部利用所谓“1935年、1936年危机”，大幅度增强海军实力，军费以惊人的速度增长。

然而事实是，当时日本已经从经济危机中走出来，民众感受到的不是危机，而是“非常时期”的繁荣。可是没有人敢质疑势焰熏天的军部。在“举国一致”的扩张侵略的浪潮中，唯有石桥领导的《东洋经济新报》孤军奋战，高举“小日本主义”旗帜，呼吁日本应该进行和平外交，将军备控制到最小限度。

石桥撰文指出，日本根本不存在对外战争的危险，所谓“1935年、1936年危机”是欺骗宣传，“说谎者最初也知道是在说谎，可是到最后自己也误认为这是真实的，这是一种心理作用。我认为现在日本到处嚷嚷处于非常时期也是这种心理作用在作怪”。他断言：“现在的日本在可以预见的范围内，没有对外战争的危险。”

面对来自社会的质疑，海陆军发表声明，宣称“将严厉打击离间军民关系的行为”。一纸声明，让全国的媒体噤若寒蝉。只有石桥在《东洋经济新报》发表社论《让人遗憾的海陆军省声明》，指出这个声明本身就是“离间军民关系的行为”。石桥这样写道——

我国的一部分人有把发表与自己意见相左的言论的人称为“卖国贼”的不好习惯，陆军省和海军省做出的声明中也有这样的内容，这是个很严重的问题。军部、政党、财政界以及其他所有的国民都要互相尊重和理解对方立场，倾听各自的主张，然后做出冷静判断，这才是国家舆论统一和军民大团结的唯一之途。

可惜，理性的声音已经难以阻止军部在法西斯大道上狂奔。1934 年 10 月 2 日，陆军省新闻班发行《国防的布义及其强化之建议》，开头就说“战斗是创造之父、文化之母”，进行赤裸裸的战争煽动。这个小册子总共发行了 16 万册，被散发到社会各界，报纸也对此进行大规模报道，引起了轰动。

遗憾的是，评论家们也随声附和。《东京朝日新闻》的社论说，从这个小册子中“可以深切地感受到对国家现状深深的忧虑。从这一点来看，这个建议应该作为朝野的国策研究资料而受到重视”。《东京日日新闻》的评论更进一步，竟然主张禁止对军事费用的增长进行批判，“最近陆、海、空军的国防费用异常增长，已经占了国家预算的一大部分。这是国际环境的要求和我国对外政策推移的结果，是没有办法的，任何人都不应该对此有异议。为了确保未来真正的和平和国家的安泰，现在应该努力忍耐这些痛苦”。

在当时，这些媒体因为迎合民众而发行量大增。而坚决反战的《东洋经济新报》发行量当然难以增加，仅有 3 000 多份。

战后这些大报社反思历史，承认当时没有坚持媒体的责任，做了法西斯主义的附庸。真正把握历史潮流、敢于批判现实的，还是《东洋经济新报》。由于没有引起民众注意，这反而让《东洋经济新报》能够存活下来，微弱而坚定地说“不”。在军部的小册子发表不久，石桥就直言不讳地要求陆军“反省”——

此册子是非常下等的作品，如果这不是陆军省发表的东西，人们估计连看都不会看。把“战斗”说成“创造之父”“文化之母”等根本就不是我国的传统思想，而是从西洋进口过来的。而将这些作为我国陆军的指导思想实在是太轻率了……我国的皇道精神要求我们尽力于增进国际相互扶助的关系，创造人类生活的理想状态。如果这是无责任感的军事评论家的评论也就另当别论了，但由陆军省承担责任出版的册子是不应该这样的，陆军省应该好好反省。

军部当然不会反省，反而更加卖力地鼓吹战争。1937 年它挑起七七事变，公然发动全面侵略中国的战争，日本在国际社会更加孤立。正如 20 世纪 80 年代担任首相的中曾根康弘所说：“大正时期以后日本动摇了推进国策的政治基础，错误地估计了世界形势，认为希特勒德国是世界的正统。”右翼势力要求日本与德国结盟，同时在国内鼓动反英运动。面对这种社会鼓噪，石桥湛山再次站出来，成为唯一说“不”的人——

随着日德意军事同盟主张占据上风，有人用明治时期以来我国在外交方面的恐英论、软弱论、缺少自重论等把自己贬得一无是处。但是，他们没有察觉到自己在议论这些的时候，不知不觉被媚态心理支配而已经快要失去自主精神了……我希望他们不要随感情胡乱辱骂外国，这其实就是媚态外交的反面。记者对先前风靡全国的反英运动持反对态度。超越政策范围，对英国的国体、英国国民的品性，甚至对英国的历史发动攻击，就算英国是敌人，这也太无礼了，眼光过于短视。（言论报道的自由）最重要的事情之一就是各种意见和报道不断被提供到国民面前，从而依靠这些来培养他们的批判能力，纠正其偏见，形成公正、均衡的社会舆论。

由于日本社会落入法西斯的严密控制中，媒体失去自由，真相被掩盖起来，根本不可能形成“公正、均衡的社会舆论”。尤其在日本进入了举国一致的“战时体制”后，国家上下都在鼓吹“大日本主义”，而“小日本主义”却没有任何基础。石桥失望而无助地看到，猖狂的军部势力、不负责任的政治家和被洗脑的民众一起推动着国家走向战争。

四、国家成功的新模式

“大日本主义”、军国主义是非科学的，其结果只会是惨败。只有科学的、和平的思想才是正确的道路，只有走“小日本主义”道路才能真正建设一个富强的日本。

这是战后日本人思想解放的、最有代表性的话语，出自石桥湛山在战后发表的第一篇评论。当时面对国家废墟，日本人为国家前途感到忧心忡忡，唯有石桥为日本的战败投降感到兴奋。虽然他的家也被美军空袭烧毁，但是石桥毫不气馁，因为在他看来，战败是“日本再生的起点”，因为这意味着从此结束了高额的军费开支，抛掉了殖民地的巨大包袱，正是实现“小日本主义”的绝好机会。

当时石桥已经年过花甲，他幸运地熬过了战争岁月。在战争期间，言论控制十分严酷，《东洋经济新报》曾受过被要求删除整篇文章的压制和处分，石桥湛山本人则受到“特高”的调查和威胁。他的二儿子被迫参军，结果命丧太平洋战场。石桥湛山后来在回忆时写道：“我和我的儿子都是反对战争的，但是虽然这么说，如果我拒绝儿子去参军，恐怕儿子和我都要受到处罚，或被杀掉。”

日本军国主义彻底失败，也宣告了“大日本主义”的破产，日本的社会意识又一次发生大转变，非军事化、民主化的愿望成为主流。石桥湛山此时重新打出“小日本主义”的旗号，继续推行他原来的主张，为重建日本而呼吁。他投笔从政，活跃于日本政坛，历任多届内阁阁员，甚至一度出任首相。日本推行非军国主义化、民主改革和农地改革，起草新宪法。在宪法起草过程中，石桥湛山发挥了巨大作用。

1973 年，89 岁的石桥湛山与世长辞，当时日本已经成为世界第二大经济强国。这个从明治时代一路走来的老人是一个幸运者，因为他看到日本这个资源匮乏、没有强大军队的国家，立足于现有国土、以自由贸易实现了和平发展，一跃成为真正的世界“经济大国”。在一定意义上可以说，这是“小日本主义”的胜利，也是给予这个一生坚持“小日本主义”者的最好慰藉。

从明治后期开始的半个多世纪里，关于国家究竟应走什么道路，一直是日本各界争论的重点和焦点。石桥提出的“小日本主义”虽然被打压、被排斥，但是在付出巨大牺牲之后，日本最终还是选择了“小日本主义”。战后日本的实践证明，一个国家完全可以不依靠侵占他国领土、掠夺资源的方式来获得成功，认同文明世界规则，通过正常的自由贸易，也获得全球资源和全球市场，从而建设一个欣欣向荣的富裕国家。这是国家走向成功的一种全新的模式，日本为今天追求现代化的后发国家提供了一个样板。

浜口雄幸：死于宪法黑洞的首相

上任之初，他就对一位阁僚说："我已经做好了将这条命献给国家的精神准备！"他很清楚，所谓"干犯统帅权"争论不过是右翼和军方妄图削弱政治对军部的控制，谋求走上军事控制政治的道路。假如他们得逞，日本正在形成中的政党政治和议会政治必将荡然无存。

在列车一侧聚集的人群中，有一个人的手在袖子里做着异常的动作。当听到"乒"的一声响的一刹那，下腹部感到异样的疼痛，像是什么物体以很大的力量穿进我的下腹，头脑中隐约闪现"我被杀了""我死得稍微有点早"的意识。

这是日本第27任首相浜口雄幸在病床上写下的一段话，真实地记录了1930年11月14日他遇刺时的感受。那一天，60岁的浜口首相来到东京站，他将从这里出发去数百公里外的冈山参观陆军演习。原来政府有规定，首相乘车时车站要戒严。

但为了避免扰民，浜口雄幸取消了这一措施。正当浜口在月台上步行时，熙熙攘攘的人群中一个身穿短褂的年轻人突然跪地，在不到三米的地方向他扣动了手枪扳机。

行刺者当场被捕。这个青年名叫佐乡屋留雄，是右翼团体“爱国社”的成员。他在接受讯问时理直气壮地说，浜口雄幸“缔结屈辱的伦敦条约，干犯统帅权”，他是出于义愤而采取行动的。

两年前，英国邀请日本同美国、法国、意大利等国代表齐集伦敦，召开海军裁军会议。会议期间，纽约股票市场暴跌，世界性经济危机爆发，本来经济就不景气的日本更加雪上加霜。刚上台一年多的首相浜口雄幸是有名的财政专家，向来主张优先考虑国民生活。为了应对经济危机，浜口内阁实行财政紧缩政策，其中一项重要的措施就是压缩军费。

伦敦裁军会议进展并不顺利，交涉一度陷于停顿。因为日本海军要求，日美双方辅助舰比率保持在 7∶7，英美两国均不接受。后来日本代表做出妥协，同意把辅助舰拥有量对美比率降为 6.975。浜口从减轻国民负担立场出发，对缔结此条约表示同意，并得到了天皇、元老西园寺公望等的支持。于是，1930 年 4 月 22 日，5 国代表签订了《伦敦海军条约》。如果日本执行条约，在今后 6 年间，将节省 8.2 亿日元的军费开支，这对于处于经济危机中的日本来说当然是一件好事。不过日本代表团并没有为此而感到高兴，反而感到不安和忧虑，因为就在签约的前一天，他们还接到军令部的通知，反对签约。代表团随员中的军人在条约签字后的慰劳晚餐会上，当面向首席代表若槻礼次郎提出强烈抗议。

按照宪法，条约必须经过天皇的咨询机构枢密院的批准才能生效。就在签约后的第二天，东京召开第 58 次特别议会。浜口首相原来以为，反对党会集中指责政府在军舰数量上的让步，可是出乎意料的是，反对党却绕开了这个问题，指责政府违犯宪法，严重“干犯统帅权”。

这个罪名让许多与会者感到意外。“干犯统帅权”最早是军国主义者北一辉提出来的，但是从来没有人以此罪名指控政府。可是反对党征引《大日本帝国宪法》，似乎颇有道理。这部在 1889 年制定的宪法第 11 条规定“天皇统率陆海军”，这意味着陆海军的统帅权属于天皇，不属于国务大臣的管辖范围，俗称“统帅权独立”。后人评论伊藤博文说：“他到死也没有认识到他在他制定的明治宪法上开了一个多么大的口子。”

这个“口子”被反对党利用，大做文章。反对党认为，《伦敦海军条约》涉及军队事务，内阁不顾军令部长反对而同意签约，就是“干犯统帅权”之举。眼看着问题就要政治化，政府请教了著名法学家、东京大学教授美浓部达吉博士。美浓部发表文章，支持政府的立场，认为“内阁违背军部的意见，仰请天皇裁可伦敦条约并不违犯宪法”。这种观点也有法律依据，因为宪法第 12 条规定“由天皇确定陆海军的编成与常备军员的定额”，与裁军相关的军队编制和舰艇整编以及与之相关的预算纯属“国务”或“政务”，理应由内阁负责处理。许多宪法学者持同样意见，报纸也给予支持。

截然对立的两种观点都于法有据，揭示了《大日本帝国宪法》的内在矛盾。这种矛盾由来已久，只是由于明治维新的元老们在世时，既担任首相，又对军队保持强大的控制力，政治对军事终始占有优势，“统帅权独立”的说法在现实政治中并没有成为一个问题。到了 1930 年，元老们凋零殆尽，再加上政府实行财政紧缩政策，导致生丝价格暴跌，国民生活面临前所未有的经济萧条的打击。在这样的背景下，宪法的矛盾促使政治矛盾激化。

在右翼看来，裁军会议是英美两国削弱日本实力的阴谋，日本是被英美两国逼迫签署条约的。早在伦敦谈判期间，右翼团体就出版印刷品、举行演讲会，在各种重要场合散发“埋葬亡国的海军条约”等檄文，开展反对活动。“裁军国民同志会”在东京的公园召开“国民大会”，做出决议称“日本国民认为裁军答复方案陷我国国防于危殆之中，我们坚决反对”。他们还游说政府官员、枢密顾问官、军部首脑全面展开反对运动。在议会里发生“干犯统帅权”争论之后，右翼分子利用“干犯统帅权”猛烈攻击政府，极力将反对缔约运动扩大。军令部的一位少佐参谋为抗议条约，竟然在东海道线的火车上自杀。

参谋本部认为，浜口内阁“无视或轻视统帅部”就是“干犯统帅权”，必将“破坏建国之基础，危及帝国之生存”，“现政府显然正一心一意要使普遍的国防兵力之决定权归于政府，即使背离建军之精神，危及建国之基础，仍企图扩张党派利益和党务，此乃无可争辩之事实”。打着这个耸人听闻的旗号，军令部长要求彻底保卫“3 000 年来我国体之精华，即军政分开之根本原则”，提出奏折弹劾政府，同时向天皇提出辞职。

6 月 18 日，日本代表团回到东京。首席全权代表若槻礼次郎从车站的窗口向群众发表演讲称，这个条约有效期限到 1936 年 12 月 31 日，“在此之后，日本便不再受其束缚”。代表团还不知道，围绕“干犯统帅权”的争论正如火如荼，浜口内阁正遭受围攻。

在巨大的政治压力下，浜口雄幸没有屈服。这位相貌严肃、威风凛凛的政治家雷厉风行，有“雄狮首相”之称。从他被任命为首相到新内阁开张仅用了 8 个小时，是日本近代史上组阁时间最神速的高效内阁。上任之初，他就对一位阁僚说：“我已经做好了将这条命献给国家的精神准备！”他很清楚，所谓“干犯统帅权”争论不过是右翼和军方妄图削弱政治对军部的控制，谋求走上军事控制政治的道路。假如他们得逞，日本正在形成中的政党政治和议会政治必将荡然无存。因此他一边毫不退让地坚持，一边争取天皇和西园寺公望等重臣的支持。

两个月后，枢密院审查委员会开始对条约进行审议。反对党从政党利益出发，继续愚蠢地攻击浜口内阁“干犯统帅权”。他们没有意识到对于政党政治和议会政治来说，这是自杀行为。面对故意拖延审议时间的枢密院，浜口首相采取了强硬姿态。因为他清醒地认识到，如果交涉破裂，日本不但会重新开始参与大国间的造舰竞赛，导致国内财政负担加重，而且将陷于国际孤立，与英美发生冲突。

当时国民和舆论支持裁军，内阁也得到了天皇和元老西园寺公望的鼓励。于是浜口宣称，如果枢密院不批准条约，他就直接上奏天皇，请其裁决，并开始讨论撤换所有枢密院顾问官。枢密院不得不改变强硬立场，决定无条件批准条约。

1930 年 10 月 1 日，在五国签约近半年后，日本终于批准了伦敦条约。10 月 27 日，在伦敦举行了交换批准书的仪式。这是继华盛顿海军裁军条约后的一个和平条约，维持了第一次世界大战后的世界现状，为世界带来了和平。浜口发表广播讲话说，该条约给人类的文明开辟了一个新纪元，并祝福时代的发展从列强对立的“冒险时代”进入国际协调和国际和平的“稳定时代”。

可是右翼因此对浜口恨之入骨，认为他执行“软弱外交”，有损日本的声誉和国力。最终在东京站发生了那惊人的一幕，倒在血泊中的浜口低声吟诵诗句“夜深同看千岩雪”，逐渐失去意识。

浜口被送往医院，手术成功，但不得不长期住院治疗。从住院第二天起，仍然担任首相的浜口每天口述两三次重建经济应采取的政策，叫人写下来向阁员们传达。由于代理首相币原应付不了政局，内阁失去凝聚力，身体尚未康复的浜口执意出院上班。医生表示不能保证生命，浜口慨然道：“我对国民答应要出席国会的，言而无信就是欺骗国民！身为首相却欺骗国民，何以赢得国民的信赖？关乎生命，就可以不守信用吗？我万死不辞，即便死在议会上，由我自己负责！”

1931 年 3 月 9 日，浜口雄幸身着正装，出现在官邸。可是他的身体过于虚弱，在前来采访的记者镜头前倒下昏迷，只好再次被送进医院。20 天后，他又强撑病体，坚持参加国会，决心推动社会改造法案的通过。该法案提出降低税收，将国家财政进行更合理的分配（军费预算的削减让这成为可能），将男性选民最低年龄限制从 25 岁降为 20 岁，并在地方选举中给予女性选举权。过去结实强壮的浜口现在却异常消瘦，穿着一双看起来像普通鞋子的棉拖鞋（因疼痛而无法穿皮鞋），跌跌撞撞地走上讲台，他以嘶哑微弱的声音回答提问，进行答辩，使政府提出的 72 个议案全部通过。

此后，耗尽体力的浜口雄幸病情急剧恶化，又经过两次手术，但都没有奏效。1931 年 8 月 26 日，一代刚正不阿的政治家撒手人寰，享年 61 岁。在某种意义上可以说，是日本宪法的“黑洞”吞噬了浜口的生命。随着浜口的病逝，他推动的那些影响深远的改革也无疾而终。

后来人们才意识到，浜口是20世纪30年代第一位遭遇暗杀的政治家，他的悲剧是协调外交破产的前兆，也预示着血雨腥风的时代刚刚开始。在浜口之后，那些同意批准伦敦条约的政治家，如铃木贯太郎等都在连续发生的恐怖袭击、政变中遭到攻击。就连从学理上驳斥“干犯统帅权”的大学教授美浓部达吉，也遭到疯狂的右翼分子枪击。

至于那个射出夺命子弹的右翼分子佐乡屋，起先被以杀人未遂罪起诉。浜口死后，一审法院以杀人既遂罪判处其死刑。二审虽认定为未遂，但仍判处死刑。佐乡屋又上诉至三审法院，仍被驳回，死刑生效。恰值皇太子诞生，恩赦犯人，佐乡屋遂被改为无期徒刑。此后这个杀人犯两次减刑，并在1940年11月被批准假释，服刑不到十年。

在杀人犯不断被宽纵的背后，是宪法的漏洞越来越明显，右翼和军部势力不断扩张。军部和右翼成功地把“干犯统帅权”当成旗帜，一边进行军国主义宣传，一边加强军事独裁统治。庶人政治家对于战争完全失去发言权，内阁会议只能按军方要求批准庞大的军费支出，不能过问战况和军队方针。1937年七七事变后，近卫首相和其他阁僚们对战争的进展情况和今后的计划全然不知。在内阁会议上，拓务大臣向陆相询问“军事行动何时结束”，陆相不予理睬。海相刚要代其作答，陆相便怒斥道：“那些事情可以在这种地方说吗？”

国家可以拥有一支军队，但是军队不能拥有一个国家。可是随着日本政治极速下滑，军部在“统帅权独立”的旗号下垄断国政，军国主义将日本带向了苦难的战争深渊。

室伏高信：侵华高潮中的反对者

理解他国的爱国主义，是难能可贵的，尤其是当他国与自己的国家处于敌对状态时。这种理解很难得到本国“爱国者”的理解，反而会被国内的顽固派骂为窝囊废，稍有疏忽，还可能被贴上“卖国贼”的标签而丧命。但是室伏高信毫不畏惧，仗义执言，彰显了一个新闻人的良知和勇气。

东京的一个精英聚会上，陆军军务局局长小矶国昭提出了“满洲国独立论”，《朝日新闻》编辑局长绪方竹虎听了非常吃惊，反对道：“满洲国独立？你是不是搞错了时代？现在企图做这种事情，肯定一个年轻人也不会跟随的。”但是，小矶局长自信满满地说：“那可不一定。日本人喜欢战争，只要事前准备好理由，拉开战幕的话，后面的自然会跟上来。”

这番对话发生在1931年8月。此后不到一个月，就发生了九一八事变。日本警察及军方加强监控和镇压国内的异议分子，唯恐他们反对日本在国外的军事行动。但是官方发现，其实这是多此一举，因为一般民众都欢迎占领中国东北地区的军事行动。正如小矶局长所预测的那样，大众很快就“跟上来”。广播公司传来的关于沈阳战事的消息，让民众兴奋不已。一连好几个晚上，各地的公园都拥满了激动的人群。为了歌颂日本帝国取得的胜利，流行歌曲谱新词，歌舞伎演新剧，甚至餐厅亦摆出新菜单来庆祝。

日本民众对于日军的行动，不仅有情感上的认同，而且还以直接行动给予支持。九一八事变发生不久，全国性的报纸就发动募捐慰问前线战士的活动，地方性的报纸也迅速跟进，很快就变成了一股风潮。虽然最终捐款的金额只占军事支出的一小部分，但它说明了“民心所向”。当时，日本共产党和宗教界个别人士也有微弱的反战呼声，但很快便被淹没和镇压。昔日的左翼分子纷纷改变其论调，称占领东北并非是资本帝国主义行为，因为它可以舒缓失业压力，有利于整个国家。

因此，连最敏感的政府官员也松了一口气，司法省在其报告中说，九一八事变是“神风”，“扫清了社会上的各种不满情绪”。陆军省亦认为，事变培养出一种新的“团结气氛”，取代了过去长期积累的社会矛盾。

媒体既是民众情绪的尾随者，也是社会意识的塑造者。为了吸引读者的目光，各家记者和编辑都使尽全力，用最煽情的方式美化日本的海外扩张，挑动民众的情绪。它们大量刊登日本军队进展的消息，竞相充满感情地报道“战地英雄”事迹，将战死的士兵描绘成为国捐躯的英雄，再把作为对手的中国军队塑造成胆小、懦弱和落后的形象。那些战斗中的士兵、红十字医院里的护士以及正准备解开包裹的志愿者的照片，则更加直接地、赤裸裸地激起民众的热情。当时已经很难在街角的书报亭找到一本与官方观点不同的刊物。

策划发动九一八事变的关东军狡辩说，中国最先挑起事端，军事行动是保护本国正当权益的自卫行动。日本的媒体不假思索地接受了这种谎言。《朝日新闻》发表社论说，“中国必须承担此次事件的全部责任。面对这次对我们在满洲和蒙古权益的严重侵犯，严峻的事实就是日本必须不惜一切代价来保卫权益”。

随着大众媒体的广泛宣传，日本的民族主义情绪越来越高涨。本来，九一八事变是关东军在没有经过政府批准情况下，擅自采取的军事行动，引起政府的强烈不满。可是，面对日本公众高涨的爱国情绪，若槻礼次郎首相发现，要想对关东军的行为加以管束是一件十分困难的事情。于是，日本内阁顺水推舟，在事变发生 6 天后批准了关东军对中国东北吉林的占领。

自明治末期以来，日本就流行“满蒙是日本的生命线”的论调。戈培尔有一句名言：“人民大多数比我们想象的要蒙昧得多，所以宣传的本质就是坚持简单和重复。”经过多年的“简单和重复”之后，日本国民普遍相信，那块远离日本本土的土地是日本不能失去的“生命线”。九一八事变后，日本官方更起劲地重复这种谬论，许多评论家也加入到辩护的行列中，千方百计地为日本的侵略炮制理论依据。他们认为，“日本在满蒙有着特殊的权益和地位”。其论据要么说，“满蒙是日本十万生灵换来的‘圣城’，日本民族感情的源泉，明治遗业的象征”。要么说，“满蒙是日本实力发展后人口过剩的天然移民区，粮食和工业的供应地及商品市场，为上天予日本之良土”。

就在举国一致地支持关东军侵占中国东北的社会舆论里，却有一个人公开批评说，“这些都是煽动的很好言辞，标语及口号。无思想的人唱之，无思想的人和之”，日本国民无力抗拒“报纸的煽动记事，欺瞒的政治家演说，政党政客的自吹自擂”等诱惑。

这个敢于公开唱反调的，就是评论家室伏高信。他先后担任过多家报社的政治记者，1930 年考察中国后，他写了一部著作《中国起来了》，由书名即可知其对中国统一和发展的称赞。一年后，也就是九一八事变两个月后，他又完成了《中国起来了》的续篇《满蒙论》，力驳日本社会上的流行之论。

室伏高信从经济角度指出，“满蒙是日本的生命线”不过是一个骗人的手段，由日本财阀、军阀及企业家所垄断的满洲对一般的日本国民并无利益。军国主义者推行的侵占满洲的所谓“积极政策”，只能给民众生活带来沉重负担。他从历史的角度探讨了东北与中国主权不可分的关系，“我们不能以爱乡土之心去爱金钱，也不能以爱同胞之心去爱他国的领土……只知道是爱日本的人，也应知道中国人的爱中国”。

理解他国的爱国主义，是难能可贵的，尤其是当他国与自己的国家处于敌对状态时。这种理解很难得到本国“爱国者”的理解，反而会被国内的顽固派骂为窝囊废，稍有疏忽，还可能被贴上“卖国贼”的标签而丧命。但是室伏高信毫不畏惧，仗义执言，彰显了一个新闻人的良知和勇气。

室伏高信认为，日本对中国东北地区的侵略，是造成亚太地区紧张局势和世界紧张局势的根源。满洲成了“第二个巴尔干”，“这不仅是中日之间的困难与不幸；不久就引起了日俄的问题，日本与国际联盟也发生了问题。对于这样一种局势，任何人都不敢说不存在第二次世界大战的危险”。后来的事实证明，这是具有历史穿透力的惊人预见。因为九一八事变是日本军国主义的第一步，从此日本就像失去理智的野兽，在对外侵略的道路上狂奔，直到1945年才被制服。

“日本现在走的是正道吗？……我还要更进而问，我们现在能战胜太过于利己心的计划及感情吗？”室伏高信向深深陷于侵华狂热思潮的日本同胞问道。“我们在今日未忘却所谓武力是最审判者的浅显真理吗？”他指出，“这不是军阀的同题，或资本家的问题，不能不将这个问题当作是国民的问题。”他以敏锐的洞察力清楚地告诉他的同胞，“与世界为敌的政策，只能是害人害己”，“错认识时代，只有灭亡。反乎时代，只不过是其死灭的促进剂而已”。

“一切伟大的行动都开始于反省自己。我们相信今日的英国是帝国主义的国家。这是任何人都无异议的。英国在印度的一切所为，无论如何都是帝国主义的不对，”室伏高信写道，“压迫无武装的国民，及不允许其自由及独立的危害，我们不希望日本也犯这种错误。我们更希望如果我们过去曾犯这种错误时，要赶快地去改正这种错误。”

他向日本国民大声疾呼，“如走错一步，不单是十年的退却，更不能不说是危及于日本的存在”。因此他呼吁，日本应该从中国东北撤军，而代之以友好与经济合作的政策，中日经济合作有着广阔的前景。日本国民应该有不怕死的勇气来改正自己的错误，“伟大的国民应对于他国有宽容，也应当严肃地对待其自身。只有反省自己的国民，才真正不愧为伟大的国民。一切伟大的行动，仅是从反省自己而生。只要走的是正道，我们就要拿出来不怕死的勇气”。

遗憾的是，他的呼吁没有得到重视。日本的国民和政治家未放弃“与世界为敌的政策”，而是由此开启了一场长达 14 年的战争，给中华民族造成巨大的灾难，对人类的和平与发展犯下了弥天大恶，日本自己也为其穷兵黩武付出了沉重代价。

在日本国民狂呼“到满洲去”的战争癫狂时代，室伏高信能够有如此清醒的认识，实在难得。更难能可贵的是，他还有勇气把自己的观点公之于世，“违千夫之诺诺，做一世之谔谔”。这本立论客观、立场鲜明的著作很快受到中国学者周成堂的注意，“读之，发生了极大的感动”。周成堂迅速将该书翻译成中文在中国出版，室伏高信由此成为中国人所知的活跃人物。

七七事变之前，室伏高信还与胡适书信往来，讨论中日关系的出路。胡适对他说：“我虽然是个自由主义者，但是我们这样的自由主义者已经成了少数了。”不过，和胡适不同的是，室伏高信并不是一个始终如一的坚定的自由主义者，尤其是面对西方文明时，他的国粹主义的思想就开始暴露。他在给胡适的信中批评西方文明，呼吁中日两国的知识分子携手合作，“努力拥护东方的自由，东方的遗产与东方的文化，进而将世界史的舞台迁到我们东方的世界上来”。

悲剧就在于，这种东方主义和国粹主义很容易和军国主义思想同流合污。事实上，在太平洋战争爆发之后，室伏高信就转而赞美这场侵略战争，战后还遭到了开除公职的处分。

与谢野晶子：从反战诗人到战争歌颂者

在国家发动对外战争之时，国民很难保持冷静的理性。敢于站出来说“不”，则更需要极大的勇气。与谢野晶子曾经是大勇者，却在晚年成为自己的反对者。从和平主义者到军国主义者，从反对发动战争转变为支持对外战争，与谢野晶子何以能够从一个极端走到另一个极端，成为“迷途的叛逆者”？其价值观及心路历程颇值得研究，她本人也成为后世作家的一个镜鉴。

1932 年 2 月，《东京日日新闻》刊登了这样一则报道——

本社宣布悬赏征集“炸弹三勇士之歌”之后，立即在社会各个方面引起巨大共鸣，应征稿件如雪片般飞来，已在编辑部堆积如山。截至十日下午十二时，《大阪每日新闻》和《东京日日新闻》两社之应征总数已达 84 177 篇。足证忠烈三勇士之壮举已经得到举国称赞，本社亦深喜此举之不虚，深谢各位之热心参与。

所谓“炸弹三勇士”，是在上海“一·二八事变”中死亡的三个日军。军部宣传说，这三个工兵为了给后面的部队开路，主动请缨，怀抱一根装满炸药的竹管冲进中国军队的堡垒，结果当场被炸死。军部渲染他们“视死如归”的勇敢精神，将他们称为“炸弹三勇士”。媒体毫不怀疑地跟进，将三个士兵塑造成为大无畏的“英雄”。

事情的真相是怎样的呢？《太平洋战争与日本新闻》一书引用与“三勇士”同属工作队的一名士兵的档案证言称，三人其实是被上级强行派往爆破一线的，而且向外跑出了15米后，就都陆续跌倒。三个人准备往后退，被上级喝止，又掉头捡起爆破筒向着铁丝网前进，还没等到达铁丝网的时候，爆破筒就爆炸了，三人立时丧命。如果当时下令的指挥官给他们一米长的炸药引线，而不是当时的50厘米，他们本来是完全有可能生还的。他们是被故意安排去送死的，以便把他们作为榜样来宣传。“炸弹三勇士”事件很大程度上掩盖了日军挑起的上海事变的失败结局，日本媒体由此形成了娴熟的包装炒作套路，这使其在后来可以不断宣扬“竹枪主义”和“肉弹战”的重要性，让一批又一批日本青年加入“皇军”，走上那条“玉碎”不归路。

军部抓住这个机会，大肆宣传“炸弹三勇士”。三个士兵的母亲被召集到东京，陆军大臣亲自接见，发放抚慰金。政府在全国各地为他们建造手拿爆破筒的塑像，以便国民，特别是学生参观学习。报纸、收音机和其他媒体反复报道他们的“英雄”行为，歌舞伎还将故事搬上舞台。在竞相歌颂“炸弹三勇士”、吹捧侵华日军的众多作家中，有一对夫妇出尽了风头。

他们就是诗人与谢野宽和与谢野晶子。59岁的与谢野宽成名于明治晚期，本来已经江郎才尽，被世人淡忘，不料却在《东京日日新闻》发起的歌颂“炸弹三勇士之歌”的征文活动中摘取桂冠，其作品被军部灌制成唱片发行。他的妻子与谢野晶子也不甘落后，撰文极力赞美日军。

与谢野晶子高度赞赏“三勇士之超人忠烈”，而且说，“日本人的忠烈绝不止于三勇士，所有出征将士都是同样的勇士。同时，后方国民，不分男女，只要置身于那种异常的状况之中，都会和三勇士一样，发挥异常的勇气的”。她认为：“日本军人之强，如今已誉满全球，堪称世界第一。与此相同，全体国民在各自从事的职业和学术领域，都应以军人般的勇敢精神发奋努力，特别是作为国民精英的青年男女……更应该像炸弹三勇士冲锋陷阵那样，大胆实现旺盛的生活意志。”

本来，自九一八事变以来，日本军队在国外的军事行为就受到国内民众的欢迎。在这种背景下，与谢野晶子发出的歌颂并非最强音。但是在许多人看来，与谢野晶子的行为仍然不可思议，因为这位女作家以前可是一位著名的反战诗人。

与谢野晶子早年的诗歌情感奔放热烈，大胆反抗旧道德，呼吁人性解放，名震文坛。其作品风格被称之为“晶子调”，获得了当时年轻一代的共鸣，被青年诗人竞相模仿。评论家称赞她是“日本女诗人中最负盛名的一位，后世必将承认她是明治时期的光荣存在”。与谢野晶子和与谢野宽的爱情故事也轰动一时，成为日本文学史上的传奇。1904年日俄战争爆发后，这位诗人的举动更是凸显了独立个性。

在歌颂日俄战争的高潮中，与谢野晶子却发表了一首诗歌

《兄弟，你不能死去》，发出了强烈的反战声——

你千万不能死去
我的兄弟
皇帝自己并没有去征战
他的意志怎么能指使臣民血腥地杀戮
牲口一样地死去
而又误以为死是莫大的荣誉？（此处是节录部分）

这首诗真切动人，具有穿云裂石般的震撼力量和效果。而且它把矛头直指天皇，震撼了当时的日本文坛乃至整个社会。该诗发表后，立即在社会上引起轩然大波，受到国粹分子和保守派的猛烈围攻。一位国家主义的文艺评论家发表文章责难与谢野晶子，指斥这首诗为攻击明治天皇宣战诏书、散布危险思想之作，指斥与谢野晶子是“乱臣贼子”，是“家重要，国可亡”的“商女”。文章说：“若我等以皇室中心主义之眼，检视晶子之诗，则不得不大声疾呼此乱臣也，此贼子也，须以国家重典处置之罪人也。”

在汹涌而来的舆论指责声中，与谢野晶子毫无惧色。她发表公开信，针锋相对地反驳说：“除了如实倾诉真实的心境外，不知道还有别的创作法。”这种毫不妥协的做法又引发了更激烈的攻击，主流舆论一度把她称为“社会之敌”。与谢野晶子依然坚持自己的立场，又创作了不少反战诗，成为日俄战争期间的一个风骨铮铮的存在。

谁能够想到，就是这样一个特立独行、敢作敢当的反战诗人，在九一八事变之后思想却发生了剧烈转变，从反对帝国主义战争，转变为支持侵略国策。她不但写文章歌颂所谓“炸弹三勇士”，而且呼吁青年男女不要在就业困难的日本内地白白浪费宝贵时光，而应该像决死出征的军人那样移民到“满洲”去“建功立业”，为日本的国策服务。她把通过侵略征服的“满洲”视为日本的一部分，仿佛根本不知道“满洲”是中国的土地。

在“一·二八事变”中，一名叫空闲的日本少佐在上海作战时受伤。他顽固地拒绝中国军队的优待和红十字会的治疗，选择了自杀。与谢野晶子听说后大为感动，创作了组诗《红颜之死》，歌颂侵略者，把侵略者美化成为“善良的邻国”。在诗中，她虽然对战死的中国士兵表示同情，但却质问道：“是谁欺骗了纯情的他们，让他们与善良的日本为敌？”

与谢野晶子认为，“中国人不应该怨恨对中国并无直接或间接加害的邻邦日本”，日本和中国之间的战争是日本“为了救助中国国民”而发动的，是日本为保卫“日中两国国民的和平而发挥牺牲精神的结果”。这种认识与法西斯军部的宣传如出一辙，是彻头彻尾的强盗逻辑。

显然，这时的与谢野晶子已经彻底抛弃了日俄战争期间她秉持的反战思想，转而美化国家权力、讴歌日本帝国主义发动的对外侵略战争。她甚至美化和赞颂愚忠盲目、在中国烧杀抢掠的野兽般的日本官兵。她还引用了一则在日本家喻户晓的风吹樱花的寓言，将阵亡军人“消散”的躯体美化成“比鲜花还要纯洁”。

一位左翼作家对与谢野晶子提出了尖锐的批评，“我们知道，这些诗人的眼泪正是这个社会上最可怕的有所图谋的眼泪。昔日作为自由诗人而名噪一时的晶子，为了转移人们对日本工人、农民在这个社会中的真实处境的关注，已经堕落成资本家的御用诗人。”

但是，与谢野晶子对此不屑一顾，她声称，要“借此机会扫除所有煽动阶级斗争的错误思想”。为此，她在《日本国民》杂志上发表《日本国民——朝之歌》，盛赞天皇统治下的日本，盛赞侵华日军的武士道精神，呼吁日本国民大力配合日本帝国主义发动的侵华战争。她写道——

啊，盛世的日本
凛然不可侵犯
人心，已然觉醒
这是富有责任感的国度
这是致力于“真诚”的国度
不再有空泛的议论
不再有妥协和懦弱的迷梦
只知道奔赴正确一方
冲锋，向着艰难困苦

纳粹德国的宣传部长戈培尔深谙愚民之术，他说：“群众对抽象的思想只有一知半解，所以他们的反应较多地表现在情感领域。情感宣传需要摆脱科学和真相的束缚。”特别是在战争期间的宣传鼓动中，长于表达情感的诗歌感染力强，很容易传播开来。与谢野晶子的诗作，本来就有很大的感化力量，在政府和军部有意识的推动传播下，流传更广。当时邪恶的法西斯空气和狂热的好战气氛飘荡在日本社会上空，和与谢野晶子这些文坛“大家”的支持配合、推波助澜是分不开的。

作为一个诗人，与谢野晶子内心同样渴望自由。但是随着日本在军国主义的道路上越走越远，言论自由也日渐受到束缚。1936 年，58 岁的晶子对国家的思想统治这样写道：“或许，只看到当前动态的人们会说‘自由已死’。然而，‘自由’只是蒙脸哭泣着，并没有离开。因为，无论何人，他的内心深处都祈盼着‘自由’的重生。”

可是，在军国主义统治下，任何国家都不可能有自由。当日本进入战时体制后，日本国民除了“翼赞”战争体制的自由外，已经没有什么言论、写作的自由了。只有极少部分作家选择了沉默，绝大部分作家则站在“国家”的一边，无条件地支持国家发动的战争。与谢野晶子的悲剧在于，她的所谓“自由创作”恰恰是在扼杀自由。

太平洋战争爆发后，与谢野晶子亲手将自己的第四个儿子送上战场，与美军作战。儿子走后 4 个月，与谢野晶子也走完了自己的生命历程，终年 64 岁。她死后 3 年，自己的国家也遭到美国原子弹袭击，日本变成一片火海。招致这样的灾难，也有着她的一份罪责。

著名历史学家家永三郎曾认真讨论战争责任问题。在他看来，“那些拥有巨大影响力而又积极赞同战争并鼓舞国民配合战争的人，其战争责任，与那些执行国家意志、遂行战争之人并无二致”。以此衡量，与谢野晶子的战争责任可谓大矣。战后日本政府对那些“鼓吹军国主义或极端国家主义及迎合其倾向者”进行处理。假如与谢野晶子活到战后，也一定会被列入处理名单，贻羞后世。

在国家发动对外战争之时，国民很难保持冷静的理性。敢于站出来说“不”，则更需要极大的勇气。与谢野晶子曾经是大勇者，却在晚年成为自己的反对者。从和平主义者到军国主义者，从反对发动战争转变为支持对外战争，与谢野晶子何以能够从一个极端走到另一个极端，成为“迷途的叛逆者”？其价值观及心路历程颇值得研究，她本人也成为后世作家的一个镜鉴。

井上日召："暗杀是菩萨行为"

简单粗暴的血腥手段根本不可能解决社会问题，反而增添了20世纪30年代初期的危机气氛，刺激了那些狂妄的青年军官。日本的法西斯恐怖行动形成了"棘轮效应"，不断加速，越来越公开化。

1932年春天，东京笼罩在恐慌不安的气氛中，因为有两位重要人物先后被暗杀。

2月9日，前任财务大臣井上准之助在东京进行竞选活动时，在演说会场遭到杀害。

3月5日，三井财团理事长团琢磨倒在血泊中，当时他正站在位于东京中心街区的公司总部门口。

不到一个月的时间，两位政经界重量级人物死于非命，引起当局的警觉。在迅速而严密的侦查之后，警方发现一个惊人的暗杀名单，包括元老重臣、现任首相、外务大臣、司法大臣、著名财阀等在内，总计20人，井上准之助和团琢磨仅是其中两人而已。假如暗杀计划全部实现，意味着日本政坛将遭受毁灭性打击。而主持制订这个暗杀计划的，竟然是一个僧人。

这个僧人名叫井上日召，1886年出生在群马县，当过兵，退伍后在早稻田大学读过书，但中途退学。而后他作为军事密探和走私商人，在中国东北和华北地区流浪12年。当时有许多日本浪人活跃在中国内地，他们各有使命，四处活动，有时啸聚在一起，喝酒取乐。

“我在中国10年间的生活差不多可以说是‘酒与烦闷’的生活。那时在中国的日本人，特别是青年，在不知不觉中，一见面，先是喝酒，”井上日召后来回忆说，“讴歌的是我们的祖国日本其国体之优秀、国土之美好、人情之笃厚、水的清洁等，不厌其烦地重复谈论这些，青年的胸中都怀着‘内地’这个绝世的美人作为恋人。”

1921年，这个自称对国家、社会、人间什么都不了解的人回到日本，失望地发现心中的“恋人”不再是“绝世的美人”。当时日本政治上左翼派别占据主导地位，用井上日召的话说，“因为耳闻目睹社会主义者的增加，极左翼的横蛮，劳动大众的赤化，指导阶层的凶暴、不自觉等，对此极端地憎恶，‘谁玷污了我的恋人’似的令人诅咒的感情，如洪水般涌来淹没我的全心”。

34岁的井上日召感到绝望，愤而出家，皈依日莲宗，“日召”就是这时改的名字。他热衷于诵读流浪期间学到的《法华经》和坐禅。这和北一辉的经历非常像，只是井上日召更为痴迷，废寝忘食地诵读《法华经》。在诵经过程中，他感到“全身沐浴着灵光，四面八方所见之物都大放光明，与佛教经典所描述的那种庄严世界毫无二致”。不仅如此，而且明显地听到有一个声音对自己说：“你就是救世主！”

有些人或许会觉得奇怪，经历过“大正民主”时代，日本怎么还会有这样不开化的愚昧之人呢？其实，当时科学和理性之光并没有达到每个人的心灵。根据著名民俗学家柳田国男的研究，当时日本农村里仍然流传着与学校里教导的合理、科学的世界截然不同的古老传说。在民主的波涛已经蔓延至全日本的时代，“常民”（一般民众）仍然觉得祖先或妖怪、狐狸、河童们住在自己的村子周围。不只农村，都市传说、占卜或诅咒等也仍然是都市居民生活的一部分。井上日召也是常民之一，无非是他比别人更关心国事而已。

根据《日召自传》记载，他还可以和青蛇、小鸟交谈，和树木花草心灵相通，可以预见疾病，念咒治病。1924年5月的一天，他看到一群蚂蚁在打架，侧耳细听，传来了不可思议的话语：“昭和16年日美开战。起初日本占优势，但不久美国胜利，日本彻底失败。但是，不久就有太阳旗飘扬于世界的时候。看啊，那群黑色小蚂蚁是日军，那群红色大蚂蚁是美军。”

读者诸君，如果这段自述是真实的话，显然井上日召已经走火入魔。可是就是这样一个精神异常的人，却想改造国家。他说：“我的国家改造运动就是我的宗教。”1927年，他在离东京40公里的茨城县开设“立正护国堂”，以念佛和坐禅锻炼附近的农村青年，进行所谓“宗教形式的启蒙教育活动”。最初他的计划是：将信徒能发展到几万人，然后带领这些人包围东京，在无抵抗的情况下包围议会，推举谈判代表，以建立“日本天皇国”为目标，进行有关解散政党、撤销议会的交涉。

假如井上日召停留在这样的阶段，倒也不失为一个“和平”的国家改造者，但是这个异想天开的方案根本不可能实现。他费尽力气，也只招了不到十名信徒。这些人来自凋敝的农村，只希望从烦恼中解脱出来。

1929年10月23日，纽约证券交易市场崩溃，全球经济危机随之而来，日本也陷入经济萧条的泥潭。大企业开工不足，中等企业迅速破产，小企业则拖欠工资，上百万的工人加入失业大军，许多年轻人打算回到乡下老家躲避危机，却发现农村的日子更为艰难。一些农户在冬天只能啃树皮充饥，数以千计的农村家庭将他们的女儿卖到城里的妓院。虽然美国的失业、生产下降状况很严重，但是日本民众的恐慌感更为严重，人们都认为国家陷入了“紧急时期”，各种解决方案也被提出来。

在井上日召看来，那些特权集团、特别是政客和大公司头头们的阴谋诡计给日本人民带来了灾难，他们是一切灾难的源头。于是，他的“无抵抗”思想开始动摇，“立正护国堂”的邻居、霞浦海军航空学校的青年军官加速了他的思想转变。这些青年军官出入护国堂，经常和井上日召谈论“国家改造”方法。中尉藤井齐思想激进，主张“暴力的改造运动”，批评井上日召的“无抵抗”迂腐无用。

井上日召的思想变了。他转向暴力手段，组织“血盟团”，筹划暗杀政界、财界要人。加入这个激进恐怖组织的，除了绝望的青年农民，还有满怀理想主义情结的学生。本来，井上日召计划与藤井齐领导的海军青年军官一起，在1932年2月11日纪元节这天袭击前往皇宫祝贺的大臣。恰逢上海发生“一·二八事变”，藤井齐等人奉命开赴中国战场，计划搁浅。

井上日召变更计划，先实行“一人一杀”的暗杀，再由海军青年军官发动政变。按照井上日召的计划，从大臣到元老，每一个暗杀对象都有人分工负责，而且“血盟团”内部严格保密，除井上本人外，杀手绝对不允许相互透露被暗杀者的名单。

为什么要采取暗杀这种过激的手段呢？井上日召的回答是：“什么能够促使他们自觉？有什么方法？一想马上就应该明白。对他们的铜墙铁壁而言，出版物和志士的诚意都没有用，那么剩下来的只有在他们所珍惜的最重要的生命上的危险感才能够开导他们自觉了。”

井上日召对他的同志说：“我们的暗杀，不是以杀人为目的，而是忧国青年为了促使其觉醒而不得已所诉诸的唯一手段。”在他眼里，“暗杀是菩萨行为”，是“信善行事”。他通过海军军官秘密取得手枪，交给那些被他洗脑的青年，酿成了两次恐怖攻击的“血盟团事件”。

杀害井上准之助的小沼正年仅 23 岁，他在被捕后说：“我杀掉井上准之助，朦朦胧胧地觉得能够掌握佛教的某种东西了。成为杀人犯后，在拘禁中我更加热情地阅读了佛教经典。这都是托准之助的福。这样，对我来说杀人是如此的方便。”

“血盟团事件”发生后，日本警视厅迅速查获并逮捕了血盟团全部成员，井上日召意识到无法逃脱，遂向警察投案。他在狱中的自述里，讲述了自己关于“国家改造”的构想，包括天皇亲政（即君民一体政治）、废除议会制度、改革教育、限制私有财产等内容。人们从中可以看出，和北一辉等理论家不同，井上日召没有关于“国家改造”的系统的指导理论，只是注重实际行动，主张实施“一人一杀”的恐怖主义。

用井上日召心腹的话说，解决日本社会危机的办法就是“把总理大臣一个一个地杀掉”。除了个人暗杀之外，团体的武力行动也是“必要的”。井上日召也对自己的恐怖主义做了说明：“我们的同志应该抱成一团，作为肉体的炸弹投出去，用我们自己的肉体作炸药炸死我们的敌人。”

可是，这种简单粗暴的血腥手段根本不可能解决社会问题，反而增添了20世纪30年代初期的危机气氛，刺激了那些狂妄的青年军官。当局查清“血盟团”和它背后的关系后，并没有对秘密支持暗杀计划的海军军官采取任何处理措施。仅仅两个月后，这些人就发动了“五一五事件”，杀害了首相犬养毅。尽管这场法西斯政变很快就被镇压下去，但却又为4年后日本近代史上最大的法西斯政变“二二六事件”埋下了伏笔。

从1921年朝日平吾暗杀财阀安田善次郎，到1932年春天“血盟团”暗杀前任财政大臣井上准之助、财阀团琢磨，从1932年夏天青年军官发动“五一五事件”杀害首相犬养毅，再到1936年青年军官发动“二二六事件”杀害数名大臣，日本的法西斯恐怖行动形成了“棘轮效应”，不断加速，越来越公开化。毫无疑问，“血盟团”是这个链条中重要的一环。

1934年11月，法院判处井上日召和两个杀人凶手无期徒刑，血盟团其他成员分别判处3~15年有期徒刑。此时的日本已经率先摆脱了经济危机，进入了一个新的高速增长期，当时最负盛名的经济学家有泽广巳甚至认为这是一个“经济奇迹”。可是，日本的政治生态却已经完全改变，右翼拥有了越来越大的发言权。

6年后的1940年，日本政府将井上日召和血盟团成员全部释放。一年后日本就挑起了太平洋战争，在法西斯力量的推动下，制造了人类历史上空前的浩劫。

新渡户稻造：“否定日本的惯犯”

作为真正的自由主义者，新渡户显然不愿意日本成为国际社会中的“孤儿”，可是他无能为力。这个为促进世界和平贡献了自己全部力量的人，如今只能眼睁睁地看着国家偏离国际社会主流，在错误的道路上越走越远。他的“太平洋之桥”的理想一点点破灭，其失望和伤心可想而知。

1920 年春天，一个浑身书卷气的日本人来到日内瓦，担任刚刚成立的国际联盟副事务长（相当于今天的联合国副秘书长）。他就是新渡户稻造，一个国际知名的日本人。

新渡户稻造生于幕府末期，少年时代在札幌农校（北海道大学的前身）学习，并成为基督教徒。当时明治维新刚刚开始，“文明开化”之风席卷全国，连这所位于偏远的北海道的学校也深受影响。更重要的是，其首任校长、美国学者克拉克博士是一位自由主义者，他向学生们提出要求——“Boys，be ambitious!”（青年们，你们要有远大志向！）他引进欧美文化及科学技术，聘请外籍教师用英语进行授课。这种国际化教育的理念塑造了新渡户稻造的价值观，也帮他确定了自己的人生目标。

札幌农校毕业后，新渡户稻造又进入东京大学深造。在面试时，他对主考官说："老师，我是要当太平洋之桥的。""我要将西洋思想传到东洋，将东洋思想传到西洋！"从那时起，他将"太平洋之桥"视为自己的天职，并为此奉献了一生。

大学毕业后，新渡户稻造到美国留学。在那里，他与后来成为美国总统的威尔逊是同窗好友，还遇见了自己的终身伴侣玛丽·埃尔金顿（日文名是万里子）。据说，他是第一个娶美国姑娘为妻的日本人。

学成后新渡户稻造回到母校札幌农校担任教授。19 世纪 90 年代，随着明治维新成功，日本逐渐成为国际社会关注的热点，但是人们对于这个远东之东的岛国依然了解甚少。1899 年，新渡户稻造在加利福尼亚州疗养时，用英语写作了《武士道》一书，向外国人介绍日本的传统武士道，引起了轰动。

明治时代，日本积极向西方世界展示自己"文明开化"的一面，以求得西方世界的认同，进而能迈入其行列。但是进入 19 世纪 90 年代，随着国力渐强，宣传日本"优秀本质"的民族主义思想开始在国内出现。在《武士道》一书出版前一年，"大日本武术讲习会"创刊了一份杂志，也叫作《武士道》。该刊的创刊词说，西欧各国蹂躏亚洲是"弱肉强食的兽行"，能够与之进行对抗的，唯有"坐镇保护东方的灵社"日本，为此日本一定要振兴"人类最大的精华"——"武士道"。

与这种强烈的民族主义、民粹主义思想不同，新渡户稻造对“武士道”的赞美是有限度的，而且明确指出，武士道的教育制度忽视形而上学的训练，致使日本人欠缺深邃的哲学思维，易感情用事，妄自尊大。新渡户稻造断言，“武士道可以救日本，但不能救世界”。

新渡户稻造的《武士道》引起了外国读者的极大兴趣。据说，美国总统西奥多·罗斯福不仅喜读此书，还特意购买数十册，赠予身边的孩子、友人和外国政要。该书被翻译成多国文字，其日文版在6年间就再版了10次。100多年过去后的今天，它在世界各地的日本研究书目中仍然占有显著位置。

《武士道》出版后，新渡户稻造成为国际名人，在日本国内的教育界也获得很大成就。他先后担任东京大学预备校“一高”校长、东京女子大学首任校长、东京女子经济专科学校校长，为明治至大正时期的教育做出了很大的贡献。

1920年国际联盟成立，日本成为常任理事国，需要派人出任副事务长。这是日本人第一次参与国际组织，标志着这个东亚国家被国际社会认可，因此必须推举一位适当的人士到国际联盟工作。于是，英语流畅、熟悉欧洲文化，又在国际社会拥有极高知名度的新渡户稻造就成为不二人选。

新渡户稻造果然不负众望。在国际联盟工作的7年间，他工作卓有成效，被称为“国际联盟的明星”。一战之后，日本奉行国际主义，积极参与国际社会事务，逐渐融入国际社会，也赢得了各国的尊敬。作为国际活动家，新渡户稻造功不可没。

1926年新渡户卸任回国，继续从事教育工作，同时担任贵族院议员。他发现，世界的方向和他所希望的和平背道而驰，随着帝国主义的强大，列强相互虎视、弱肉强食，日本在扩军备战的道路上疾跑，国家的气质在发生明显的变化。特别是在1929年世界经济危机之后，许多日本人认为，世界列强欺负日本，作为一个新崛起的大国，日本没有得到应有的尊重。“黑船事件”以来的历史也被渲染为一段充满屈辱的历史，国家主义观念因此而高扬，宣扬日本民族最优秀的极端民族主义思潮勃然兴起，作为日本传统文明的“武士道”也受到极力吹捧。

作为一个具有现代观念的“国际人”，新渡户很早就意识到民族主义的危害性。在《武士道》风行7年后，他写过一篇随笔，题目是《平民道》。他说，武士道是日本国民道德的根底，但随着时代推移和教育进步，以战为事的贵族武士逝去，和平的平民将站到前面。后来，新渡户又说：“若说武士道是怎样的东西，要素有很多，总而言之，其根本应该是知耻，重廉耻。”

人们不知道为什么新渡户要强调“知耻”，但当时日本确实鲜廉寡耻。特别是九一八事变后，日本舆论竟然说，九一八事变是中国人挑起的阴谋，“满蒙是日本的生命线”，占领中国东北是为了维护日本的正当利益。正如当时的美国驻日本大使格鲁所说：“绝大多数日本人都有真正自欺的惊人本领：他们确实相信，他们做的每件事都是对的……这样一种心理状态，比无论怎样厚颜无耻但毕竟自知理亏者要难以对付得多。绝大多数日本人——有才智者亦在其中——都不知道自己错了，所以抵抗外国干涉的决心倍加坚强。”

面对这种与国际文明背道而驰的做法，新渡户显然不能接受。更让他担心的是，日本制造九一八事变，占领中国东北，并妄图建立“满洲国”，引起国际社会的一致抗议。而日本国内几乎众口一词，支持军国主义的做法。如此下去，日本将走向何方？忧国忧民的新渡户不忍国家走向邪路，公开发表自己的意见，结果激起一场轩然大波。

1932 年 2 月 4 日，新渡户到爱媛县松山市出差。在接受当地报纸的采访时，他直言不讳地说道："最近，每天早上起来看新闻都会情不自禁地陷入一种阴冷的心境。将灭亡我国的不是共产党就是军阀。如果要问现在哪边更加可怕的话，我必须回答是军阀。随着军阀极力推行军国主义，共产主义也会因其影响慢慢增强实力。"

九一八事变后，国际联盟组织调查团调查满洲问题。日本一方面批评国际联盟不了解实际情况，另一方面在上海制造"一·二八事变"，以转移国际视线。新渡户直言不讳地说："到底是谁对国际联盟如此认识不足呢？当然国际联盟本部离这里非常远也是一个原因。但是，难道日本就不应该想想办法来充分认识国际联盟吗？"发动上海"一·二八事变"是关东军的阴谋，这些真相在战后才大白于天下，但新渡户凭着敏锐的洞察力很早就看穿了这些真相，直言不讳地说："关于上海'一·二八事变'的当局声明就是一个很低级的诡辩。"

对新渡户的采访刊登在本地报纸上，大标题为《共产党和军阀将会引导日本走向危险境地》。可是，该报在随后发表的社论中指责新渡户的主张，"在这样重大时刻，其影响是非常可怕的"，"军部正为了祖国在满洲的荒野上淌着鲜血，基至牺牲着生命，以此来完成自己的使命。在这紧急关头，发表这样的言论是非常不谨慎和不理智的。当然，新渡户先生的思想是国际人思想，但作为一名贵族院议员，他应该谨言慎行"。这家报纸还给新渡户扣了一个帽子——"非国民"。在当时，这是一个非常严重的政治构陷。

另一家媒体《日本新闻》更恶毒，把新渡户称为“否定日本的惯犯”，并发表社论说，“否定日本的惯犯新渡户稻造博士，这次又发表了让日本国民难以忍受的粗暴言论，这不是作为一个日本人应有的言论”。它指责新渡户的言论“搅乱国家舆论秩序”，“现在皇军是国家的中坚力量，现在举国上下正在进行建国以来未曾有过的伟大事业。对国家伟业产生动摇的行为，哪怕只是一点点也不能容忍”。

比这更可怕的是，军国主义狂热分子紧紧咬住新渡户不放。爱媛县松山市的“在乡军人会”联合支部形成了统一战线，与关西、山阳、中部的各支部联名声讨新渡户，说要“严惩卖国贼新渡户”，这一运动立刻就扩散到了全国。“在乡军人会”总部将这件事视为“非国民的粗暴言论问题”，要求新渡户出面正式道歉。舆论像汹涌的浪头一样向新渡户扑来，让年逾花甲的老人难以应付。

昔日对新渡户的礼赞之词都变成了谴责，众多的朋友弟子离他而去。因为神经方面的疾病，新渡户住进了东京的一家医院。就算这样，“在乡军人会”也没有放过他。他们派人到他的病床前，要求他道歉。还有右翼分子闯进新渡户的家，使他不得不在家里配备警卫来防止恐怖袭击。

新渡户对好友矢内原忠雄说：“就算丢了我这条命，也没什么值得可惜的了。”但是，他还是对自己的爱国之心被世人误解感到很懊恼，向好友赠送了这样的诗句——“忧国忧民唯一事，万般忍耐有神知”。但是，他最终还是不得不公开表示：“我没有把话说明白，对给大家造成的误会深表歉意。”

在备受煎熬一个月后，事情总算结束了，可是新渡户的身心深受摧残。两个月后，爆发“五一五事件”，军国主义气焰更加嚣张。像新渡户这样持批判态度的人本来就是少数派，从此再也不能够发声了。主张在国家的非常时期对国家政策的批判要多加控制的想法变成一股洪流，而言论自由和批判精神则都被这股洪流冲走了，军部和右翼势力更加肆无忌惮。

一年后，日本不满国际联盟关于“满洲问题”的报告，宣布退出国际联盟。作为真正的自由主义者，新渡户当然不愿意日本成为国际社会中的“孤儿”，可是他无能为力。这个为促进世界和平贡献了自己全部力量的人，如今只能眼睁睁看着国家偏离国际社会主流，在错误的道路上越走越远。他的“太平洋之桥”的理想一点点地破灭，其失望和伤心可想而知。也是在这一年秋天，新渡户在去加拿大参加太平洋会议的归途中病倒，在温哥华附近的维多利亚医院病逝，终年 71 岁。

犬养毅：“国家改革祭坛上的供物”

犬养毅最终成为“国家改革祭坛上的供物”。可惜他的牺牲并没有换来真正的改革，国家政治并没有被刷新。日本社会秩序不但没有稳定下来，经济和社会矛盾反而继续加深。这进一步助长了军人的气焰，军部暴走起来，日本进入了疯狂的时代。

1932年5月15日下午，著名影星卓别林在东京津津有味地欣赏相扑。这是卓别林首次访问日本，社会各界的热烈欢迎让他很受感动。本来当天首相犬养毅邀请卓别林会谈，但是卓别林由于要观看相扑而没有去首相官邸。卓别林没有想到，这个决定让他幸运地躲过了一劫，否则很可能命丧异邦。

就在卓别林聚精会神地观看大力士们表演时，一群青年军人乘着汽车闯进首相官邸。面对来势汹汹的一群人，犬养毅首相沉静地说：“有话好好讲。”但回答他的是“没有什么好讲的”，随后枪声响起，76岁的犬养毅倒在血泊中。随后那些参与暴乱的人们向首都警察署、日本国家银行、政友会总部以及一些发电站投掷手榴弹，东京笼罩在一片恐怖阴影之中。

这就是震惊日本全国的“五一五事件”。它终结了日本的政党政治，导致日本政治偏离大正民主的轨道，军人力量开始在政坛崛起，国家在邪路上越走越远。

一、光天化日下的暴行

1931 年 8 月，在遭遇右翼分子暗杀 9 个月后，一直住院治疗的浜口雄幸首相去世。同属立宪民政党的若槻礼次郎在他病重期间接任首相之职，但是也没有坚持满一年，就在 1931 年 12 月倒台。犬养毅作为反对党总裁被授命组阁，出任日本第 29 任首相。

犬养毅是一位见多识广的政治家。他早年是从军记者，因报道西南战争而出名，后来在元老大隈重信的提携下步入政坛。由于 1913 年在第一次护宪运动中为推翻桂太郎内阁发挥了重大作用，他与尾崎行雄被并称为“宪政之神”。犬养毅是孙中山的密友，支持中国革命。辛亥革命时他曾亲赴上海，走访武昌，对孙中山表示支持。

对犬养毅来说，1931 年出任首相确为“受命于危难之际”。时值全球范围的经济大萧条，日本经济深受打击。犬养毅任命资深财政专家高桥是清为大藏大臣（即财政部长），禁止黄金输出，以积极的财政政策对抗经济危机。事后证明，这些政策是日本经济复苏的起点，但这些政策是很难短期见效的。

犬养毅深知民众的不满，他承认国家深为腐败所苦，率先明言政党自身应该承担 70% 的责任，政党应该互相监督，让改革卓有成效。改革是需要时间成本的，问题是民众等不及，特别是那些脾性急躁的军人，由于政府削减军费，严格控制军备，他们对犬养毅内阁尤其不满。

浸淫政坛多年的犬养毅也很清楚，自己的最大挑战来自军部。1931 年关东军擅自行动，挑起九一八事变，占领中国东北，引起国际社会的普遍反对。元老西园寺公望之所以向昭和天皇推荐犬养毅，就是希望他通过与中国谈判解决九一八事变问题。犬养毅就任后，利用自己的渠道与国民政府进行交涉。他的解决方案是承认中国对东北地区的形式领有权，但日本要在经济上实质性地支配东三省。与军部要求承认“满洲国”的方案比起来，犬养毅的方案要柔和得多，也因此遭到军部的激烈反对。在军部的眼里，鼓吹这类国际协调主义论调者都是“卖国贼”。

海军里的少壮派对犬养毅更是恨之入骨。1930 年 4 月，英国、美国、日本三国签订《伦敦海军条约》，决定限制和削减三国的海军军备。反对派认为，这是被英美两国逼迫签署的不平等条约，是英美两国削弱日本实力的阴谋。反英美情绪上升，叫喊“国防危机论”的声音高涨。日本海军的规模遭到限制，引起基层官兵的不满，特别是一些青年海军军官，开始密谋采取军事政变手段改造国家。

浜口雄幸首相就是在这样的背景下被刺杀的，所以犬养毅也很警惕。他给陆军元老上原勇作写信，指出应该改变当时军队中的风气，否则“统制军队的纪律很有可能发生巨变”。他又上奏天皇，提出将约 30 名问题军官免职。这些做法被认为是干涉军队，军部十分愤怒，那些躁动的青年军人更是视犬养毅为寇仇，必欲除之而后快。

5 月 15 日上午，犬养毅接受体检，一切指标正常。他轻松地和医生开玩笑说，“全身查遍了也没有异常，兴许能再活个 100 年吧”。谁知道几个小时后，犬养毅就在光天化日之下被枪杀，成为“五一五事件”的牺牲者。

4 天后，在东京为犬养毅举行了隆重的葬礼。参加仪式者众多，其中也包括卓别林。后来卓别林才知道，他自己也在暗杀名单上。“五一五事件”的参与者、海军中尉古贺清志在军事法庭上供述说：“卓别林是美国的红人，又是资产阶级的宠儿。我们相信，杀死了他，可以挑起一场日美战争，这样我们就可以一箭双雕。”

二、他必须成为国家改革祭坛上的供物

古贺清志是主持策划“五一五事件”的核心人物。除了海军青年军官，他还集结了若干陆军士官学校的学生和所谓“农民敢死队”。他们打出的旗号是“昭和维新”，要求继“明治维新”之后日本政治进行一次新“革命”。策划者希望通过暴力手段，迫使政府颁布戒严法，实行“革新”。他们还发布了一则充满煽动性的声明，表达了深刻的愤怒情绪——

睁开眼睛看看你的祖国——日本的现状吧。我们敢问，你能找到一丝对帝国真正热爱的痕迹吗？那些政党正在贪婪地追逐权力和一己私利，那些掌握大企业的家族和政客勾结起来拼命吮吸日本民众的血汗，官僚和警察则忙于维护腐败堕落的政

治—产业联合体制，民主岌岌可危，教育腐败透顶。现在是开展激烈革命行动的时候了，起来，同胞们，现在就采取行动吧！

这些暴乱者原本以为，民众会追随他们揭竿而起，可是他们的举事并未引发大规模革命，反而引来上万名警察的围捕。最后凶手搭乘出租车到警察总部，被宪兵队包围，束手就擒。11 名杀害犬养毅首相的冷血凶手遭到军法起诉。

“在光天化日下发生的这种集团性帝都暴乱事件，给全国人民心灵上造成的沉重打击是无法用语言来形容的。正值国家多难的时候，最可恨的就是出现恐怖活动之类的行动。”《大阪朝日新闻》发表社论说，“虽然国民已经完全不信任正在堕落的政党，但是国民肯定也不会对以议会政治和政党以外的诸如暴力等其他非法形式获得的政治势力表示信赖。”

报纸的预言是错误的。审判期间，每天都有请愿的人聚集在海军军官的交谊团体“水交社”外，有的甚至彻夜等候在外面，希望与罪犯的辩护律师会面，以表示支持。古贺清志的父亲表示每天都会收到来自全国的许多信件。有一位秋田县的姑娘来信说，愿意成为古贺的妻子。相反，民众对视死如归的犬养毅首相并没有多少怜悯和同情。他们挥舞着报纸，集体为凶手加油，要求“释放被告，打倒政客”。个别人甚至高呼“犬养毅老匹夫早就罪该万死”。许多人没日没夜地站在法院门口高呼“打倒腐败政客，只有陆军才能拯救国家”之类的口号。

凶手们气焰非常嚣张。他们不但不认罪服法，反而将法庭当作宣传舞台。古贺清志对法庭说：“国家的状况到了非流血不能改善的地步。”他的助手、亲手打死犬养毅首相的三上卓海军中尉则说，这次行动是一场革命，意图是造成统治者与被统治者的和谐一致。只有开第一枪的军人略表后悔："我感到遗憾。不过，我认为他在劫难逃，因为他必须成为国家改革祭坛上的供物。"还有人宣称："生死对于我无关紧要。我要对那些为我的死表示沉痛的人说，不必为我流泪，在改革的祭坛上牺牲自己吧！"

这些看似正义的呼声激起了大众的同情心。当其中一位被告宣称他和他的同伙只不过是为了唤醒祖国而敲起警钟时，听众竟全体起立鼓掌。在民众看来，这些暴乱者为了"国家大我"而牺牲"个人小我"，去暗杀那些可耻的政客和财阀，是真正的"英雄"。

在判决前，一份由 35 万人以鲜血署名的请愿书被送到法庭，请求法庭从宽发落。法庭还收到另一份求情书，是由 9 位新潟县的年轻人寄来的。他们说，虽然军人犯了法，但是"他们的动机是纯洁的。他们的自我牺牲精神使我们深受感动"。这些农村青年请求代替 11 位军官一死，为了表示他们的真诚，还寄来了泡在酒精里的九根小指头。

大阪律师协会走得更远。它通过的一项决议声称，从最深刻的意义上讲，刺客只不过是自卫。后来公布的司法省、陆军省和海军省的联合声明也说："本犯罪案件的动机和目的，据各犯人所说，是我国最近的形势在政治、外交、经济、教育、思想和军事诸方面停滞不前，以致国民精神重又颓废堕落。因此，如不打破现状，帝国将有覆灭的危险。这种停滞不前的根源是政党、财阀和特权阶级互相勾结、营私舞弊、轻视国防、无视国计民生、腐败堕落。必须消除这一根源，完成国家的革新，以建设真正的日本。”

军部不仅没有申明军纪，反而为身为军人的犯罪分子辩护。海军大臣说：“究竟是什么使得这些纯真的年轻人犯下这种错误，每想至此便不由得肃然三思。”陆军大臣荒木对媒体说——

参加本次事件的都是一些年轻人。仔细体会这些纯真的青年做出这样的行动的心境，我不禁流泪。这绝不是为了名誉或是私欲，不是卖国的行为。他们只是真诚地相信这是为天皇而做出的行动。所以，在处理本案时，一定要从大局出发，不能机械地处理问题。①

在强大的舆论压力下，法院最后果然“从宽发落”：参与“五一五事件”的人所接受的最重刑罚也不过是15年的有期徒刑。事实上，这些凶手都没有服满刑期，到1940年全部恢复了自由。光天化日之下暗杀一国首相，这种罪恶行径竟然如此轻轻放过，实在令人不可思议！

日本历史的吊诡之处就在于，只要强调犯罪动机是单纯的，是出于至高无上的爱国热情，军人的残暴行为就很容易得到民众的谅解。“五一五事件”不但没有损害军人的社会形象，反而强化了唯有军人才是真正爱国者的社会舆论。还有谁会为结束严重的经济萧条采取如此激烈的行动？还有谁会领导农民和工人摆脱贫困？又有谁敢对腐败的政客、朝廷命官和财界巨

---

① 引自［日］前坂俊之著《太平洋战争与日本新闻》。

头公开进行袭击？人们认为，只有军人才能拯救这个处于危难中的国家，但没有人想到军人执政的危险性。

这样的国家离军国主义还会远吗？

三、议会政治从此终止

“五一五事件”对日本近代史的最大影响在于，它为日本议会政治画上了休止符。

议会政治是大正民主运动的一大成果。1918 年，政友会总裁原敬出任首相，揭开了日本政党内阁时代的序幕。此后的 13 年里，政友会和立宪民政党轮流执政。政党内阁阻断了军阀、官僚主导的政治运营通道，民众参与政治的机会和可能性骤然得到提升。

但是民众发现，政党政治在实际运作中并没有想象中那么好。大部分的政治领袖视民主为手段，而非最终目的。政治精英们互相交换经济利益，政治上则官官相护。以议会为基础选举出来的政党内阁掌握着公共工程及教育经费，地方首长、商界领袖以至学校校长均有必要支持当权政党。当地方选票投向执政党，或至少答应投票，火车线才能开通，港口才能开挖，学校才能兴建。

在同时代的美国政界中，这种利益交换被称为“猪肉桶”制度，在日本同样无往而不利。因此，在野党一旦执政，便政治丑闻迭出。对贪污贿赂的告发，使国会大厦内经常发生激烈的争吵。政党政治的统治合法性遭受严重打击，也使许多选民转而反对政党政治。

在民众看来，党派政治家都是“自私鬼”，而自由派则是潜在的卖国贼。知识分子也对政党政治的腐败深感失望，部分批评者进而攻击整个政党政治。不过，只要社会达到一定的安定程度、经济没有太大危机、没有外敌入侵，政党政治虽然基础并不牢固，但尚可维持。

问题是，20 世纪 20 年代后期爆发了世界经济危机，日本也陷进经济萧条的泥沼。根据一位历史学家的估计，日本全国的失业率达到 15%，城市的失业率超过 20%。

人们认为现有政党腐败无能，完全无法应付当前的危机，对政党政治的不满达到了高潮。政友会和民政党被指责为“大资本家的走狗”。一个民间组织宣称，“现有政党已经出卖了我们，成为大资本家的政治奴仆，把工商农业的中产者踩在脚下”。

青年军官们自认为身膺重任，无法假装看不见民众的痛苦。他们认为那些政党政治家缺乏引领日本度过“国家危急时期”的道义勇气和聪明才智，于是铤而走险，妄图通过政变一举刷新政治，拯救处于危难中的国家。“五一五事件”中一帮军人光天化日之下公然刺杀首相，本属大逆不道的死罪，但只要高喊爱国，便是“政治正确”，就可以得到宽大处理，甚至反而成为民众心中的“英雄”，这种吊诡的现象让后世的读史者感到难以理解。但是置诸当时的历史情境中，这并不是难以理解的。

犬养毅首相被刺后，日本的政党和政党政治家的影响力一落千丈。按照政党政治的惯例，当时国会中政友会占多数，犬养毅被杀，理应由其所属的政友会组阁。然而，军部坚决反对，他们认为导致暗杀等激烈行动的主因在于政治、经济及社会等各方面问题，一场全面革新势在必行。

在那些元老政治家心目中，此时是国家的非常时期。大萧条持久的影响、“满洲事变”的爆发以及日本国内政治恐怖主义的猖獗，使得这些政治家得出结论：政党内阁既不能对日本的外交政策施加有效的影响，也不能控制混乱的国内局势，更不用说带领日本走出经济萧条的阴影。他们一致同意，解决危机的出路在于恢复以前那种全国性的联合政府，让一个具有无可争辩的声望并且脱离一切党派干系的人来做首相，在政治上他可以一言九鼎。

在军部的支持下，最终海军大将斋藤实出任首相，组成所谓“举国一致”内阁，在 15 名阁员中，只有 5 人是政党出身，其他 10 人都是军方高层或官僚出身。斋藤实内阁就很快顺应军部的号召，正式承认了伪满洲国。悲剧在于，这位军人出身的政治家 4 年后在激进青年军人发动的另一场政变“二二六事件”中也被杀害。

斋藤实内阁标志着日本短暂的政党内阁时代结束，军部的势力成功抬头并逐渐成为主导。在 1932—1940 年的 8 届内阁中，没有一位政党政治家出任首相。在组成内阁的 13 名大臣中，有 10 人来自军队和民间，政党政治家们越来越被排除在决策层之外。之后的日本政府都是如此，不去重建军中纪律，而是对军人战战兢兢，唯军部马首是瞻。

不管经济萧条如何严重，不管街头有多少失业者，只要民主政治的基础巩固，政府在领导经济方面不出大的偏差，国民就不会狂暴起来。反之，一旦民主政治的基础被瓦解，那么灾难就如影随形，难以避免了。

九一八事变时驻中国公使重光葵这样写道："因为犬养毅首相被暗杀，政党内阁宣告结束。军部用恐怖手段给了反对军部势力的政党以及政党政治家狠狠一击，切断了国政对内对外的防波堤。这样就几乎没有什么能从正面抵挡军部的行动了。"

犬养毅确实成为"国家改革祭坛上的供物"。可惜他的牺牲并没有换来真正的改革，国家政治并没有被刷新。日本社会秩序不但没有稳定下来，经济和社会矛盾反而继续加深。这进一步助长了军人的气焰，军部暴走，日本进入了疯狂的时代。

因此，荷兰历史学家伊恩·布鲁玛说："从某种角度看，1932 年犬养毅遇刺事件敲响了政党内阁的丧钟，其意义堪比 1933 年纳粹上台。"

菊竹六鼓：要宪政，还是要法西斯？

举世滔滔之际，还是有记者敢于站出来，大声地对军国主义说“不”，敢于斥责暴徒的罪行。他就是菊竹六鼓，一个坚持新闻理想的记者。他藐视强权、勇敢地说出真相，以一人之力保存了媒体人的尊严。

1945 年 8 月 15 日昭和天皇宣布无条件投降后，日本许多报纸茫然不知所措，因为多年以来它们一直密切配合军部，鼓吹战争，在战争末期则宣扬战斗到底的“玉碎”思想。现在，这一切都是错的，如何向民众交代？痛定思痛，许多报纸发表声明，对没有告诉国民真相、使国家卷入战争进行检讨。最有代表性的，是《朝日新闻》发表的谢罪声明——

从开战一直到战争期间，虽说有众多的制约使报纸没能做出客观真实的报道、严正的批评，但对这一重大失职行为以及没有勇于打破各种制约、坚守职责，最后导致战败，并让国民一直处于无知的状态而陷入了今天这种困境的罪行，我们在此必须向全体国民谢罪。

事实上，1931年九一八事变之后，日本的报纸就逐步丧失了其应有的主体意识，向军部屈服了。记者们按照强权政治的要求组织新闻报道，甚至主动为其侵略的本质大肆粉饰，成为军国主义推行战争的宣传机器。

可是，举世滔滔之际，还是有记者敢于站出来，大声地对军国主义说“不”，敢于斥责暴徒的罪行。

他就是菊竹六鼓，一个坚持新闻理想的记者。他藐视强权、勇敢地说出真相，以一人之力保存了媒体人的尊严。

一、老古董

菊竹六鼓的真名是菊竹淳，号六鼓，23岁就进入媒体，成为《福冈日日新闻》的一名记者。当时是明治末期，政府对媒体进行高压控制，但是作为一名年轻记者，菊竹六鼓下决心要坚守新闻的真实性。他曾表示坚决不写虚假的东西：“如果写虚假的东西，读者会信以为真，就会造成很大的影响。”

《福冈日日新闻》是九州岛的主要报纸，早期就倡导自由民权，尊重宪法。作为一家民营报纸，创刊以来就形成了股东不干涉编辑的传统，编辑工作全部交给主笔、编辑局局长，社长不予干涉。进入大正时代，随着社会活跃和经济繁荣，报纸越来越重视经济利益，向着大众化和企业化推进。但是菊竹反对以牺牲新闻的纯洁性来换取经济利益的做法。他删除了预测赛马结果的报道，并反对增加广告的版幅，也反对找来杂技团为报社进行宣传。

这些做法显然有损于报社的经济利益，但是菊竹却赢得了同事、同行的信赖和尊敬。因为这位性格倔强的记者严格律己，以“新闻记者以清贫为荣”“新闻记者必须比裁判官还清白”为信条，虽然过着家里连挂钟都没有的生活，却从来不拒绝来求助的人。

在当时的一些人眼里，菊竹是一个与时代格格不入的“老古董”。他从来不出席任何公私宴请，就算是关系很好的朋友有不正之处他也毫不留情，因此有些长年交往的好友也绝交了。可是他不以为意，还公开表示自己“具有畅所欲言的勇气和不惜生命的勇气”。他在九一八事变中支持过“满蒙权益论”，并不是一贯的自由主义者。但是，他作为“社会的先导”，在应该说的时候就一定说，在应该写的时候就一定写，他的这种记者精神没有输给过任何人。

20 世纪 20 年代后期，大正时代的民主自由之风消逝了。特别是 1929 年的经济危机席卷全球之后，日本社会处于一种极其动乱的状况，军国主义势力和极右法西斯团体趁机作乱。军部势力越来越猖獗，开始露骨地干预政治。陆军省和海军省之间因为军费分配以及政策上的分歧存在着深刻的矛盾，彼此钩心斗角，从而导致日本政治更加混乱。

当时，一些具有正义感的知识分子对于军部势力肆虐干涉政治的做法极为不满。菊竹六鼓以新闻人的风骨，毫不留情地批判军国主义、法西斯主义。他在《福冈日日新闻》上发文指出，法西斯运动只会给国民带来不幸，右翼势力对日本社会危害巨大，当务之急是取缔右翼运动。他责问政府道：“现在正在对左翼思想进行严厉取缔，但是为什么不取缔右翼运动呢？”他强烈反对军人干预政治，认为军人主政“不但是国家的祸害，还会立即导致国军的混乱破灭”。

就在这篇檄文发表后的第5天，“五一五事件”爆发。事件发生当天，内务省马上向全国的警察下达指示，阻止对事件的全貌进行报道。第二天，政府又发出禁令，“犯人的身份、姓名等基本情况，事件与军部的关系这些影响到皇军根基的事项，事件的原因以及预测今后还会发生类似事件等诸类事项”都禁止刊登。

事后的历史证明，“五一五事件”不仅引发了日本政坛的地震，更是日本近代史的分水岭，决定了此后日本的走向。正是在这种历史关头，言论最需要承担责任。

二、社会木铎

对媒体和记者的真正考验到来了！

在严格的禁令下，极少有报纸敢于揭露恐怖活动的罪行，更不敢把罪行与军部联系起来。相反，它们的社论将矛头指向了政治的腐败而不是恐怖活动本身，把政党政治的腐败作为事件发生的原因，说什么“青年人士作为善良国民，就想即使采取一些非常手段也要打破这一现状”，对罪犯的动机表示同情。殊不知，这种惯纵不负责任的青年学官的态度推进了独断政治的发展，也刺激了更多的恐怖活动。

撰写这些社论的，都是全国性大报的主笔。他们都害怕军部，或保持沉默，或避开问题的关键点。这种做法遭到菊竹的批评，他一贯主张报界应该承担起作为“社会木铎”的重任。他说：“众所周知，报纸本来就负有评论的使命，正如这样的场合更应该充分披沥其抱负，完成文章报国的大业。左顾右盼而不说自己应该说的，不做自己应该做的，这绝对有损新闻记者的名誉。”

菊竹六鼓是这样说的，也是这样做的。从“五一五事件”发生的第二天起，他连续六天在《福冈日日新闻》上发表社论，勇敢地从正面揭露真相，迫击炮式地坚决反对恐怖主义和法西斯主义。

菊竹六鼓的第一篇社论《首相被凶手击毙》就向公众揭露了真相，“遭到无法无天的海陆军人一伙袭击的犬养毅首相，在国民对这一不幸事件都还没有反应过来时，就已经去世了”。他指出，公然杀害政治家“并不是真心希望政治改革，而是为了实现自己政治野心的胆大妄为”，“可以断言，以政治为借口杀害这样的老首相只会将国家引向混乱和毁灭”，“海陆军人冲进首相官邸杀害了老首相，不能不说是非常荒唐的行为。没有人对现在的议会、选举、政治家完全满意。但是即使如此，也没有理由回到独裁政治”。

在第二天发表的社论《果断催促国民觉醒》中，菊竹严肃地指出，“也没有可信的根据来证明法西斯的活动可以拯救日本。问题肯定不那么简单。但是，我们在政治上的前进方向却是很明确的，就是补救这些失误和缺陷，然后安静地沿着立宪代议政体的道路前进……对于那些对国民的挑战，我们必须怀有坚决给予回击的决心”。

这位 52 岁的新闻人正义凛然地提出，要严肃追究扰乱军纪的青年军人的罪行，同时还指出权力部门妄图掩盖真相："纵观这次事件，有多方应该承担由此而造成的结果，有检察当局、政府当局，还有在检察当局和政府当局之间就事实说三道四的军部。他们希望民众不要知道真相。"

军部对于军人的恐怖行为态度暧昧，其公布的文件开头竟然说："（青年军人）对帝国国内的现状感到愤怒，而使用了非常规手段。"菊竹愤怒地指出："这是在以陆军省的名义诡辩，是在暗中肯定这次事件并为其辩解。这样当然应当受到大家的指责。这次的事件必须引起我们对我国军纪混乱的反省。"他强烈要求军队整肃军纪，并对陆军省进行了猛烈抨击，称军部干预政治是"天下奇谈"，"只能导致政局前途的不稳定，给国民带来不幸"。

陆军大臣荒木贞夫不但没有谴责犯罪者，反而对媒体发表谈话说："参加本次事件的都是一些年轻人。仔细体会这些纯真的青年做出这样的行动的心境，我不禁流泪。这绝不是为了名誉或是私欲，不是卖国的行为。他们只是真的相信这是为天皇国家而做出的行动。所以，在处理本案件时，一定要从大局出发，不能机械地处理问题。"对于这种不辨是非的言论，菊竹指出："现在，首先要解决的问题是追查事件的起因，如果不将其根源铲除，无论怎样加强管制都不会有效果。这些言论无疑是为凶手辩解，作为居于高位的要员，这样的言行是最应该制止的。"

在随后发表的另一篇社论里，菊竹点名批判了陆军大臣荒木贞夫和陆军省——

以荒木陆军大臣为首的陆军首脑常常向内阁提出要求，而且顽固坚持自己的主张，使政局变得非常动荡。国民对此很不高兴。陆军当局到底凭什么谈论政治和内阁呢？军部对于组阁不仅要求向全国声明已经征得了军部的理解，还在政治上提出条件。天下没有比这更奇怪的事了。如果真的接受了军部的要求，政党就会变为军部的打手，变成军部专制的工具。要是变成军部操纵的傀儡，那内阁的存在还有什么必要呢？

三、这是涉及日本存亡的问题

菊竹的大胆言论激怒了当地的驻军和在乡军人会等右翼团体。

多位军官向《福冈日日新闻》打电话抗议，要求撤掉批判军部的评论，甚至威胁说："社论诽谤了军部，赶快撤稿……《福冈日日新闻》的社论根本不想改变攻击军部的态度。现在，我要枪毙那些攻击军部的人，就算因此犯下死罪也不后悔。"

菊竹没有丝毫让步，他严厉回敬道："如果你们认为只有军人才为国家着想就大错特错了。我们担忧国家的心情一点也没有输给你们！"又对另一个威胁电话说："要破坏我们这个乡下的新闻社？好的，来吧，我们已经做好了准备，随便什么时候来！"说完便将听筒重重地扣到电话机上，表示与之对抗的决心。

后人很难想象，具有如此勇气的菊竹竟然是一个残疾人。两岁的时候，他因左脚受伤而得了骨髓炎，虽然接受多次手术，但最终都以失败告终。作为一个记者，他不输于任何人，被称为"一个伟大的瘸子"。他对周围的人说："你们对我的残疾表示同情是可以的，但我不要你们的怜悯。”

当时菊竹是编辑部主任，喜欢步行上班。报社考虑到他可能会遇到危险，提出用车接送他，但被他拒绝了。即使在右翼势力对他发出生命威胁的日子里，他仍然坚持每天早晨步行去报社，像往常一样，这个“伟大的瘸子”经常穿武士的短衣短裤，就像一位古代武士，凛然不可侵犯。当时有传闻说，会有飞机向《福冈日日新闻》投炸弹。然而菊竹端坐在报社里，谈笑如常。他饱含着“就算拼了这条命也要坚守言论责任”的气魄，继续用尖锐的笔锋写着评论。

恫吓不成，右翼势力又发动了“不买运动”。这是它们惯用的伎俩。因为发行量和广告对报纸来说至关重要，狡猾的暴力集团抓住报社的这个弱点，屡获成功，一位报社主管说，他也想反抗，“但是考虑到过万的职员及其家属将会流落街头，我就无法做到”。可是，如果不能抛却这种顾虑的话，报纸就不能维护言论自由和和平，必将在暴力面前屈服。

当时的副社长鼓励菊竹说：“为了伸张正义，就算是牺牲我们的报社那也很光荣啊。”但销售负责人却因为恐惧“不买运动”和来自外界的恐吓，哭着对菊竹央求道：“这样下去的话报社真的会垮掉……还是灵活处理吧。”菊竹对他喝道：“别说傻话了。这是涉及日本存亡的问题！”

在菊竹看来，作为言论机关，报社的生死并非系于发行量和广告，使命感的放弃和勇气的缺乏以及无责任心，才是导致新闻精神死亡的原因。报社一旦与权力发生正面冲突，编辑方针和报社经营之间就会产生矛盾，报社内部也会产生意见分歧，而大多数报社最终总是会屈服，这种情况直到今天都没有改变。

幸运的是,《福冈日日新闻》报社全体员工团结起来，一致对抗外界的攻击。他们与在乡军人会以及当地驻军司令部谈判，阻止了“不买运动”，维护了言论的应有立场，编辑和经营的步伐也没有出现混乱。

四、现在，我比任何人都担心国家

《要宪政，还是要法西斯？》，这是“五一五事件”一周年之际，菊竹在《福冈日日新闻》发表的社论。

一年过去，尽管议会为解决经济危机通过了庞大的预算，但是经济形势并没有好转。国民身上的重压也丝毫未见减轻，反而愈演愈烈。除了“满蒙问题”引发的重大危机外，国民经济生活萎靡混乱，社会各阶层焦躁不安，孕育着新的危机。菊竹为日本国内外局势而担忧。他指出：“要解决日本面临的重重危机，就需要选择正确的道路。”

“是应该维护明治大帝赐予国民的千年不灭的帝国宪法，力图今后推进日本宪政的发达，还是像意大利一样任墨索里尼横行或者模仿德国的希特勒，走法西斯道路呢？”在菊竹看来，处在十字路口的日本，应该选择宪政道路，而不能走上墨索里尼和希特勒的法西斯道路。

这是具有强大历史穿透力的卓见，也是对国人发出的警诫，因为当时日本仍然继续在向法西斯主义滑行。菊竹在写给长女的一封书信中沉痛地说——

我本来打算把这次的机会当作一生中的一项最重要的任务

来完成，但遗憾的是到处都是禁令，根本不能尽情地写作。我虽然可以为国捐躯，但如果连报纸都被扣押的话，想说的话不能说，那就完全没有办法了。所以，我只能适可而止。尽管如此，我觉得还是做了一些我应该做的事，感到很安心。

现在，我比任何人都担心国家，并且不仅仅是怀着一颗忧国之心，我还为自己处于现在的地位而能为把日本变得更好——不，能从危机中拯救日本——而发言感到无比骄傲。

当时军事法庭正在对参与“五一五事件”的军官进行审判。令人忧虑的是，大批民众对凶手表达同情，要求“从轻发落”的呼声高涨。对此，菊竹态度鲜明地主张，严格按照法律规定对叛乱分子进行审判，以达到抑制法西斯分子抬头的目的。在他看来，同情凶手的做法“不但会破坏法治国家的秩序，更会使国家命运充满危机”，“不管减刑还是酌情量刑都必须首先确立法律的威信”。

菊竹知道，在汹涌的民意背后，其实是军部势力的急剧膨胀。因此，他又将批评的矛头指向了军人干政。在题为《政治问题与军人》的社论里，他指出——

对于“五一五事件”，我们已反复评论。在今日政治、经济、社会关系复杂的时代，军人除了肩负国防重任外，如容置喙政治问题并参与各种活动，则危险至极。不但会直接紊乱军队制度，成为国防上一大威胁，同时也会威胁国民生活。

从辩护人立场上看，“五一五事件”辩护人做支持被告将校的陈述是不得已而为之，但若认为青年军人以此事件为契机对国防问题之外的问题感兴趣并诉诸直接行动，以致叛乱杀人亦为不得已而为之，并陷入此等谬论，不仅会误导有前途的青年军人，亦会使多事多难的国家走向黑暗。

日本现今国内外充斥着法西斯、独裁、军国主义的气氛，这就要求军人谨慎、反省，只有这样方能保证军队的秩序和威信，向世界宣示备受国民信赖的皇军的存在。如今，为皇军的未来着想，对于那些阿谀迎合之流的言论忘乎所以，并采取轻率行动，从而招致有心国民反感之类的事情，我们应断然反对。

彼时，报纸则完全屈服于军部势力，任其独断专行，菊竹的坚持如空谷足音，没有应和者。

4年后，1937年7月21日，57岁的菊竹在清贫中去世。彼时，军国主义和法西斯主义冲破堤坝，成为吞噬日本社会的洪水猛兽，导致国家走向战争，国民被蹂躏荼毒。

其实，假如多一些像菊竹这样的记者，多一些像《福冈日日新闻》这样的报纸，局面并非无可挽回。《朝日新闻》的负责人绪方竹虎痛定思痛，在战后反思说："现在看来，如果当时的中央级报纸能够坐在一起共同商讨，并在适当的时期对这一动向进行预防的话，难道不能够阻止它吗？实际上，《朝日新闻》和《每日新闻》如果真的联手，在九一八事变前就开始思考如何压制军部的政治干预，难道不是可以成功地做到吗？"

松冈洋右：让日本成为“国际孤儿”的“国民英雄”

松冈不但没有引导，反而顺从和利用民众的激进情绪，利用和煽动这种盲目性，从而把事态一步步推向危机。日本先是退出国际联盟，后与德、意两个法西斯国家结盟。这些错误选择不仅把日本推向灾难的深渊，而且也给世界带来灾难。

“你出发前先到精神病医院去一次，往头上浇点凉水来冷静一下。”

这是1932年吉田茂对即将奔赴欧洲参加国际联盟大会的日本全权代表松冈洋右说的话。作为著名的外交家，吉田茂在战前一直以主张尊重既有国际关系著称。可是，松冈洋右根本听不进去。相反，他带着战斗的豪情参加国际联盟大会，最后以日本退出国际联盟、与国际社会决裂而告终。然而，就是这个让日本成为“国际孤儿”的外交官却成为日本国民崇拜的“国民英雄”。

一、“满蒙生命线”的制造者

1880 年，松冈洋右出生在山口县农村。13 岁那年，他和表兄前往美国俄勒冈州的波特兰市，一个美国家庭收养了他们。松冈洋右刻苦学习，在获得俄勒冈州立大学的法学学位后回到日本，开始了公务员生涯。

在外务省供职的 17 年里，松冈洋右先后在中国、俄国和美国担任外交官。作为一个志向远大的人，松冈洋右于 1921 年加入南满洲铁道株式会社（简称“满铁”），先是担任主管，然后又出任副总裁，成为一名“中国通”。

1930 年，松冈洋右回国致力于政治活动，当选为参议院议员。他猛烈批评主张与欧美各国进行“协调外交”的币原外相，主张强硬外交，鼓吹用武力解决“满蒙问题”。虽然这位政客在美国生活了 10 年之久，接受了西方教育，但他尊崇天皇，并抱有使天皇的统治遍行于世界的“八纮一宇”理想。在中国的工作经历，让他逐渐形成了“大陆主义”思想。他认为，日本将来的发展离不开对大陆的“开发”“经营”，而要实现对大陆的“开发”“经营”，就必须把“满洲”从中国本土分离出来。

1931 年春，松冈在名为《动荡之满蒙》的小册子中写道：“今天满蒙之地位，对我国说来，不仅在国防上十分重要，而且对国民经济也是不可缺少的。换句话说，作为一个现实问题来看，不光在我国的国防上，就是在经济上，也可以说是我国的生命线……我国要牢固地确保和死守这条生命线，而不必害怕任何国家和任何人。”

这个主张受到了右翼分子的欢迎。军部发布命令，要求所有记者和讲演者都必须宣传“满洲是日本的生命线，日本必须囊括满洲”；凡是违反这一方针的言论和行动，都要严厉取缔和制裁。从此，“满蒙生命线论”迅速风靡日本，“满蒙是我国的生命线”成为流行语。

几个月后，关东军策划九一八事变，占领中国东北，完成了包括松冈洋右在内的右翼分子的“梦想”。这种赤裸裸的侵略行为成为国际社会谴责的对象。其中批评最激烈者当属美国。美国国务卿亨利·史汀生宣布，美国不承认日本对中国军事占领的合法性，因为日本违反了现行的国际条约并且无视通行的国际惯例。

“当时感觉正在讴歌和平的时候，突然满洲乌云密布雷声大作，而雷电正好击中了日内瓦。”一位日本记者回忆说：“欧洲人十分惊讶。对日本的谴责汹涌而来，让人都不忍心看当地的报纸。”作为维护世界和平的国际组织，国际联盟组织了以英国侯爵李顿为团长的国际调查团，调查“满洲问题”。

就在调查团一行抵达日本仅仅数小时后，关东军一手策划的伪满洲国宣告成立，妄图迫使李顿调查团承认既成事实。这种公然对抗的做法进一步激怒了国际社会，也引发了日本政坛的激烈争论。

1932年9月15日，赶在李顿调查团完成调查报告书前夕，日本政府签署了日满协议，悍然承认伪满洲国。李顿调查团随后发表的《李顿调查团报告书》否定了日本在满洲的军事干预是“自卫行为”的谎言，指出“在没有宣战的情况下，大片毫无争议的属于中国的领土被日军强行夺取和占领，随后这些领土被分割并宣布脱离中国而独立”。但是，报告也明确指出，不赞成回到事变之前的状态，也不承认伪满洲国，建议在中华民国的主权之下建立满洲“自治”政府，由国际联盟派专人指导，在日本的主导下进行国际管理，中日两国签订《互不侵犯条约》。

当时世界刚经历大萧条，欧美各国元气尚未恢复，没有足够能力压制日本，因此这个调查报告对日本做出了巨大让步，但是远没有满足右翼势力的期望，因为它仍然肯定东北是中国领土一部分，主权属于中国。

按照规定，《李顿调查团报告书》将提交国际联盟大会审议。这意味着日本将面临一场外交大考。面对不利的国际形势，日本政府起用松冈洋右为日本代表，出席国际联盟会议。松冈精通英语，又通晓满洲情况，是一位精明能干的老外交官，因此被赋予重任。

不过，以吉田茂为代表的人士认为，为了“灵活运用外交手段”，更好地开展外交斡旋，应该派一位老成持重的外交官同行，与松冈这个刚勇的斗士配合，可能更有利于谈判。可是，这个建议被否定。1932 年 10 月 11 日，松冈洋右被正式任命为全权代表。

在得知这个消息后，吉田茂和松冈洋右有过一番晤谈，结果就是吉田茂发出了“先到精神病医院去一次”的慨叹。后来的事实证明，吉田茂的担心和忧虑并非多余。

二、十字架上的日本

在赴欧之前的日子里，松冈洋右相当活跃。一方面，他在参见元老西园寺公爵时，口头保证“这次去尽可能温和地处理问题”。可是，另一方面，他又在国内积极宣传自己的强硬立场。一位政治家批评说：“在今天对内进行诸如使国民兴奋的宣传不仅无效，而且有害。莫如说，理解外国的宣传更为重要，难道不是吗？”

对松冈本人来说，这种批评也许是出乎意料的。他本来以为，可以通过与陆军和右翼分子结合起来使国内舆论强硬化，从而有利于贯彻自己在日内瓦的国际立场。但是，他没有想到，这种做法有可能使自己作茧自缚，成为舆论的俘虏。因为外交的作用就是化解冲突，用和平的方法保卫国家利益。外交家应该是在知己知彼（了解各自的利益和底线）的基础上讨价还价，达到双方利益的平衡点。这绝不是靠口号和豪言壮语解决得了的。

1932 年 10 月 22 日，松冈洋右满怀豪情地启程，经海参崴赶往国际联盟所在地日内瓦。国际联盟是 1920 年成立的国际组织。第一次世界大战后，和平主义深入人心。在巴黎和会上，与会国一致同意建立国际联盟，处理国际纠纷。国际联盟最初的常任理事国有四个：英、法、意、日（德国 1926 年才加入，美国因上院反对而没有参加）。作为唯一的亚洲国家，日本之所以能够跻身国际联盟常任理事国，是因为它当时是亚洲的唯一强国，而辛亥革命后的中华民国仍然处于动荡之中。

由于过去与欧洲没有瓜葛，日本作为调停人的表现是不错的。日本还向国际联盟输送了不少优秀的外交官，如新渡户稻造等人，他们在欧洲获得了很好的声望。与欧洲问题不同，九一八事变后，“满洲问题”成为国际热点，日本是当事国。如何处理国际关系，对日本、对松冈洋右本人都是巨大考验。

在国际联盟大会上，日本在中国东北的所作所为饱受各方指责。松冈洋右果然“不负众望”，以那带有美国口音的连珠炮式的流利英语与各国辩论，强词夺理，为日本找出各种理由。他说，中国是一个贫弱、落后的国家，缺少一个能够维护法律和秩序的合法政府，而日本则是一个“伟大的文明国家”，已经将本来毫无生机的满洲改造成为稳定繁荣的乐土。为了发扬新世界公民的精神，他的国家也准备和中国友好相处，“最终有一天会实现日本帮助中国的愿望和责任。对这一点，我是满怀信心的，我真诚地希望你们考虑我们的申诉，并信任我们”。

1932 年 12 月 8 日，松冈在国际联盟大会上做了一个题为《十字架上的日本》的 80 分钟即兴演讲，声称日本是在“维护日俄战争中牺牲 10 万英灵换来的在中国满洲的利益”。在演说的最后，松冈说：“我们日本人已经做好接受考验的准备。欧洲和美国的某些人不是想把 20 世纪的日本钉在十字架上吗？各位，日本眼看就要被钉到十字架上了。但是，我们相信，并且确信，过不了几年，世界的舆论就会因日本而改变，就像拿撒勒的耶稣被世界理解一样，我们最终也会被世界所理解。”

松冈洋右精通英语，讲起话来滔滔不绝，人送外号“五万言先生”。他的演讲很有煽动性。日方还在会场上播放南满洲铁道株式会社拍摄的纪录片，大力宣传日本“合并”中国台湾与朝鲜之后，当地生活条件如何获得飞跃。影片终了，连一向反对日本行径的捷克代表都拍手称赞。

一切似乎朝着有利于日本的方向发展。英国外交大臣约翰·西蒙提出一份对日方做更多让步的妥协案：将九一八事变与伪满洲国争议从国际问题转化为地区问题；联合几个与中国利益相关的国家，共同建立委员会，由中日两国直接谈判。可是日本外务大臣内田康哉拒绝了这个建议。

松冈洋右很清楚，这样强硬对抗下去，将导致日本更加被动。他在给外务大臣的电报中说——

不消说，凡事八分为好。我国政府应该早就明白，不留一丝牵扯干干净净地让国际联盟收手的期望是无法实现的。日本人的通病在于洁癖，诸如贯彻日本精神和解决满洲问题等大问题，抑或是对于十九人委员会主席的建议过于执着，都是行不通的……经过一番曲折之后，最终导致不得不退出国际联盟，这是十分遗憾的，此举不可取。在此坦率地陈述鄙见，实在是为国家的前途着想。[①]

为了增加自己在日内瓦的“筹码”，松冈收买驻外新闻记者，频繁向国内发回报道，继续宣扬强硬的外交立场，试图通过国内舆论强硬化给国际联盟施加压力，而不是静待大国的让步。日本国内的右翼势力也召开大会并致电松冈，激励他“排除一切妥协，坚决贯彻初衷”。

1933 年 1 月，日本关东军突然占领山海关，2 月又侵略热河。这时正是国际联盟大会审议《李顿调查团报告书》的前夕，消息传到日内瓦，与会代表都对日本挑衅性的做法感到震惊。

① 引自［日］加藤阳子著《从满洲事变到日中战争》。

三、“国民英雄”

就在关东军控制热河的第二天，日内瓦国际联盟大会开始审议《李顿调查团报告书》。对日本来说，这是关键的一天。

在半个月之前，右翼势力在东京日比谷公会堂召开“对国际联盟的紧急国民大会”，并由东京中央广播电台转播实况。此次大会通过了“帝国应立即退出国际联盟”的决议，并将其传达给首相和外务大臣。一个名为“国民奋起大会”的大集会也通过如下决议——“谨向天地神明宣誓：为了世界和平，宣扬全体国民强烈的意愿，坚持帝国国是，促成满洲国建国大业，切望立即退出国际联盟。”

1933 年 2 月 24 日上午 10 时半，国际联盟主席伊曼斯（比利时人）宣布国际联盟大会召开，按原文审议《李顿调查团报告书》，对日本所有修正要求不予采纳。随后，中华民国代表颜惠庆发表演说，感谢国际联盟一视同仁，对强国也予以处罚，高声宣布胜利。之后，日本代表松冈洋右并没有感情用事地进行反驳，而是镇定自若地阐述本国立场。最后，各国代表发表礼节性演说，讨论之后进入表决程序。

表决结果是 42∶1，只有日本反对。国际联盟主席称，虽然表决结果不具备仲裁判决的国际法约束力，但他要求日本和中华民国在政治上尊重这一决议。松冈登上主席台发表声明称，日本方面不能接受会议通过的决议，大喊“日本政府与国际联盟的合作已到极限”，然后率领日本代表团离开会场。他们的身后一片寂静。

本来，即使日本不听从国际联盟的劝告，国际联盟也没有办法对日本进行制裁，可是日本连这个表决结果都不能接受。不久，日本内阁会议正式做出了退出国际联盟的决定，3 月 27 日，日本将退出国际联盟的通告通知国际联盟秘书长，并颁布退出国际联盟的天皇诏书。随后，日本政府着手有计划地废除于 20 世纪 20 年代初期在华盛顿会议上所签署的一系列国际协定。

在得知日本退出国际联盟的决定后，美国驻日本大使格鲁在日记中写道——

内阁决定退出国际联盟以前，日本已采取各种手段烧毁它与外部世界相通的这座最重要的桥梁。现在走这一步，意味着它国内的稳健派已根本失败，军部已取得压倒一切的优势。自中日争端开始以来，国际联盟的每个重要行动，日本不是阻之于前，就是以既成事实毁之于后，这都是为了明白显示日本要撇开西方而独行其是，蔑视西方对它的事务和它自视为生死攸关的利益的干涉。不能指望它会屈服于西方的道义压力或别的压力。军阀和在军阀煽动下的国民，都有充分的思想准备，宁战不屈。现在，来自世界各国的道义谴责，在日本所起的作用微乎其微。谴责非但不足以改变日本人的决心，而且只会加强他们的决心。只要日本政府露出一点与国际联盟敷衍或妥协的倾向，国内即使不爆发革命，也几乎一定会发生更多的暗杀事件。①

① 引自［美］约瑟夫 · C. 格鲁著《使日十年》。

对于退出国际联盟，虽然并非松冈洋右一人所决定的，但是他的个性所起作用是不可小觑的。有人说："先前是谁使报纸采取了没有必要的论调，莫如说是有害而又僵化的论调，进而败坏国家的声誉？此人就是在日内瓦的松冈全权代表。"宇垣大将在他的《一如庵随想录》里说："当局认为尚有设法的余地，才花费许多钱财派遣多人去日内瓦。结果，毫无收获，既未争取到一个朋友，又未能推迟做出决定，更未能使李顿报告的调子有所缓和。归根结底，白白过了半年，却得到了同样的结果。我早已说过，松冈向本国大为广播，如以其中三分之一的热情影响他国，即可大功告成。万望不要只是停留在对内进行自家对自家的广告上。现今想来，我的讥讽却不幸而言中，甚为遗憾。"

至于松冈洋右本人也自知失败。日本失去与自由主义国家合作的机会，从此成为国际社会的"孤儿"。他离开日内瓦后没有直接回国，而是去了美国，想在那里等到风平浪静后再回国。他在波特兰为"美国母亲"立了一个墓碑，还种下一棵树，然后才启程回国。他已准备好接受国民的谴责。

可是当松冈乘坐的轮船抵达横滨码头时，数以千计的日本市民挥舞着手中的小旗拥上码头迎接他，新闻飞机在他的头顶盘旋。面对喧嚣的民众，松冈洋右做了一番道歉声明："没能让（世界各国）理解日本的立场，我是个失败者，对不起国民。"可是，进行实况新闻报道的东京中央广播公司称他是"国民英雄"。《东京日日新闻》发表《欢迎松冈全权代表》的长篇文章，赞扬他为"凯旋将军"。其他各大报也说松冈"昂首挺胸退场"，并把他的行动称为日本"自主外交的里程碑"。

这一切都表明，松冈一意孤行的做法得到了本国民众的广泛支持。在回国当晚日本民众为他举办的欢迎宴会上，松冈洋右忍不住说：“大家明明知道这是危急关头，却这样欢迎我，是不是大家脑子都有问题了！”

确实，这个国家出了大问题。本来，经过明治维新和大正民主运动，日本已经是亚洲唯一的强国。它能够成为国际联盟的五大常任理事国之一，就说明已经获得了国际社会的认可。可是，随着国家实力的增强，日本国民却没有获得自信，反而认为其他国家与日本为敌。他们从来没有反思过自己的问题，反而满怀怨恨地认为，英美等西方国家不能容忍日本的崛起，有意压制日本在国际上应有的发展空间。

在偷袭珍珠港前，日本又从“受骗者”变为“世界维新”的先行者。1941 年，文部省向全国各级学校颁发的军国主义教育大纲《臣民之道》里说：“我国的决心和武威使得它们（主要指国际联盟——笔者注）无法做出任何制裁的决定，我国一旦脱离之，国际联盟的真面目就会暴露于世，德国同年秋天也追随我们脱离了，其后，意大利趁埃塞俄比亚问题，抓住时机发出了脱离的通告，国际联盟完全成了徒有虚名的组织。因此，我国自昭和六年以来，始终走在世界维新的最前列。”

四、罪恶的结局

1940 年 7 月，近卫文麿内阁邀松冈洋右担任外务大臣。松冈清洗了外务省中的亲美英派，寻求与德意结盟。两个月后，德意日三国同盟签字，形成了“轴心国”。他还竭力提倡建立“大东亚共荣圈”，把日本的外交政策与日本法西斯的对外扩张政策紧密地结合起来。虽然他只担任了一年外务大臣，但却“成功”地将日本绑上了战车。

松冈洋右是一个死不改悔的战争狂。直到1945年8月初，他本来因肺结核已卧病不起多年，竟以有病之身，四处活动，到处鼓吹“绝不能向美国示弱”。他对准备向盟军投降的铃木贯太郎内阁进行激烈的攻击，并强调说：“挽救我国的唯一道路，就是下定决心把战争继续下去，进行本土决战，以便置之死地而后生。”

美军占领日本后，松冈洋右被定为甲级战犯。但是他仍拒不认罪，坚持顽固到底的立场。在远东国际军事法庭受审时，他还用英语说自己是“无罪”的。受审期间，松冈病死，结束了罪恶的一生，逃过国际军事法庭对他的最后审判。

日本的舆论界把松冈洋右与东条英机并称为战争的两大元凶。确实，在推动日本走向战争的过程中，松冈洋右影响极大。毋庸讳言，战前日本民众中弥漫着盲目的民族主义和疯狂的排外主义。可是，问题不在于民众的“盲目”和“疯狂”，而在于政治家是否尽到自己的责任。1940年松冈曾对美国驻日大使格鲁说，在历史发生激变的世界里，难以制御的盲目力量往往起很大的作用。格鲁承认盲目性在历史上的作用，不过他说：“外交和政治的主要任务之一是把这种力量导入健全的渠道。”

松冈不但没有引导，反而顺从和利用民众的激进情绪，利用和煽动这种盲目性，从而把事态一步步推向危机。日本先是退出国际联盟，后与德、意两个法西斯国家结盟。这些错误选择不仅把日本推向灾难的深渊，而且也给世界带来灾难。

可是，为什么这样的人却一度获得国民的认可，甚至被称为“国民英雄”？这是永远值得后人思考的问题。

泷川事件：大学和国家权力的较量

“泷川事件”是大学和国家权力的一次最大较量，也是知识分子最后有组织的抵抗。之后，法西斯势力便着力于对学术自由进行破坏，全日本的大学都被卷入了“肃学风潮”，自由主义教授被驱逐出校园，学术自由和独立传统消失，大学自治的堤坝被冲毁。在法西斯的统治下，没有自由的空间。

1933 年 5 月 9 日，文部大臣鸠山一郎亲自约见京都大学校长小西重直，传达内阁决定：处分该校法学教授泷川幸辰。这则消息在京都大学引起了强烈反响，随即引发了日本教育史上著名的“泷川事件”。

在日本迅速滑向法西斯主义的关键时刻，“泷川事件”是知识分子的最后抗争，也是大学和国家权力的较量。虽然这场较量以大学失败而告终，但是它所涉及的大学自治、学术自由、知识分子使命等诸多重要问题，至今仍然发人深省。

一、导火索

1929年世界经济危机爆发，日本经济陷入困境。大正时代的民主风气日渐式微，国家主义、民族主义思潮迅速泛滥。国家主义主张国家权力高于一切，无所不在，积极对外扩张；民族主义则高举“国粹”和“日本精神”的旗帜，把日本的一切都无限美好化。国家主义和民族主义合流，就形成了日本的法西斯主义，侵蚀腐蛀着新兴大国日本。

法西斯主义必然吸引道德败坏的小人，蓑田胸喜就是其中之一。他虽然是一位大学教授，但却不专心学术研究，而是善于捕捉别人文章里的“问题”，把学术问题拼命往政治上靠，再找机会抛出自己的“文章”“著作”。他创办杂志《日本原理》，专门攻击民主自由或是带有左派理想色彩的学者，动辄攻击别人是“赤化”“不敬罪”“学匪”“逆贼”等。他很早就把矛头对准了京都大学法学部教授泷川幸辰。

泷川幸辰早年毕业于东京大学，学习刑法。后来留学欧洲，师从德国著名教授，归来后就任京都大学法学部刑法学教授。他秉持自由主义立场，对日本传统观念进行批判。例如，其著作《刑法讲义》《刑法读本》对于“通奸罪”只适用于妻子一方的法律提出批判。在今天看来，这是非常正确的观点，然而在那个鼓吹“日本传统”“日本特色”的时代，这种观点与传统格格不入，备受批评。右翼分子更是对泷川进行政治陷害。

1932年10月28日，泷川教授在中央大学做了题为“从《复活》看托尔斯泰的刑法观”的演讲。他受托尔斯泰人道主义思想影响，提出社会对犯人实行报复之前，应该充分研究犯罪原因，同情和理解胜于报复。司法当局认为该演讲内容侮辱法官、鼓吹无政府主义，向文部省做了通报。文部省则向京都大学施压。文部大臣对小西校长说，泷川教授所著的《刑法读本》有问题。

与此同时，蓑田胸喜不断向政界重要人物发送攻击“赤化教授”的小册子，同时唆使几个右翼议员在国会上发难，指责由于大学教授的“赤化”导致司法官员“赤化”，点名攻击泷川幸辰教授就是“赤化教授”。“赤化教授”在当时是一个非常严重的罪名。因为日本政府向来忌惮共产主义，对思想的管制比以前更为严苛。

1933 年春天，一些政客鼓噪驱逐大学里的“赤化教授”。议会点名指责 4 名教授的思想存在问题，其中就有京都大学的泷川。议会闭会之后，政府立即决定对泷川教授做出处分。先是内务省发布禁止发行泷川著作《刑法读本》和《刑法讲义》的命令。紧接着，文部省正式要求京都大学对泷川做出免职或停职处分。

作为政府出资的官办大学，京都大学本来应该遵从政府的决定。没想到的是，法学部教授会通过校长向文部省提出抗议。他们声称，“这不是针对泷川个人的问题，而是在威胁履行大学使命时必须保障的研究的自由”。

20 年前，京都大学发生“泽柳事件”[①]，大学迫使文部省认可“教授会执掌教授人事”的大学传统。从此学部教授会成为

① 参见本书中的《泽柳事件：教授向大学校长说“不”》一文。

国立大学中的主要决策机构，大学自治跨进一大步。泽柳事件也给了 20 年后京都大学教授们勇气，他们决心维护大学自治权。一场较量由此展开。

二、捍卫完全的学术自由

文部省公布的处分理由说，教授虽然拥有研究自由，但并不拥有讲授自由和发表自由。法学部教授在报纸公开批驳这种观点，而且表示，如文部省强行处分泷川教授，将全体辞职。

此事让校长小西重直陷入困境。这位上任不久的校长深知，自己虽然是由教授们选举出来的，但是作为官办大学校长，决定自己命运的还是政府。与政府对抗，不会有“好果子吃”。然而，他还是毅然地正式通告文部省，拒绝对泷川教授做出处分。法学部全体教授签署辞呈，表示“只要目的不能达成，无论如何都绝不接受挽留”。文部省的态度也很强硬，针锋相对地说：“如果教授递交了辞呈，任何时候都允许他们辞职。就算导致学校关闭也在所不惜。”

随着事态扩大，日本政府开始介入。它以泷川学说具有马克思主义性质、违背《大学令》规定的大学教授所应承担的“国家思想涵养”义务为由，向文官高等身份委员会提出咨询。在接到同意的咨询结论之后，1933 年 5 月 26 日，文部省发布“文官分限令”，给予泷川停职处分。

就在同一天，《报知新闻》发表社论说：“进步就意味着一定会有不同的学说对立。中世纪的欧洲历史就已经说明了对学问的迫害最后都会以失败告终。我们对于这次事件感到遗憾……首相手下的人都主张顽固镇压自由主义思想的研究，让人感到非常时期的内阁对付利益集团时很软弱，而只对抵抗力小的思想界态度强硬。”

东京大学教授美浓部达吉也发表评论说：“关于学问上的意见要断定其是否是反国家的，判断的人必须在学问上有相当程度的涵养。在学问上少有见识的人只看了他人论著的片段就断定其对国家是否存在危险，这本身就是非常危险的做法。这样就有可能把国家引向错误的道路。”

到底是应该妥协让步，还是继续与掌握暴力武器的政府继续对抗下去？政府的决定把京都大学的教授们逼到了墙角。京都大学法学部全体教师向校长递交辞呈。法学部部长还率全体教职员在学校大讲堂发表退职演讲，呼吁“捍卫完全的学术自由”——

> 政府对于泷川教授的停职处分是完全不公正的，我们无奈之下只好选择一同辞职。泷川教授的学说里没有任何破坏国家思想的内容。从大正三年的泽柳事件以来，京都大学教授的进退都要经过校长的同意才行，这是长期固定下来的规矩。但是政府的措施却单方面破坏了这个为了确保研究自由的原则，阻碍了大学行使大学的使命。①

1 600余名学生涌入大讲堂，讲演途中啜泣声此起彼伏。泷川教授后来回忆说：“当我想到这之后就要和同学们离别了，那一瞬间，我的眼泪不禁一下子涌出眼眶。”

① 引自［日］前坂俊一著《太平洋战争与日本新闻》。

三、抗争的，妥协的，沉默的

和20年前比起来，这种集体辞职的行动需要更大的勇气。因为自从九一八事变以来，日本在国际上遭到谴责和孤立，国内法西斯势力越来越膨胀。法西斯最害怕的是民众觉悟，因此知识分子成为它们的敌视对象。就在泷川事件爆发前夕，著名作家小林多喜二被警察严刑拷打致死。

在法西斯主义步入疯狂、知识分子人人自危的肃杀时代，京都大学的这些学者敢于公开站出来与权力对抗，可谓大勇。当然，并不是所有的教授都有这样的勇气。事实上，京都大学有多个学部，其他学部的教授会没有一个发表支持法学部的声明。当时，无论是媒体还是政党都开始追随法西斯势力，各界于一片颂扬声中随波逐流。时势如此，多数教员对此持观望态度，也并非是难以理解的事。校园里压倒性的声音是希望事态能以稳健的方式终结。

“不能为了一个泷川，就毁灭了大学。”著名的哲学教授、哲学家西田几多郎的话，代表了许多教授的心声。西田几多郎是“京都学派”的创始人，威望很高，虽然他并不认同法西斯主义，但是也不愿意公开对抗。就像两年后他在给学生的信中所说的：“现在是法西斯主义的时代。真正站在自身之外深刻地长远地思考我国的将来的人，与其徒然从一开始就性急地、洁癖地与其冲突、战斗，我认为不如设法忍受而努力使之逐渐恢复中正。”

问题是，这种容忍退让只能增强法西斯主义的气焰。到后来，退让者也成为法西斯主义的攻击对象。蓑田胸喜大肆攻击京都学派，京都学派的几个成员惨死狱中。假如没有首相近卫文麿等的保护，西田几多郎恐怕也难有好结果。饶是如此，从1944年起，这位德高望重的哲学家还是因为“过于西化”的言论受到教育部思想审查机关的监视。他的文章也被军部当作工具利用，尊严尽失。

与选择妥协的教授们不同，血气方刚的大学生积极地行动起来，反对处分泷川教授。为了支持教授会，法学部的学生全体提出退学申请，其他学部的学生也与法学部站在同一战线。全体学生大会做出如下决议：（1）支持法学部教授，誓死捍卫自治和自由；（2）声讨文部行政当局；（3）强烈期待所有学部以及全国的教授团结一致，坚决反对妥协；（4）泷川教授不获复职，抗议斗争绝不停止。大学当局没有压制学生，而是允许学生自由使用教室，开展活动。

京都大学的抗议活动也波及其他大学。东京大学、东北大学的学生都成立自治组织，声援京都大学。学生运动又催生了大学之间的联合，16所大学代表在东京组织了“维护大学自由联盟”。于是，“泷川事件”的影响走出校园，开始波及社会。许多媒体也卷入其中，有的支援京都大学，有的对京都大学提出批判。受此事件的刺激，作家、评论家、演员、出版商等400多人成立了“学艺自由同盟”。

在1913年的“泽柳事件”中，东京大学法学部曾与京都大学站在同一战线，共同与文部省进行抗争。可是20年后，东京大学的绝大部分教授却始终保持沉默。其实，在议会上被指责存在问题的4名教授，除了京都大学的泷川，其余3位都在东京大学任教。据说，文部大臣允诺，只要东京大学教授不参与抗议运动，就不对那3名东京大学教授做出如同对泷川那样的处分。因此，尽管也有年轻的教授提出应该以法学部的名义发表意见，却受到老教授们的阻止。

四、自由主义殿堂的陷落

如何应对“泷川事件”，是对校长的最大考验。

作为政府公职人员，小西校长根据内阁要求发布泷川停职处分的命令。随后，这位仅仅在任3个月的校长向文部大臣提交辞任书。文部大臣极力挽留，京都大学的教授们也希望校长继续留任。于是，小西校长发表声明，愿意继续留任直至问题解决。随后，他奔赴东京，开展交涉活动。300名学生在京都火车站为校长送行。

在东京的交涉并不顺利。小西校长提议，为了控制事态的发展，文部大臣应做出如下表述：“对于此次事件，文部大臣认为法学部教授所表达之主张妥当，将来在采取措施之时会尊重其主张之精神，准予在《大学令》的范围之内确立研究和教学之自由以及人事进退方面的大学自治。”这意味着让文部大臣承认错误，重新准许大学自治的原则，并考虑泷川将来复职等事项。

针对该项提议，文部省的态度是，“对于此次事件，本省将始终坚持不再对泷川问题另行做出处理的原则。因此，对其希望不予受理”。也就是说，文部省认为泷川问题已经解决，接下来只要发布一份抽象的文件作为善后措施即可。

显然，京都大学和文部省的立场在根本上是对立的。虽然多次会谈，但双方都没有妥协，文部省甚至放出了将不惜关闭京都大学法学部的风声。后来，在其他人士的协调下，文部大臣同意在大学自治问题上做出让步，答应“在法令及历来的处理惯例的范围之内予以承认”。

文部大臣的妥协得到了京都大学许多教授的支持，但是法学部教授会认为该方案无视法学部的主张，追认对泷川教授的处分，因此依然坚持辞职请求。京大毕业的贵族院议员、大审院法官等人试图促成法学部代表进京与文部大臣会见，也遭到法学部方面的拒绝，双方的对立依然如故。全校学生大会也表达了对法学部的支持态度。无奈之下，小西校长决意辞职。

新任校长松井元兴赶赴东京，将法学部教授的辞呈提交文部大臣。文部大臣仅仅受理了其中 5 位强硬派教授的辞呈，对其余的则做出驳回决定。文部省还明文表示，“此次文部当局对泷川教授所做出之处分为非常特殊状态中所采取之措施，对于教授进退之处理，文部当局仍循多年先例，在校长的情况呈报书基础上做出。”

文部大臣看似在妥协，其实不然。按照帝国大学官制的规定，文部大臣在决定帝国大学教授的人事升迁时，首先必须由教授所在大学的校长提出书面申请。新任校长只是代为转交辞呈，文部大臣却据此决定教授去留，这本身就侵犯了大学校长在教授人事权上的书面申请权，侵害了大学的独立性。

亲政府的松井校长回到京都，开始对其余教授展开挽留工作。许多教授认为，对泷川教授所做出的处分仅限于此次事件，将来不会再出现，抗争目的已经达成。教授阵营的团结瓦解了，

7 名教授离开京都大学，还有 13 名副教授以下教师坚持辞职。这样，法学部 33 名教师中有 2/3 的教师离开了京都大学。与此同时，警察机关拘捕学生运动积极分子，“维护大学自由联盟”被迫解散。

夏天过后，学生复课，校园又恢复了往日的景象。至此，“泷川事件”结束。

许多教授认为，抗议达到了维护大学自治的目的。他们太天真了。达到目的的并非是京都大学，而是文部省。“泷川事件”宣告了自由主义殿堂——京都大学的陷落。文部大臣在议会发言时说，“即使没有校长的情况呈报书，最终也可以撤换违反《大学令》的教授”，“讲义的内容是否违反了《大学令》，对此可以由作为监督机关的文部省来进行认定”。文部省可以认定大学教授是否违反《大学令》，也可以随意撤换教授，大学自治还有可能吗？

“泷川事件”是大学和国家权力的一次最大较量，也是知识分子最后有组织的抵抗。之后，法西斯势力便着力对学术自由进行破坏，全日本的大学都被卷入“肃学风潮”，自由主义教授被驱逐出校园，学术自由和独立传统消失，大学自治的堤坝被冲毁。在法西斯的统治下，没有自由的空间。大学校园里的自由越来越少，教授们战战兢兢，如履薄冰，直至二战时丧失所有的学术自由和人格尊严。

五、历史没有辜负正义

日本战败之后，盟军司令部发布备忘录，指示优先恢复战争时期被驱逐的自由主义和反军国主义教授的职位。文部大臣向京都大学校长交付备忘录，承认对泷川教授做出的处分是错误的，重新确认大学中的研究自由和教授人事自治。

1946 年 2 月 16 日，泷川幸辰恢复京都大学教授教职，并就任法学部部长。而在一个多月前，当年“泷川事件”背后的黑手蓑田胸喜上吊而亡，结束了可耻的一生。

虽然正义迟到了，但最终还是到来了。

“泷川事件”中明知胜利无望却依然勇于挑战的教授和学生的操守和勇气，至今仍然影响日本知识分子的精神世界。在京都大学制作的、每年更新的学校介绍中，都载有对“泷川事件”的介绍。因为泷川教授的代表著作名为《刑法读本》，现在一些大学教授仍然把自己的著作也命名为《读本》，以此铭记历史，向先贤致意。

转向：在权力面前弯曲的脊梁

"转向"不但招致日本共产党几近毁灭的结果，也严重削弱了对政府权力、军部势力的批判力量，使国家主义、法西斯主义更加有恃无恐。在没有任何有组织性的抵抗的情况下，1941 年 12 月日本步入太平洋战争。

20 世纪 30 年代，"转向"突然成为日语里的流行词，一度被纳入日常用语。这源于日本思想犯罪史上一大划时代事件，此后无数知识分子纷纷"转向"，向国家权力臣服。其影响深远，至今仍然是日本知识分子心头的伤疤。

一、突然的"转向"

1933 年 6 月 8 日，日本共产党领袖佐野学、锅山贞亲在监狱里发表一则声明，在社会上引起轩然大波。

日本的共产主义运动自 20 世纪 20 年代初期兴起，佐野学和锅山贞亲都是日本共产党创始人。1927年佐野学被选为日本共产党中央委员长，锅山贞亲是8名中央委员之一。1928年3月15日，日本政府在全国逮捕共产党员和进步人士1 600人（全年共逮捕3 400余人），造成大规模白色恐怖。这就是著名的“三一五事件”。佐野和锅山幸免被捕，但是翌年两人在上海遭检举之后被遣送回日本，判处无期徒刑，一直被关押在东京的市谷监狱。他们不服判决上诉，是狱内公开审判斗争的领袖，受到许多共产党员的崇拜。

在名为《共同与被告同志书》的声明里，两位革命家指责日本共产党在共产国际操纵下已经蜕化变质，不再是“以我们工人阶级的解放为目标”，而是成为“日本的苏联防卫队或其舆论机关”。他们承认原来坚持的废除君主制的口号不符合民族感情，“日本的皇室连绵的历史性存续，是日本民族过去独立不羁的顺利发展的表现，这在世界上也少见。觉得皇室是民族统一的中心这种社会感情存在于勤劳大众的心底。我们有必要不折不扣地把握这一事实”。

他们还一反共产党反对侵略战争的立场，为日本的侵略找到了新的理由，“民族同权的具体表现不是形式上的国家的分离。在经济、文化、历史上接近的诸民族的勤劳大众结合为一个大的国家，人民在阶级上的融合从而致力于社会主义的建设，这是更加现实的世界史的方向”。

《共同与被告同志书》标志着佐野学与锅山贞亲的思想彻底转向，因此被称为“转向声明”。这两位日本共产党领袖撤回之前的所有主张，改口说要从苏联的桎梏中解放自己，对天皇及其所代表的文化价值表示尊敬。他们主张脱离共产国际，建议实行以日本为核心的“一国社会主义”。他们反对反君主斗争，希望通过与天皇制的结合，最终达成日本民族的优越性。

在日本民众眼里，日本共产党就是主张暴力革命、推翻天皇制的地下秘密组织。现在它的领袖人物却来了一个180度的转向，怎能不让人们感到惊讶？《时事新报》的报道就记载了当时社会的反应——

最近有消息称，在第一次大搜捕中被捕的日本共产党中央巨魁佐野学和锅山贞亲两人在狱中突然完成了思想上的方向转换，令有关方面惊讶不已。佐野和锅山是第一次共产党事件中的实力派人物，居于领导地位，在去年的一审判决中，被判处无期徒刑。二人不服判决上诉，就在今秋即将举行上诉审判之时，不知何故，突然转向，这突如其来的举动给共产党运动留下了一个巨大的谜团。

即使是法院、检察院、司法省当局，也对这两个人的转向将信将疑。当时的媒体报道：“司法省认为，口头上发表转向声明之类，是共产党惯用伎俩，不外乎借转向之名，求减刑之实，以便出狱后重操旧业，再次参加运动。于是司法省指示监狱当局，令二人写出手记，指出共产党原理的谬误之处……”

经过严格的审查核实，最终当局认可了佐野和锅山的转向声明。检察官表示：“被告等已恢复了日本人的意识，这是转向的最重要之点。”上诉法院将两人的无期徒刑改判为有期徒刑15年。法院的减刑依据是，“一审判决并无不当，但判决后被告认识到日本民族之优秀性，誓言重新成为国民之一员，重新做人。

法院对此表示相信，于是在量刑上予以从轻处罚”。审判长最后还提醒被告,“服刑期间还有一个优待措施，可以酌情假释出狱”。

二、“转向”的背后

在佐野学、锅山贞亲两人发表“转向声明”后，第三国际的机关报将他们斥责为“伺候日本帝国主义的叛徒”，日本共产党中央委员会立即在《赤旗》上发表声明，开除两人党籍。开除的理由是，他们“屈服于天皇制权力的恐怖威胁，无视党规、基于敌对阶级的指令，开始协助天皇制官宪从事破坏党的挑衅行为”，指责他们在声明中“否定共产主义的一切原则，公然要求日本共产党从共产国际中分离与解体，支持天皇制政府的帝国主义战争政策，不仅声明对天皇制权力解除无产阶级的武装，而且已经积极开始并继续进行党的破坏行为”。

但是这种做法并没有阻止或削弱“转向声明”引起的后果。“转向声明”不但引起日本共产党内部的混乱，也对左翼运动产生了巨大影响。尤其是在狱中服刑的“思想犯”，短时间内就出现了思想转向的“雪崩现象”。

在声明发表后约一个月之内，1 370 名未判决的思想犯中有415 名（30%）、393 名已判决的思想犯中有 133 名（34%）要求转向。据统计，截至 1936 年 5 月 31 日，因违犯《治安维持法》而受刑的 438 名思想犯中，“非转向者”只占 26%，其余均已“转向”。难怪内务省警保局在一份内部材料里说，“佐野和锅山的声明，在满洲事变后以日本精神为基调的国情之下发表，而且是在日本共产党的所谓变质堕落达到顶点之际，因为在组织上理论上构成了其转向的主张，其影响力之大是当然的”。

除思想犯之外，左翼文坛人士也纷纷“转向”。1933年9月，《东京朝日新闻》报道说：“日本无产阶级艺术家团体正在刮起一阵巨大的转向旋风……日本无产艺术家们畏缩了，往年的无产艺术黄金时代亦化作泡影。目前，其作品销售不畅，生活自然变得艰辛，这也是加速转向的一个重要因素。”作家集体转向甚至产生了一种日本文学史上独特的文学体裁——“转向文学”。

其实，这种大规模的集体性思想“转向”的背后，是政府一直在对“危险思想”进行镇压和诱导。“转向”最早是在学生中流行的一个词语，后来被“特高”所采用。“特高”依据《治安维持法》，一直将激进派人士作为严控对象，试图改变他们的观念，让他们“转向”。值得注意的是，除了逮捕拷问，“转向”还诉诸心理影响。

一位“特高”系统中的核心官僚所撰写的手册中，就有关于如何有技巧地协助“转向”的详尽内容。例如，警察局长应该从拘留所将被捕者叫到局长室，让他们坐在局长的椅子上，然后自掏腰包叫来外送的“亲子丼”。所谓“亲子丼”，就是鸡蛋包裹鸡肉的米饭，这样可以让人联想到亲子的关系。吃饭的时候，尽可能不要谈论政治思想之类的事，只说些“你的母亲很担心你”之类的话。而且不能多谈父亲，否则反而会造成被捕者对权威的反抗意识。置身在这种技巧下受到诱导的青年，很容易动摇自己所信奉的政治理想，觉得作为他意识形态的上层建筑已然崩溃，于是就朝着“特高”所定义的另一条路径“转向”了。

“转向”的另一个条件，是民众对九一八事变的热烈颂扬。例如，大审院（最高司法裁判所）检察官的文章指出，佐野、锅山两人思想转向的基本原因是“满洲事变以来我国内外的情势”，这种形势“使两人痛感有必要从民族的立场批判党的立场”，“触发了其日本人意识，使其日本民族的独自性与优秀性得以觉醒”。

至于那些被革命吸引的热血青年，本来认为将全身心奉献给“人民”是光荣的事业，为坚持理想不惜牺牲性命。然而他们发现，“人民”却支持与他们本身信仰相悖的目标。当他们反对日本对满洲的侵略时，却发现“人民”在热烈地支持战争。此时，他们有一种孤立于人民、周遭亲友和家人的感觉，有一种自己被逐出正式的历史记述的恐惧，这种孤立感和恐惧感也促使他们转向。

1942 年警方的一份统计显示，“转向者”所自述的转向动机中，出于信仰的占 2.21%，发现理论矛盾的占 11.68%，因为被拘禁而后悔的占 14.41%，因家庭因素的占 26.92%，因国民自觉的占 31.90%。由此可见，由于信仰的原因而“转向”的只占极少部分，以国民的自觉与家庭关系为理由“转向”的很多。这无疑主要来自军国主义的教育及强权压制两方面的积极配合。

所以，日本学者古在由重说，“在战争的高压与天皇制的暴力下，所谓转向莫如说是‘力’的结果。被创作出来的所谓转向理论，即向权力屈服的合理化，无论说得多么巧妙的逻辑，实际上都不是理论思考自发的产物。这里起作用的，本质上不是‘逻辑之力’，毋宁说是‘力的逻辑’”。

借助佐野学等在狱中“转向”的机会，日本政府开始对日本共产党进行残酷镇压。日本共产党组织四分五裂，几乎陷于毁灭。

三、"转向"哪里？

日本思想家鹤见俊辅说："'转向'这个词是司法当局首先使用的，这意味着将个人思想倾向改变到当局认为是正确的方向。"所谓"正确的方向"，无非是向权力屈服、向国家臣服，无条件地支持和拥护国家的一切决定，特别是支持军国主义，拥护国家对外发动侵略战争。

思想"转向者"也有自己的一套说辞。锅山贞亲在战后写的《我抛弃了共产党》里回忆说，当年"转向"的一大原因就是战争。"尽管我们反对，但战争还是一个劲地扩大，靠个人或党派的力量已经无法阻止。如果坚持至今采取的立场，我们就应该树起'本国战败主义'的旗帜，但对现在进行的战争，无论如何不能说应该让本国失败……不能说因为放弃战败主义，就是支持现在正在进行的战争，这明显是一场侵略战争。有既否定战败主义而又反对侵略战争的道路吗？有，那就是解放。不外是使侵略战争转化为亚洲各民族的独立解放之战。这确实是并没有一分把握的依据，但我总觉得比高唱心中并没有的战败主义，更合乎我的心意。""我们二人以此声明告别了自己的前半生。此后不久我们的确经过了魔界遍历似的思想懊恼的过程，但终究回归到了母亲民族的怀抱。"

把"侵略战争"说成"为亚洲各民族的独立解放之战"，把思想变节称为"回归到了母亲民族的怀抱"，这种说辞实在是自欺欺人的诡辩。让人警醒的是，这些人对法西斯主义、军国主义也没有任何防波堤。悲哀的是，一些左翼青年竟然相信这种诡辩。在二战中，一些参军的前共产党员就积极参加“神风特攻队”，怀抱“为亚洲各民族的独立解放之战”的幻想走向死亡，成为军国主义的炮灰。

日本共产党及日本的马克思主义在知识分子中具有广泛的影响力，甚至有评论说“日本共产党，对知识分子而言占有与天皇一样的象征位置”。昭和时代之后，除了日本共产党之外，没有别的思想团体敢于从正面不断挑战日本的国家权力。一旦这个批判政府最用力的政党放弃自己的立场，弯曲自己的脊梁，其他知识分子很快就纷纷跟进，宣示自己对国家政策的效忠。

20世纪30年代中期，绝大多数自由主义者和左翼知识分子都放弃了自己的信仰，或者沉默，或者顺从。还有人喊出“举国一致”的口号，也就是全国上下必须团结一心，不能容忍不同的意见。在这种气氛下，少数不愿意配合的人就会遭到围攻。

“转向”不但招致日本共产党几近毁灭的结果，也严重削弱了对政府权力、军部势力的批判力量，使国家主义、法西斯主义更加有恃无恐。在没有任何有组织性的抵抗情况下，1941年12月日本步入太平洋战争。纵使如此，“转向者”仍然无条件地支持国家的行为。那些“转向”作家就积极参与所谓“笔杆子报国团”“文士部队”，写文章歌颂侵略战争。

讽刺的是，“转向者”从来没有得到政府的信任。随着日本走向战时体制，更加强化对国民思想的控制。1936年，司法大臣向议会提交《思想犯保护观察法》，提出“对于非转向者，促其转向”，“对于转向者，确保其转向”，规定为了防止思想犯“再次犯罪之危险”，可以限制其居住、交友或通信等自由。例如佐野学，在监狱中度过十年后被释放，出狱后仍然处于“特高”与宪兵的严密监视下。

1941 年太平洋战争前夕，日本政府又开始实施“预防拘禁制度”，强化针对国内思想领域的控制。政府可以根据转向情况对“有思想犯前科之人”进行分类，分别是非转向、准转向、转向三类。规定被预防拘禁者将不局限于“所谓非转向者”,“对于那些准备从事政治及社会运动者，或对于国家之要求采取冷淡态度者，推测其行动，严格审查其思想状态”。

美国历史学家约翰·W. 道尔在其名作《拥抱战败》中指出，与在德国坚持原则、反抗纳粹主义的少数精英知识分子相比，日本同时期并没有对应者，“在 1945 年 8 月 15 日之前，日本知识分子的作为鲜有值得称道之处”。

战后，日本知识界弥漫着对过去的悔恨。对于未能抵制压力和诱惑、未能反抗可怕的国家权力，知识分子感到良心自责。他们认为，“转向”是日本思想斗争史上的阴暗面，是进步的知识分子的广泛的败北与屈辱的历史。用思想家丸山真男的话说，“它留下了一种良心上的伤痛”。

豪斯上校的忠告：日本不要重蹈德国覆辙

如果日本一心想要投入战争，那么近代日本的辉煌成就就会毁于一旦。反之，如果日本现在能好自为之，维持和平，冷静地专心致力于国家的繁荣，日本的前途就不可限量。殷鉴不远，德意志帝国便是一个例子。

东京皇居北侧，是北之丸公园。园内绿草如茵，树木丰茂，鸟儿在草树间快乐穿梭。池塘清亮，肥大的鲤鱼自由游弋。据说这里原来是日本皇室的御用园林，不过很早就已经对社会免费开放。我沿着一条林中小路漫步，不知不觉走进林中的一小片草地。草地中间是一个塑像，他身材壮硕，西服革履，手扶拐杖，椭圆形的眼镜后面，目光坚毅，表情严肃而倔强。这是一个富有欧美绅士风度的日本人。

我立刻认出来了：他就是吉田茂，日本战后首任，也是日本最成功的首相。当时我正在阅读吉田茂的《激荡的百年史》和自传《十年回忆》，还有日本作家猪木正道的《吉田茂传》，因此对于这位蜚声 20 世纪世界政坛的政治家极为熟悉，也深为他的魅力所吸引。战后的日本处于混乱之中，这位经验老道的政治家抵挡外界压力，竭诚与驻日美军当局合作，终于带领日本走出困境。

落日渐隐，暮色苍茫，我徘徊在吉田茂雕像前，久久不愿离去。在长达 89 年的人生中，他历经明治、大正、昭和三个时代，见证了日本从大国崛起到走向战争深渊，又从战争废墟中艰难地重新站起来的历史。后人看来，这似乎是一条不可避免的历史路径，其实仔细看去，这个国家有几个重要的历史岔路口，如果当时听取包括吉田茂在内少数清醒者的建议，另做选择，日本不一定会走向毁灭性的战争。1935 年就是这样的一个历史时刻。

1933 年，日本政府不满李顿调查团对"满洲事件"的报告，退出国际联盟。此事影响极大，关心国事的人们都在思考今后日本如何与世界相处。1934 年 10 月 1 日，陆军省新闻班发表了一个小册子《国防之本义及其强化的提倡》，反映了日本军人对这个问题的回答。

这个小册子中提出，对日本来说，"满洲事件"和退出国际联盟是一个转折点，"是赐予皇国的一个共荣考验的非常时期"，"值此之机，不可没有制定国家百年大计之决心和勇气"。那么，应该建立什么样的"百年大计"呢？在军方看来，"现今之非常时局并非靠协调外交所能解除"，国防才是国家生存发展的基本活力，主张建立"总体战"的国防观。它大肆鼓吹战争，"战争是创造之父、文化之母。战争是一种刺激，它对个人是考验，对国家是'生存竞争'，是各个生命的生存发展、创造文化的动机"。

是沿着军方鼓吹的孤立化道路一直走下去，还是恢复协调外交路线？这是当时日本面临的一大选择。在这样的背景下，日本外务省任命吉田茂为首任外务巡回大使，历访日本驻欧美各国的使馆，了解各国的实情，为制定外交政策提供参考。

当时吉田茂56岁，已经是一个老练的职业外交官。吉田茂受过明治时期文明开化的熏陶，曾常驻英国、意大利、瑞典、美国等欧美各国，成为那个时代寥寥无几的有国际视野的日本人之一。他极力提倡国际主义，因为他很清楚，如果没有国际协调，日本就不可能在国际社会生存下去。与全世界为敌的结果，只能是自取灭亡。他经常说，“不管怎样，我讨厌极左，也讨厌极右”，“政治最终是要走中道的。常言道，不采取王道政治不行，搞霸道政治也不行”。

就在陆军省的小册子发表后的第9天，吉田茂收到了“派往欧美各国视察”的任命书。他本来想从东京站出发，但是消息传出后，右翼骚动起来。当时海军裁军会议正在伦敦召开，右翼分子认为，亲英美派的吉田大使可能要去伦敦给日本海军代表施压。如果按照原计划出发，很可能遇到麻烦，因此吉田茂一行被迫伪装先到横滨，然后再乘船出发。

饶是如此，消息还是走漏了，一伙右翼分子蜂拥而至，高喊“斩奸状”。为了防备暗杀者的子弹，吉田茂提醒随行人员说：“有生命危险，快把香烟盒放在当胸的口袋里。”在警察的保护下，吉田茂一行才得以平安地乘火车抵达横滨，然后换乘轮船到朝鲜。从朝鲜到中国东北，警察沿路保护，一直到满洲里换乘西伯利亚铁路线的列车，吉田茂一行才长出了一口气。

从莫斯科到华沙，从柏林到巴黎再到伦敦，吉田茂看到，因为强占满洲和退出国际联盟，国际社会对日本充满戒备之心。日本却头脑发昏地挣扎在国际性的孤立之中，而且试图和同样退出国际联盟的希特勒结盟。这是吉田茂最不愿意看到的，可是他无能为力。让他耿耿于怀的是，在柏林大使馆，陆军武官俨然以大使姿态出现，耀武扬威，而真正的大使则低三下四地迎合武官。

吉田茂此行 4 个多月，最大的收获是在纽约会见了豪斯上校。爱德华·曼德尔·豪斯并非军人，只是由于在任得克萨斯州州长顾问期间被授予荣誉上校军衔，从此以“豪斯上校”之称闻名于世。他曾是威尔逊总统的智囊，一战中任驻英、法、德等国的总统代表，活跃在国际外交舞台上，后来在拟定结束一战和平条约方面发挥过关键作用。在凡尔赛和谈期间，豪斯上校与日本全权代表牧野伸显伯爵结为好友，牧野伸显正是吉田茂的岳父。

在牧野伸显的介绍下，吉田茂拜会了豪斯上校，当时 76 岁的豪斯上校担任罗斯福总统的高参。见面第一句话，豪斯上校就说：“没有 Diplomatic sense 的国家是必定会衰亡的。”所谓“Diplomatic sense”，就是“外交感觉”，也可以译作“对国际局势的直觉”。

豪斯上校回忆起一战前夕，奉威尔逊总统之命访问德国皇帝威廉二世的情形，“当时德国皇帝正出外检阅北海舰队，我们就在皇帝乘坐的快艇上进行了会谈。我针对当时德国主战的倾向，曾提出忠告，力主和平。我说，德国今后如果不投入轻率的战争，便可作为世界一等强国继续繁荣下去；反之，如果发动战争，那就不仅是德法两国间的战争，而且可能发展为世界大战。那样的话，德国就会受到英法等协约国军队的围攻，也许会使德国迄今历尽艰辛建成的兴国大业根本毁灭”。

诚如豪斯上校所言，第一次世界大战前的德国确实是一个蒸蒸日上的新兴国家，在经济和军备方面都凌驾于英国之上。假如和平地发展下去，完全有可能崛起为世界第一强国。可是，德国皇帝和德国政治家并未听取豪斯上校的忠告，后来还是发动了战争。其结果正如豪斯上校所料，一个正在崛起的大国被葬送，俾斯麦等一代德国人的努力成果毁于一旦。

吉田茂同豪斯上校会见时，日本正在走出1929年的世界经济危机，出口激增。1931—1934年，日本出口总额增长90%，是一个充满活力和干劲的国家，很像一战前的德国。对于日本的未来，豪斯上校有什么看法呢？这位美国外交家性情坦率，在来自日本的晚辈面前没有丝毫外交辞令——

对于今天的日本，我也想提出与对当年德国同样的忠告。如果日本一心想要投入战争，那么近代日本的辉煌成就就会毁于一旦。反之，如果日本现在能好自为之，维持和平，冷静地专心致力于国家的繁荣，日本的前途就不可限量。殷鉴不远，德意志帝国便是一个例子。这是我这个老人从过去经验中得出的结论。希望今天日本国民能仔细体会我的话。

同豪斯上校的会见，给吉田茂留下了深刻印象，尤其是这段肺腑之言，长久地铭记在他的心中。多年以后，吉田茂书写自传《十年回忆》的第一卷时，就以《豪斯上校的忠告》为开头，记录下了豪斯上校的这段金玉良言。对吉田茂来说，豪斯上校的忠告显然是他这次巡察旅行期间所得到的最大教益。

1935年2月，吉田茂回到日本。他在提交给外务大臣的公务报告里，对于军人干政现象提出了批评："对于外交问题，陆海军发言人撇开外务省而发表声明，给人以军部在实际操纵日本政治的印象。鉴于对外关系形势不妙，希望对外务省和陆海军的发言人进一步加强统制。"他提出："作为日本国力增强的结果，需要不分远近地同外国增进亲密关系，特别需要调节同英国的实际利害关系，并改善同苏联和中国的关系。"

吉田茂在朝野广泛传播豪斯上校的观点，也将其渗透到提交给外务省的报告中。不过迫于形势，他只能委婉地说："总的说来，特别出格的反动倾向趋于消失。一些个人和团体正在认真研究日本今后应该走什么道路的问题，这也可以说是一种进步的国家主义的倾向。以上倾向今后还会进一步发展。"然后，他笔锋一转，"我估计政变等事件也会不断发生"。

假如豪斯上校的警告得到重视，日本完全可能走上不同的道路。可惜，当时吉田茂在政坛上还没有举足轻重的位置，当国者也没有认真听取他的建议，反而"自信"地坚持国际孤立主义。一年后，日本爆发震惊全国的"二二六事件"，军队对政府的影响力大大增强，日本不可遏制地滑向法西斯道路。正如吉田茂在回忆录里所说："然而不幸的是，我国也像德国一样没有采纳豪斯上校这番诚恳的忠告，竟一反明治以来长期形成的外交传统，投入了轻率的战争，从根本上破坏了兴国的大业。"

美浓部达吉：改变根本思想是不可能的

政府通过否认“天皇机关说”和牺牲美浓部达吉，避免了事态向倒阁和政变方向发展。舆论终于趋于平静，但是政府付出的代价是惨重的。右翼通过“国体明征运动”，破坏了宪法秩序的基础。“天皇机关说”被政府公开否认，意味着议会中心政治运行的理论支柱坍塌，立宪政治的蜕变和倒退，也意味着自由主义、议会主义以及国际合作等势力的全面衰退。

这几年来，宪政破坏的风潮越来越强盛，叫喊消灭自由主义思想的声音也非常高……我的力量虽然微小，但也足以反击。就算没有这种力量，作为一个一生都以研究宪法为职业的人，我确信屈服于风潮、退却后寻找安全之地是与我的本分相违背的。就算不能成功，我也已经下定决心为维护宪法牺牲自己，绝不后悔。

这是东京大学教授美浓部达吉在1933年写的一封信，但是没有寄出，直到他死后才被发现。在写这封信的时候，这位东京大学教授正面临人生的重大考验，日本宪政也面临着危机。

一、成名

1912年7月，明治天皇驾崩，大正天皇即位。新旧交替之际，人们在惆怅的同时，也有身心轻松之感。就在这种微妙的社会气氛里，东京大学法学教授美浓部达吉出版了《宪法讲话》——解释《大日本帝国宪法》的书籍。他在该书序言里说，著书的意图在于“明宪法之根本精神，排除在一部分人中间宣扬的变相的专制主义主张，此乃余精诚努力之所在”。

1889年制定的《大日本帝国宪法》，标志着日本成为东亚第一个立宪国家。立宪政治的本质是限制君权保护民权，但是在这部宪法里，君权主义原理和立宪主义原理并存。这种内在矛盾在明治时代并没有暴露出来，因为伊藤博文等元老重臣在开设国会的同时，一直极力维护君权尊严，天皇（至少在名义上）享有实质性的大权。随着强人去世，《大日本帝国宪法》里的立宪主义开始得到重视。

作为曾留学欧洲3年的宪法学教授，美浓部发掘出宪法中的立宪主义，在《宪法讲话》里提出了著名的“天皇机关说”。他认为，天皇在宪法上拥有统治国家大权，但是并不拥有对臣民毫无限制下达命令的万能权力。因为统治大权并非属于天皇的私有权力，相反，天皇是因为国家需要借其行使统治而创设和维持的重要“机关”。天皇作为国家的最高机关之一，应始终在宪法的条文规定下行使其权力。后人评说，这一理论的意义在于，“使（日本）宪法学第一次从神学或者国法学中脱离出来，作为近代科学而得到确认”。

这个新观点甫一问世，就遭到东京大学同事上杉慎吉的批判。作为宪法学讲座教授，上杉慎吉主讲宪法多年，一贯攻击西欧的民主宪法，对《大日本帝国宪法》进行绝对主义解释。他主张“天皇主权说”，强调天皇神的至高无上地位，天皇不是人民的仆人，而是统治权主体，是“建国之体制、国民之确信”。他首先在杂志上发表直接针对美浓部的文章，攻击“天皇机关说”是“关于国体的异说”。

由这篇文章开始，美浓部和上杉两人在杂志上展开激烈论战。结果，上杉的攻击丝毫没有撼动“天皇机关说”的地位。绝大部分学者和舆论支持美浓部，美浓部代表的民权学派全面碾压上杉代表的官僚学派。京都大学一位教授撰文指出，超国家法规只能向“君权神授说”寻找依据，但今日之法学已不能接受此种观点。他还批评上杉慎吉“已经不像一个学者……如果世人没有怀疑上杉博士的学力乃至人品，实属万幸”。舆论则认为，“上杉的论文几乎已经不能称为学术讨论，因为它充满了情感上的挑衅”。

上杉慎吉指责“天皇机关说”是“用法学筛子筛出的民主主义，其本意在于民主共和”。“天皇机关说”主张，议会是独立的国民代表机构，而非天皇的机关，其权限并非天皇所授予，可以根据自己的独立判断行使宪法赋予的权力。天皇可以自由任命总理大臣（“大命降下”），但应该考虑众议院的意见。于是以此为基础形成了“政党内阁论”，即负责实际政治运作的内阁由议会的多数党组成，并实施他们的政策。这种理论很好地协调了天皇与议会的关系，为议会的政治运营赋予了正统性的方向。因此，“天皇机关说”并不只是书斋中无用的羸弱之花。

1913 年，众院议员犬养毅等人发起宪政拥护运动，成功地打倒桂太郎内阁。这说明，在《大日本帝国宪法》的范围内，宪政是可以付诸实践的。此后，美浓部的“天皇机关说”与吉野作造的“民本主义”一起，成为大正民主运动的理论基础，日本的代议制民主政治迅速发展。

“天皇机关说”成为共识，得到学界和政界的普遍认可，各大学都以此种理论教授学生。“天皇机关说”不但确立了美浓部在学术界的地位，也让他获得了政府的认可。他担任了高等文官考试委员一职，还成为贵族院敕选议员。

美浓部才思敏捷，记忆力过人，写作时常常倚马可待，落笔便可直接刊行。作为大学教授，他讲起课来口若悬河，滔滔不绝，旁征博引，妙趣横生，很受学生欢迎，包括中国的留学生。他的学说通过留日学生的翻译在中国广为传播，被称为“对中国宪法事业影响最大的外国学者”。

二、勇气

20 世纪 20 年代的日本是自由奔放、百家争鸣的时代，许多知识分子为了民主、平等与人权等议题而积极发言。进入 20 世纪 30 年代，形势丕变。日本挑起九一八事变，挑战华盛顿体系，在国际上空前孤立。同时国内经济凋敝、政策失败，民众不满逐渐累积，右翼思想趁机抬头。

1930年日本政府签订《伦敦海军裁军条约》，承诺削减军备。海军军令部和国家主义团体高举“干犯统帅权”的大旗，攻击浜口雄幸内阁。美浓部达吉发表文章指出，“干犯统帅权”一说纯属无稽之谈，“统帅权是天皇陛下作为大元帅统帅陆海军之大权，不受陛下委任而欲指挥陆海军者，即侵犯了统帅权……而伦敦条约是得到陛下批准成立的，怎么会侵犯陛下的大权呢”。而且，在决定兵力增减时，法律也没有规定首相必须要得到海军军令部长的同意，“即使法律上有此规定，那么，总理大臣没有得到军令部长的同意而奏请条约的话，这也只是侵犯了海军军令部长的权限”，“把统帅权作为军令部长一己之权限，这才是干犯统帅权”。从立宪制度本身来讲，美浓部达吉主张，“立宪政治是责任政治，统帅权独立与此主旨相反”。

九一八事变前夕，在《朝日新闻》举行的座谈会上，美浓部严厉批评军部只顾“满蒙权益论”的态度，“军部一直坚信只有靠军力才能维持满洲、蒙古的秩序，但是，我想没有比这更能给国家带来危害的了”。他的言论被报道，引起了极大的社会反响，也让他成为军部眼里的异见分子。

1932年血盟团暗杀政要巨商，制造社会恐怖气氛，让美浓部非常气愤。他在报纸上呼吁政府要警惕过激右翼势力，“政府正在全力以赴打击‘左倾’主义，而以 ×× 为标榜的人却不管其主张是否违法，还公然横行于天下，政府却不管制。但是承认暴力、否定立宪政治的过激思想和‘左倾’思想一样，对国家以及社会来说都是危险的。政府只努力管制‘左倾’思想，对这样的过激‘右倾’思想却很宽大，这也是如今陆续发生凶案的重要原因”。

1933年发生“转向事件”，日本共产党人宣告放弃原本的主张，转向支持政府对外军事扩张的政策，其他知识分子很快纷纷跟进，宣誓效忠国家，还有人喊出“举国一致”的口号。在这种气氛下，少数不愿意配合的人只能沉默。作为以学术为志业的大学教授，美浓部却不惮于表达其政治主张。他敢于公开自己的看法，批判军部和政府，彰显了一个学者的勇气和胆识。

1934 年，军部以陆军省新闻班名义发布宣传册《国防之本义及其强化的提倡》，提出了一整套推行军部法西斯集权的方针纲领。美浓部敏感地意识到这个小册子的危害性，发文指出其内容充斥着好战的军国主义倾向，毫不留情地批判军部的侵略思想，“（宣传册）无视政府的协调方针，只从军部意志出发，明显是强制民心顺从”。他写道——

（宣传册）排除无视国家的国际主义、个人主义、自由主义思想，统为举国一致的精神。这简直就是信口开河。如果说国际主义会无视国家，将会把整个世界都变成自己的敌人。以世界为敌又如何能维持国家的存立呢？这是在自我灭亡。个人主义、自由主义是我帝国明治维新以来的大国策，也是宪法上的一个基本原则。明治维新以来，让世界惊讶的我国的快速进步都是个人主义和自由主义赐予的恩惠。

1930 年的一本警察教材解释说，“一个杀人犯可能杀掉几个人，但他会结束，而思想犯却在危害整个国家的生活”。美浓部的这些批判自然引起了军部和右翼势力的强烈反感。将美浓部视为危险的“思想犯”，将“天皇机关说”作为目标，集中力量攻击，充当先锋的就是后来被称为“思想界东条英机”的蓑田胸喜。

蓑田胸喜擅长从他人著述中寻出一言半句，然后以违反国体等“不敬罪”来举报法学者，甚至一日三次到检事局，抱着很多书，兴奋地说“这个属不敬词汇、这个问题怎么能放过呢”，等等。而且，他常引用明治天皇的诏书作护身符，因此被美浓部达吉鄙夷地称为“狂热的右翼病患者”。

1933 年 1 月，蓑田胸喜向美浓部达吉寄送批判文书，美浓部回复说：“小生无辩驳之意，亦觉没有必要，常人皆能理解其是非曲直，交由舆论评判即可。”蓑田胸喜不肯罢休，发出“一问一答公开演说”的挑战，再次遭到美浓部达吉的拒绝。

1934 年 3 月，蓑田胸喜在东京大学举行批判美浓部学说的演讲会。此后他相继发表《美浓部宪法抹杀号》《对美浓部博士的学术处置完结宣言》《对美浓部博士“国体变革”思想的综合性原理批判》等文章，猛烈攻击美浓部。他指责“美浓部达吉与吉野作造同为思想元凶和从犯”，宣称美浓部有“变更国体之叛逆意志”，“若不抹杀美浓部宪法论，国体就不会得到彰显”。

显然，蓑田胸喜的批判缺乏学术性。事实上，古今中外这类学者代不乏人，都是不学无术之徒。他们在学术上无法驳倒真正的学者，就上纲上线，从政治上进行攻击，乃至构陷。1935 年 1 月末，以蓑田胸喜等人为中心的“国体拥护联合会”向各界发布《美浓部博士对大权的蹂躏》和《美浓部达吉博士、末弘严太郎博士等的国宪紊乱思想》，猛烈攻击“天皇机关说”，引起舆论广泛关注。

学术问题由此演化为政治问题。风刀霜剑，黑云压城，美浓部面临越来越严峻的挑战。

三、答辩

美浓部阐述自己的主张时条理清晰，全场认真听取了其演讲。演讲持续了约一小时。美浓部走下讲坛时，贵族院会场响起了罕见的掌声。

这是1935年2月26日《东京朝日新闻》的一则报道。此前一天，在贵族院召开的全体会议上，美浓部进行了一个多小时的“个人答辩”。因为众议院和贵族院里的军国主义分子点名批评美浓部的著作，指责“天皇机关说”违反国体，是“谬论”和“谋反思想”，“破坏了金瓯无缺之皇国国体”，咒骂美浓部本人是“学匪”和“叛逆”，要求政府尽快处分美浓部。当时的首相冈田启介相信美浓部的国体观念没有错，但其“天皇机关说”所说的“机关”用语不恰当，学说究竟正确与否可以让学者们自由讨论，并决定让美浓部在贵族院会议上发表一次演讲，为自己的“天皇机关说”辩解。美浓部也决定抓住这个机会，对各种攻击进行回应。

这一天，他缓缓走上贵族院的讲坛，向议员们行了一礼。接着，他宛如在大学给学生讲课一般，开始了沉着而又铿锵有力的演讲。考虑到面前的听众不是专家学者，美浓部讲得深入浅出、浅显易懂，议员们听得津津有味，掌声热烈。就连攻击美浓部的议员也说：“美浓部博士并没有恶语中伤，我也没有通读博士的著作。如果内容如他所说的话，我也觉得没有必要视为问题。”

美浓部的“个人答辩”在贵族院颇受好评，却更加激怒反对派。军国主义者要扼杀政党政治，建立以军部为核心的天皇制统治体制，就不能容忍“天皇机关说”的宪法解释。著名的政论家、右翼分子德富苏峰在报纸上发表评论说：“我们的日本帝国，从建国以来就是世界上唯一的无与伦比的国家，是人类史上的伟大国家。而美浓部却无视这个重要的事实，像他这样大胆评价日本的学者，对我们来说只不过是在增加麻烦。盲人不怕蛇就是用来形容他们那种人的吧。”

全日本共有150多个国家主义团体以及“在乡军人会”等通过举办讲演、分发手册和访问政府相关人士等方式，宣扬天皇与国家是一个整体，天皇是统治权的主体，议会是天皇的辅佐机构，抨击“天皇机关说”是“大不敬”。他们提出苛刻的要求：政府发表“天皇机关说”与“国体”水火不容的声明，禁止发售讲述“天皇机关说”的著作，罢免支持“天皇机关说”的公务员和教授，责令美浓部辞去贵族院议员等一切公职。

其实，“国体”本身就是一个非常模糊的概念，无人能够说清。“国民精神文化研究所”纪平正美教授在一次会议上演讲说：“所谓国体是存在于我们日本人的信念之中的东西，而不能从理性上给出定义。如果非要在理性上定义国体，国体的信念将会渐渐破灭……”换句话说，“国体”就是一种神秘主义的、国民不能经过理性思考的、必须迷信的东西。

预备陆军少将、议员江藤源九郎以“不敬罪”向东京地方裁判所检事局举报美浓部达吉的著作《宪法撮要》和《逐条宪法精议》。之后他又两次追加举报，“天皇机关说”成为刑事问题。其状告文书都由蓑田胸喜代写。

“树欲静而风不止”，眼看右翼势力不依不饶，冈田启介首相不得不出席贵族院会议，他答辩称：“美浓部博士的‘天皇机关说’由来已久，其中一些问题也经过许多议论，至于这种法律学说对于国民道德是否有恶劣影响、是否涉及不敬罪以及应采取何种措施等问题，还需慎重考虑。”他有意将此问题限定在学术研究范围，不希望将其政治化和扩大化。

但是，首相的表态并没有平息右翼的反对声音，反而引火烧身，抨击机关说运动开始出现向倒阁运动发展的趋势。旨在倒阁的在野党态度强硬，在贵族院通过《政教刷新建议》，提出“如今人心易流于轻佻诡激，政教或有时不符肇国之大义，政府须明征国体，基于我古来国民精神，革除时弊，更张庶政，匡救时艰，以图国运”。随之又在众议院提出《澄清国体决议案》，呼吁“时下急务，乃明征国体本义以使人心归一，对于有违我崇高无比国体之论说，政府应断然处之”。

“在乡军人会”声称，“天皇机关说”是“破坏我尊严国体的穷凶极恶的学说”，公然提出“美浓部死刑论”。“在乡军人会”的老将军们由地方来到东京，拥进陆军省，要求通过“国体明征”消灭诸恶的根源。陆、海军大臣也在内阁会议上要求政府采取措施。陆军教育总监在给系统内部下达训令时明确指出，“天皇机关说”违背国体，“此种说法（天皇机关说）关乎我国体之根本，实为吾等信念与根源之不容，深感遗憾”。

司法部门也介入进来。在贵族院答辩两个月后，东京地方刑事检察局传唤美浓部，对其进行了长达 14 小时的“调查”。随后，内务省警保局以《出版法》第 19 条“妨害安宁秩序”为由，查禁美浓部的三本主要著作。

政府为了阻止事态扩大，避免“天皇机关说”问题演变成政治问题，也采取了应对措施。美浓部达吉被从高等文官考试委员中除名。文部大臣向全国各府县知事、帝国大学校长及直辖校校长发出训令，要以“澄清国体之根本”为第一要务，“如今内外情势之急务乃基于建国大义振兴日本精神，完成国民教养，使国本强固，明征国体，刷新教育，以应民心……如果散布诸如质疑国体根本之类的言论，必将严惩之”。

冈田首相和内务大臣也一再向地方长官和警察部长等颁发训令，对质疑“国体之根基”的学说和讨论表示遗憾。此外，政府规定在高等文官考试宪法学考试委员中，对支持“天皇机关说”和抨击“天皇机关说”的学者将不予选拔。

然而如此“骑墙”的处理方式，是无法平息事态的。

四、不低头

1935 年的夏天很不平静。各爱国团体主导的抨击“天皇机关说”和澄清国体运动愈演愈烈。在野党指责政府抨击“天皇机关说”缺乏诚意，陆军表示将公开发表抨击机关说的声明。

因为“天皇机关说”涉及政治正确问题，被逼着“澄清国体之本义”的政府也难以正面回击。冈田内阁四面楚歌，不得不于当年 8 月 3 日发表《关于澄清国体之声明》——

我国国体是天孙降临所赐，依据神敕昭示，乃万世一系之天皇统治，与天地共无穷，正如宪法发布时上谕“国家统治的大权是朕承之于祖宗，并将之传于子孙”，宪法第一条“大日本帝国由万世一系天皇统治”，大日本帝国的统治大权存于天皇，若认为统治权不在天皇或天皇是行使统治权的机关，这是与我国万邦无比之国体不相容的。近时宪法学说涉及国体本义，其论述至为遗憾，政府期望国体明征发挥其效，希望各方协力。

右翼分子却不肯就此罢休，他们要求美浓部辞去贵族院议员的职位，还要求起诉他违犯《出版法》。朋友们都为美浓部担心，建议他辞去议员的职位以避免遭到起诉。然而，倔强的美浓部斗志不减。他在接受媒体采访时说：“我认为我是正确的，所以我不会辞职。就算是在议会上的辩护导致了今天的这种结果，我也觉得那时候说出来了并没有错。我被骂为学匪，所以不能不站出来说话。如果是在外国的话，肯定会决斗。”

后来，司法部做出了缓期起诉的处分决定，遭到处分的美浓部不得不辞去贵族院议员职务，但是他始终坚守学问的良心并忠于自己的信念。辞职后他马上发表声明说：“我多次强调，这并不是代表我推翻了自己的学说或是承认自己的著作有错误，只是深深感到我在今天的贵族院已经很难尽职了而已。”

辞职声明惹恼了军部和右翼，他们不断施压，要求内阁再度发表国体明征声明。“在乡军人会”在东京召开国体明征全国大会，共有代表 1 600 多人，发表强硬声明称：“‘天皇机关说’亵渎天皇尊严，紊乱统帅大权，破坏我国体，应断然攻击。政府声明未能阐明统治权主体，与吾等期待相反。”在乡军人团体还派代表前往东京，与冈田启介首相直接对话，并提出三个要求：明征国体、实现天皇亲政和一君万民。

在这些压力下，10 月 15 日，冈田启介内阁被迫第二次发表国体明征声明称——

> 我国统帅权的主体是天皇，这作为我国国体的本义是帝国臣民绝不动摇的信念。认为统帅权的主体不是天皇，天皇是国家机关的所谓“天皇机关说”，乃是有悖于我国神圣国体的过分的东西，必须坚决刈除。

这样，政府通过否认“天皇机关说”和牺牲美浓部达吉，避免了事态向倒阁和政变方向发展。舆论终于趋于平静，但是政府付出的代价是惨重的。右翼通过“国体明征运动”，破坏了宪法秩序的基础。“天皇机关说”被政府公开否认，意味着议会中心政治运行的理论支柱坍塌，立宪政治的蜕变和倒退，也意味着自由主义、议会主义以及国际合作等势力的全面衰退。

在这个意义上，可以说军部与右翼势力以“合法稳健”的方式实现了一场“政变”。它们以社会舆论为基础，通过公权力抹杀“天皇机关说”，明确万世一系的天皇统治与神国思想，从根本上铲除了自由主义思想，为转变国策方针、在政治上崛起创造了巨大的契机。

1936年2月，美浓部达吉遭到右翼团体干部刺杀，一度住进医院。考虑到人身安全，他每次出门都要有人随行保护。彼时，大学自治和学术自由在赤裸裸的力量面前几乎完全噤声，国家、统治权主体这样的问题成为公法学的禁区。美浓部也不得不回避宪法问题，转而埋头于行政法的研究。纵使如此，美浓部仍然不愿意改变自己的学说。他说——

我想只要我的著作未被停止出版，讲义也是不必停的。既然受了处分，讲义遭受了禁止，也是当然，叫我有什么办法。关于机关说和诏敕的问题，如果词句有不妥之处，我当然愿意修正，但改变根本思想是不可能的。

此时日本政治已经被军部主导，随着对外侵略战争的扩大，日本滑向法西斯统治，宪法学也随之法西斯化。日本之所以走上军国主义道路，不是因为日本人特别“坏”或天然具有某种侵略性，而是它的自由民主宪政制度受到彻底颠覆。如果国家制度出了根本问题，谁都可能成为下一个法西斯。

耐人寻味的是，在此过程中，不光美浓部达吉的“天皇机关说”遭到压制，上杉慎吉等人的“天皇主权说”也受到批判。在法西斯主义看来，这两种对立的学说都是以西洋宪法学为基础，其“内在毒素是一样的，病源是共通的”。

五、结局

1937 年 3 月，文部省发布《国体之本义》，下发给全国的教育机关，对“天皇机关说”进行了盖棺论定：“天皇机关说”是对西洋思想的无批判的引进，其根源在于一部分受西洋思想影响的知识分子的“弊风”。

《国体之本义》强化国家的意识形态，强调帝国宪法“不是权力关系的永固化与规范化，不是民主主义、法治主义、立宪主义、共产主义、独裁主义等抽象理论或者实际要求之制度化，也不是移植模仿外国制度，而是彰显皇祖皇宗遗训之统治洪范”。它强调“对天皇致以绝对随顺之诚”的“臣民之道”，作为“皇国的臣民”要在生活的各个方面不断修炼其“本分的自觉”。当时的教育被称为“炼成教育”，即“修炼、炼成皇民”，“归一于皇国之道，成为教育的中心生命”。

《国体之本义》和 1941 年颁发的《臣民之道》一样，都是贯彻国家意志的国民读物。它们完全抹杀学术和理论，主张天皇神圣不可侵犯，把一切都用神秘的外衣笼罩起来，把国民都变成清一色的军国主义者。就在这些“圣书”的洗脑教育中，无数民众被驱赶到战场上，成为异国的游魂，其中包括美浓部的许多年轻学生。因为美浓部已经年迈，不能成为战斗力。他幸运地活到了战后，眼看着军国主义势力和法西斯主义彻底失败，那些军国主义者和法西斯主义者也被送上法庭。

战后，美浓部的学说重新得到尊重，他本人也被任命为枢密顾问官，参与审议新宪法，为日本的宪政做出了贡献。1948 年 5 月 23 日，75 岁的一代学术巨擘安详逝世，哀荣备至。直到今天，美浓部达吉的人格和勇气仍然备受后人尊崇。

河合荣治郎：战斗的自由主义者

只有在理论与实践两方面都贯彻自由主义的人，才配称为真正的自由主义者。真正的自由主义者应该像捷克思想家扬·胡斯说的那样：“即使整个世界都这样断言，我也坚持自己的理智，不会违背我的良心承认它。”河合荣治郎就是这样做的。

国内权力斗争加剧、与国际社会对立，都会导致政府加强对思想的管制。20 世纪 30 年代的日本就是如此。官僚和军人对思想的管制比以前更为严苛，思想界风雨如磐。

社会主义思想当时受到严厉打压，一向得到官方支持的保守思想也成为清查目标。“两间余一卒”，处于两者之间的自由主义者也产生了动摇。有的自由主义者蜕变为国家主义者，有的沉默不语以求自保。可是就在法西斯政治高压下，却有一位自由主义者坚持发声，就像无边暗夜里的钟声一样，虽然声音微弱，但是弥足珍贵，足以成为后世的楷模。他就是被誉为“战斗的自由主义者”的东京大学教授河合荣治郎。

河合荣治郎毕业于东京大学法学院，曾就职于农商部，因与上司不和，遂弃官从学。他留学欧洲，倾心于英国的费边社社会主义。1924 年起任东京大学教授，讲授社会政策。他提倡基于人格主义、议会主义的社会民主主义，既反对法西斯主义，也反对马克思主义，是一个著名的自由主义者。他曾说："右边和保守反动相抗争而拥护被压迫思想，左边和唯物论的马克思主义思想相斗争的我们，被右派认为和马克思主义一样，被左派认为和保守主义相同，这样也许会受到左右两边的夹击，但这里正有自由主义所独有的使命，有自由主义所应负的宝贵任务。"

如果说，在大正民主时代，自由主义还有一定的社会空间，那么 1931 年九一八事变之后，随着国家主义、军国主义抬头，自由主义的言论空间越来越逼仄。可是，不管是"泷川事件"，还是"美浓部博士事件"，只要教育界的自由受到威胁，河合荣治郎都站在众人前面，勇敢地发出反对的声音。因为这个自由主义者深信，无批判之处便没有商量讨论，无商量讨论之处便没有进步。

1934 年他在《法西斯批判》一书的序言里这样写道："然而一想到日本正转向法西斯就更为可悲的了。在那里我的纯学问的研究虽不免多少牺牲，可是想到就日本问题而肆无忌惮地发表意见，是作为社会思想家的我的义务。"也因此，他被列入"反动教授"的黑名单，成为法西斯主义的死敌。

1936 年，这位自由主义者迎来了最严峻的人生考验。就在这一年，爆发了震惊全国的"二二六事件"，军人叛乱，刺杀了众多政府高官。这是对国法的挑战，也是对文明的犯罪，可是参与叛乱的军人却被认为是一群动机纯粹的爱国者，出于忧国至情而迫不得已采取行动。当时军人已经成为压倒性的势力，在肃杀的戒严令下，言论自由完全没有了，媒体成为不敢说话的“悲惨小丑”。在危及国运的大事件面前，只有河合荣治郎不怕风险，不回避风险，愤然写下了评论文章《关于“二二六事件”》。

他毫不隐讳地指出，叛军就是法西斯主义者，“法西斯主义者最可恶之处，在于一小撮法西斯分子使用 ×× 力量，蹂躏多数国民的意志。在忠于国家的热情和对国政的见识方面，在敢于牺牲以实践自己信仰的勇气方面，并非只有他们才有”。“我们和他们不同之处，仅仅是他们拥有 ×× 力量，而我们这没有。但是偶尔拥有的 ×× 力量，怎么能成为强行实现自己信仰的根据呢？”

文章刊登在《帝国大学新闻》上，杂志因担心遭到出版审查，对敏感内容进行了“技术处理”。但是读者一望即知，文章里“××”就是“军事”。河合荣治郎甘冒白刃，严厉批判军人背叛国民的信赖，将武器用于恐怖活动。他这样写道——

现在国民已经站在了是选择国民全体，还是选择国民的部分，即暴力团伙的二选一的分歧点上了。

在暴力面前，我们显得是多么无力呀。而在这无力感当中，隐藏着赞美暴力的危险心理。而正是这种心理会酿成法西斯主义的温床。暴力虽然可以一时征服世界，但最终会因为暴力自身的自灭作用而瓦解。

20 世纪 30 年代，许多日本军人以爱国者之名，参与政治，“二二六事件”就是一个典型的恶例。在文章里，河合荣治郎对这种恶行进行了抨击：“国家的军队从来肩负着防御外患和保卫国土的重任，正因为是国家的军队，国民才放弃武器而放心地把保护国土的任务托付给他们。”“一旦成为军人，却又成为政治家，国家军队岂不是忽略了其理应完成的任务吗？”

河合荣治郎指出：“军人离开其本职工作而为分外之事东奔西走，这已经令人不满了。但是，更令人忧虑的是，如果军人左右政治，其结果是，一旦面临战争的威胁，国民就会怀疑，战争果真是注定的必然的结果呢，还是出于某种目的而造成的结果呢？”次年发生的七七事变证明了河合荣治郎的预见。日本军人出于短见与私利，挑起了侵华战争，将日本引上了一条与全世界为敌的自取灭亡的战争道路。

当时河合荣治郎刚刚被任命为东京大学经济学院院长，在经济学界深孚众望。他完全可以身衣学术的华衮，不问世事，可是他挺身而出，在万马齐喑中发出唯一批评之声，展现了一个真正的自由主义者的风骨。有人说，读到这篇文章“大有在黑暗中见到光明之感”。河合荣治郎也很清楚，这篇文章意味着什么，不过他对这一切都很坦然。

1937 年七七事变之后，法西斯恶浪把东京大学也卷入旋涡。被称为“革新派”的一群右翼教授和外部势力勾结，要把“左倾”的诸教授赶走。教授矢内原忠雄在《中央公论》杂志上发表《国家的理想》一文，指出国家的理想应当是正义，而国家违背了正义就应当受到国民的批判。随后，矢内原忠雄便遭到有组织的口诛笔伐，被迫辞去教授一职。

全力拥护“大学自由”的河合荣治郎，早已成为右翼分子的眼中钉。1938 年 2 月，他的著作《时局与自由主义》被禁止出版，《法西斯批判》《第二学生生活》两本书被要求修改，数月后上述三本书外加《社会政策原理》又遭到禁止发行的处分。审查部门指责说，河合荣治郎“从理想主义的自由主义出发而主张社会主义，主张改革社会制度，其内容与共产主义并无不同，仅实现方法相异而已”，“对于法西斯与军部的关系，颇有不妥之论”。当年 12 月，他还被警视厅传去讯问。

在此期间，东京大学校长先是委婉地暗示，而后则明白地劝河合荣治郎辞职。河合荣治郎泰然自若，不为所动。他在接受记者采访时态度堂堂，对于自己的学说主张，毫不让步，拒绝妥协退让。1939 年 1 月，在文部大臣的施压下，河合荣治郎被东京大学开除教职。此后他专事著述，《学生与教养》《学生与读书》等著作均为当时最畅销之书，在学生中有很大影响。

就在被东京大学开除一个月后，河合荣治郎又被起诉，理由是他的著作违犯《出版法》，“妨害安宁秩序”。所幸，一审裁判长坚持司法权独立，排斥一切政治策动，进行公平审理，河合荣治郎被宣告无罪。由于检察官的控诉，事件进入二审。负责二审的法官是司法界有名的法西斯，尽管河合荣治郎尽力委婉陈述理由，最终法官还是毫无理由地判决河合荣治郎有罪，受罚金 400 日元的处分。河合荣治郎不服上诉，1943 年 6 月，日本最高法院驳回他的上诉，判其有罪。

8 个月后，53 岁的河合荣治郎因心脏病发作辞世，这时距离日本战败只有一年半时间。遗憾的是，河合荣治郎没有看到法西斯的灭亡，也没有看到自由主义的复兴。不过，战后他受到了社会各界的尊敬，因为他树立了一个时代的榜样。一位学者在《中央公论》发表文章说，河合荣治郎教授乃是“昭和时代唯一真正的自由主义者”，“因为这位自由主义学说的权威决不单作为学说的解说者而了事，他的生涯贯彻着反抗压制与暴力的实践”。

只有在理论与实践两方面都贯彻自由主义的人，才配称为真正的自由主义者。真正的自由主义者应该像捷克思想家扬·胡斯说的那样：“即使整个世界都这样断言，我也坚持自己的理智，不会违背我的良心承认它。”河合荣治郎就是这样做的。但是在现实世界，许多自由主义者经常被讽刺为“敏于言而讷于行”。尤其是在现实危险面前，敢于挺身而出，大声说出自己观点的自由主义者极少。

半个多世纪以来，有关河合荣治郎的书籍也不断问世。2019年初，日本首相安倍晋三晒出照片，展示2019年要读的三本书，其中一本就是《和全体主义战斗的男人：河合荣治郎》。

第三编　绝路

闭嘴事件：日本议会政治的溃败

日本走上法西斯道路是一根长长的链条，《国家总动员法》无疑是其中重要的一环。它将高度统制的做法制度化，从而将日本锁死在法西斯道路上，使其难以逆转，只能向前狂奔。

有一天，我游览皇居时，走到著名的樱田门附近。这里是许多重大历史事件发生的地点，幕府末期的大佬井伊直弼就在这里被愤怒的武士残杀。追索历史，徘徊良久。我看到有一条笔直而开阔的大路向西南方向迤逦而去，两侧都是笔直的银杏树，让这条大道显得颇为庄严。兴之所至，我沿着大路信步前行。

十几分钟后，猛地抬头，一座高大的白色建筑矗立在道路尽头。这是一座欧式建筑，中间部分突起，呈金字塔尖顶，共9层，左右两侧对称，各成长方形。这就是日本政治的中心——国会议事堂，日本众议院和参议院的所在地。在湛蓝如洗的天空下，它那雄伟的身姿焕发出非凡的气势，让人顿生敬仰之情。

站在国会议事堂前，我想到的是日本近代的宪政史。据说这座用石头垒起来的建筑，共用了 3 万吨花岗岩和大理石，先后有 254 万人参与建设，它的外观形象的设计也是从民众那里征集来的。民众的广泛参与，正是宪政的体现。作为东亚的第一个近代化国家，日本走向宪政的道路艰难曲折，这座建筑何尝不是这段历史的产物和见证?

1889 年日本颁布《大日本帝国宪法》，确立议会制度。议会一直使用木结构的临时议事堂，两次失火。1920 年开始建设这座建筑，用时 17 年，最终于 1936 年建成。在这 19 年里，日本从民主之风劲吹的“大正时代”，进入了政局动荡的“昭和时代”。尤其是 1930 年以后，随着军国主义和法西斯主义的抬头，日本的民主政治日渐式微。在议员们进驻国会议事堂的第三年，日本的议会政治就走到了尽头。吊诡的是，正是议员们的软弱结束了议会的生命。

一、浓云密布

1938 年是日本政治陷入困境的一年。

七七事变后，近卫内阁把“讨伐中国”和“举国一致”作为对外和对内的口号，把国民卷入了一场没有正当理由的战争中。日本军队虽然初期开局顺利，但是中国的顽强抵抗打破了其速战速决的计划，将其拖入战争泥沼。日本政府不得不高喊“举国一致”“尽忠报国”“坚忍持久”等口号，加强精神方面的教化宣传，同时向议会提出《国家总动员法》，以便最有效地统制全国的人力、物力等资源，支撑战争。

所谓“国家总动员”，就是在战争状态下，对全国的人力和物力资源进行统一管制和调配，以发挥出最大效果。该法案由50项条款组成，涉及几乎所有国民生活领域。在全部的领域内，如果政府认为有必要的情况下，可以不经过国会审议，直接下达敕令，进行广泛的统制。政府想通过制定法案，来获得实施战时统制的强大权限 。“强大”到什么程度？方案的策划者、企划院总裁星野直树说：“这个统制法规是世界上史无前例的最为彻底的法案。如果要问这个法律能统制什么，还不如问这个法律不能统制什么。找出这个法律不能统制的东西会更加省事。”

根据《大日本帝国宪法》，只有法律或者在帝国议会上获得通过并生效的法令，才可以对国民的权利进行限制。尽管根据宪法第31条规定，在紧急情况下，天皇也可以通过发布敕令来限制国民的权利，但是，该敕令（紧急敕令）必须在实施后的首次议会上接受帝国议会的审议，如果遭到否决，便无效。可是《国家总动员法》规定，政府可以“战时状态”为借口，不通过议会，就对国民权利加以限制，甚至还制定了惩罚条例。

这意味着，一旦通过《国家总动员法》，政府就能够以一张白纸全面接过权力，使宪法置于事实上的停止状态，议会也就失去了存在的实际意义。难怪连元老政治家西园寺公望也公开说：“这个法案明显就是无视宪法的恶法。这种东西最好不要通过。”

1938年1月下旬，该法案公布之后，就在议员们中激起激烈争议。70%的众议院议员表示反对，认为它破坏宪法，要求对内容进行修改之后再向议会提出。可是，那些赞成国家主义的右翼议员们却赞成这一法案。他们认为，为了消除社会的不公平，有必要通过国家实施强有力且大范围的统制。

这些右翼分子并不认为尊重议会政治是必要的，反而想借机重组政治格局。他们不但强词夺理地为《国家总动员法》辩护，而且策划了一系列的行动。他们在东京市内竖起许多广告牌，谴责总动员法反对派，散布政府加强统制的言论。右翼团体在他们的鼓动下，手持凶器，攻占那些持有反对立场的议员所在的政党总部。在陆军的支持下，右翼分子的猖狂由来已久，只是还从来没有像现在这样公然向政党施压。对于这些赤裸裸的暴力行为，政府没有采取任何惩罚措施，进一步助长了右翼分子的气焰。

山雨欲来风满楼。在还未提交议会之前，东京的政坛上已经浓云密布。

二、闭嘴

1938 年 2 月 24 日，《国家总动员法》正式提交议会审议。右翼分子以为，议法案会顺利通过，因为在陆军和右翼的威压下，议会已经蜷缩着身子，难有作为了。不过，本来要做主旨说明的近卫文麿首相没有出席，因为他担心现场出现混乱。

果然，在审议第一天，众议院就发生了激烈争执。那些持有少许维护自由主义和议会政治观念的议员，针对《国家总动员法》提出了“委任命令过多而抵触宪法”“将这个法案的生效和适用全部交给官僚的话过于危险”“难道叫我们以一张白纸的形式进行委任吗”等批评，特别是对停止报纸发行和禁止集会等条文有很多批评意见。他们在质询中追究立法权的全面授权，批判假借战争时期的名义是违犯宪法的行为。他们说，该法案将会把日本变成独裁国家。

右翼议员则拼命辩护说，这样做是为了国家。国民为了国家付出牺牲是应该的，也是值得的。为了赢得战争胜利，日本就应该建立纳粹德国那样的举国体制。甚至有人说，希特勒、墨索里尼的出现表明，民主体制已经过时，现在世界上独裁体制才是最先进的，因为它能够组织起全国民众，打造一个强有力的国家。

许多议员提出，政府应该撤回并修正法案，但政府没有丝毫的退让，反而坚持该法律在战时很有必要。在回答质问时，外务大臣等政府官员的发言前言不搭后语，会场上非常尴尬。近卫文麿首相不得不亲自出现在议会，直率地请求议员们“协助和理解”，这才缓和了议会的气氛。

然而就在此时，右翼势力再次节外生枝。四个右翼分子竟然闯入社会大众党首领安部矶雄的家里，殴打这位国会议员，使其住院两星期伤势才治愈。可笑的是，这其实是一场误会。因为社会大众党虽然是一个社会主义政党，但是在 1937 年就已经“转向”，表示要“扬弃过去试图通过阶级斗争改革资本主义的社会运动的理论，而代之以必须包含资本主义的极权主义的（全体主义）社会运动的指导原理，以求国家与民族的繁荣发展”，因此它事实上是赞成《国家总动员法》的。

1938 年 3 月 3 日，也就是在安部矶雄遭遇袭击的同一天，众议院发生了注定要写入日本历史的一幕。当天众议院审议《国家总动员法》，陆军部军务课员佐藤贤了中佐，一个低级的军官受命向议员们进行法案说明。一名记者这样写道——

佐藤只是一个说明员，但他的态度却傲慢不逊，根本不把政党放在眼里，其口吻正像小学老师在教导笨学生。提问的官胁长吉（政友会）、板野友造（政友会）等人要求道："这些我们都知道。我们不是来听你的说明的，快停下来。"佐藤并没有听从，继续强行说明。委员会混乱了，官胁起立向委员长要求停止说明，愤怒的佐藤大喊"闭嘴"，使会议陷入了大乱。

陆军省的一名说明员对作为国民代表的议员怒喊"闭嘴"，这是前所未有的事件。连一向对军部唯唯诺诺的议员们也非常愤慨。一位议员站起来谴责道："像这样玩弄辞藻来强迫本委员会进行审议，用欺压办法对待我们，真是岂有此理！"

不过人们很清楚，这绝对不是偶发性的失言，佐藤的傲慢无礼其实明确地表现了陆军在政治上的态度。

现场一片混乱，会议进行不下去了，被迫散会。

三、妥协

第二天，陆军大臣杉山表达了遗憾之意。佐藤军务课员没有受到任何处分，只是主动放弃了去众议院开会而已。

在陆军和右翼的高压下，议会里反对的声音衰落下来，但是近卫文麿内阁仍然担心法案很可能遭到否决或修改。于是有阁僚提议，解散议会，通过颁布紧急敕令修改选举法，使反对的议员不能参加竞选，这样议会就成了国家主义者的天下。

面对新的局面，反对议员突然转向，对法案表示赞成，只是赞成的理由非常勉强。一位议员如此说道，“鉴于我国目前的局势，我想肯定会有人表示些许不满或很不满（有声音回答‘理所当然’）。在目前的时局下，我们对国民肩负着重大责任。有鉴于此，我们必须极力克制内心的强烈不满，赞成这一法案”。无奈和不满情绪溢于言表。另一位议员则警告政府不要滥用总动员法，“（政府）在将来使用此法案时，一定要兑现诺言，切不可打错算盘。万望谨记”。

就在现场的近卫文麿默默地松了一口气。可是，议员西尾末广的一番话，又让现场横生波澜。这位议员来自安部矶雄所领导的社会大众党，他对首相说：“如果这就是日本要走的路，就应该胆子再大些，步子再快一些，像墨索里尼或希特勒一样，大胆地走日本应该走的路。”

这样的说法和呼吁政府停止议会政治有什么区别？谁都知道，墨索里尼和希特勒都是实行独裁统治的极权主义者。难道日本也学这些独裁者，停止议会政治吗？议员们吵嚷起来，会议难以继续下去。议长决定，将西尾末广的发言从会议记录中删除，并将其交给惩戒委员会，混乱的会场才慢慢恢复了平静。

1938 年 3 月 16 日，在两年前竣工的国会议事堂内，众议院的主会场气氛沉重，因为这一天是对《国家总动员法》进行表决的日子，其结果直接决定着该法案的命运，也在很大程度上决定着日本议会的命运。

结果并没有发生戏剧性的变化。《国家总动员法》没有做任何修改就通过了。唯一微弱的象征性的抵抗，就是增加了附带决议而已：“像本法一样的广泛委任立法完全是破例的。政府在将来应该努力尝试其立法和运用应该基于宪法的精神……”议会里的各政党，包括唯一合法的无产阶级政党社会大众党，没有做出任何反击，也没有表现出丝毫保卫议会的气概，就态度一致地屈服了。

根据日本宪法规定，《国家总动员法》被送到了贵族院审议。贵族院议员是由不经选举的皇族、华族和天皇亲自任命的敕任议员构成的，不对民众负责，而对天皇负责。贵族院属于保守阶层，相对于内阁保持一定的独立性。在审议《国家总动员法》时，贵族院议员提出批评，认为该法案违犯《宪法》。政府不得不出面解释，并以各种理由劝导。

贵族院与众议院权限对等。假如贵族院反对，《国家总动员法》仍然不可能通过，日本的议会制度还有存活下来的希望。

四、溃败

可是，就在贵族院全体大会即将召开的前一天，3 月 23 日，众议院惩戒委员会召开会议，讨论如何处理那位在议会讨论中提出日本政府要“像墨索里尼或希特勒一样”的议员西尾末广。

许多人提出要开除西尾末广。众议员尾崎行雄明确反对这种做法。他说，议员在议会上有言论自由，其权利受《宪法》保护，侵犯议员言论自由就是破坏议会政治的暴行。尾崎行雄是明治时代伟大思想家福泽谕吉的弟子，自从 1890 年日本举行第一次大选以来，他一直当选为众议员，极力维护宪政制度，被称为“宪政之神”。

有几个议员也附和尾崎行雄的意见，反对开除西尾末广。

但是根据少数服从多数原则，惩戒委员会最终同意对西尾予以除名。当天傍晚，惩戒委员会的决定提交给众议院召开的全体大会。根据规定，会议在保密状态下召开。在两个半小时的激烈争论中，尾崎行雄慷慨陈词道："请像墨索里尼或希特勒一样大胆地前进。好了，西尾君的话我也说过了，要开除的话把我也开除好了。"最后，众议院以320票对43票，西尾被开除。他是第一个因为在议会上的发言而被开除的人。这是政党自己否定议会政治的一种自杀行为。

除了尾崎行雄以外，没有人挺身而出反对，媒体也保持沉默，似乎什么也没有发生。只有评论家桐生悠悠在杂志《他山之石》里，发表了一篇评论文章《西尾先生的开除》，果敢地批评道："如果这种野蛮的行为被容忍的话，正义将不能彰显。不光是日本，现在全世界都有法西斯的暴力在横行。西尾先生在这样一个时代被抓住辫子、开除议员资格并不是一件令人惊讶的事情，反而应该说这是必然结果。"

就在西尾被开除的第二天，在贵族院全体大会上，《国家总动员法》获得通过。和众议院不同，数名贵族院议员自始至终拒绝投赞成票，因此并非获得全票通过。

就这样，《国家总动员法》在克服种种阻力之后，于1938年4月1日公布，同年5月5日开始实施。这意味着，国家总体战体制框架完全建立起来，日本的国家体制转向国家主义的统制体制。这也意味着，日本议会败给了政府和军部，把全部权力交了出来，日本的议会制度从此名存实亡。

颇有趣的是，和《国家总动员法》同时出现的，还有一种特别的出租车。九一八事变后不久，代用品的时代就降临了，竹器和陶器代替金属器具成为炊具和餐具。随着战争的持续，社会物质越来越匮乏，1938 年出现了烧木炭的出租车。它以木炭代替汽油，不仅烟气四溢，发出恶臭，有时甚至导致乘客一氧化碳中毒。这些奔跑的怪物成为那个时代的隐喻。它就像日本的政治体制一样，丑陋而蹩脚。

至于那位在议会里大喝“闭嘴”的佐藤中佐，自那以后历任军务课长、军务局长等要职，一直升到中将，战后以战犯问罪。

在国会议事堂前边不远处，有一座绿树掩映的宪政纪念馆。走进馆门，首先看到的是尾崎行雄的雕像。他身材矮小，但是目光坚毅，浑身散发着凛凛正气。在日本的高中教科书中就有尾崎行雄守护宪法、维护宪政的故事，因此这个人的名字几乎家喻户晓，已然成为“宪政”的代名词。

很遗憾，尾崎行雄这样的人太少了。日本走上法西斯道路是一个长长的链条，《国家总动员法》无疑是其中重要的一环。因为它将高度统制的做法制度化，从而将日本锁死在法西斯道路上，使其难以逆转，只能向前狂奔。但是我相信，这个世界上没有注定的事，未来是由人们的现在行为所塑造的。在 1938 年的议会里，尾崎站在民主制度的立场，表现了一代自由知识分子对日本专制回潮的抵拒。假如在议会里有更多的尾崎行雄，议会本来有可能阻止《国家总动员法》的通过，从而避免国家滑向错误道路的。

诚如一位法学家所说，任何国家的宪政都是一条光荣的荆棘路，它需要无数的有识之士去坚持、去推动。这是每一个人的责任。就像国会议事堂一样，宪政也是人类历史上伟大的工程，它必须由无数人的艰苦劳动才能建造。

斋藤隆夫：吾言即是万人声

他亲历了“大正民主”的风云岁月，也眼看着日本的议会民主走向溃败。在许多国会议员为求自保而缄默的时候，他却勇敢地在国会讲坛上发表演讲，表达国民的心声。

斋藤隆夫出生于1870年，曾留学美国耶鲁大学，是一名律师。1912年以来，他连续当选13届众议院议员，是一位资深的国会议员。他亲历了“大正民主”的风云岁月，也眼看着日本的议会民主走向溃败。在许多国会议员为求自保而缄默的时候，他却勇敢地在国会讲坛上发表演讲，表达国民的心声。

一次是在“二二六事件”后。作为战前最大规模的法西斯主义暴动，“二二六事件”是日本国家命运的拐点。本来，“二二六事件”是整肃军部势力的良机。可是从政府到议会，软弱的政治家们几乎无所作为。军部通过所谓“肃军”，镇压激进的法西斯主义，同时又以激进的法西斯主义威胁为借口，对政府提出一个又一个迎合军部的政治要求。

陆军大将寺内寿一在应约出任陆军大臣前，就提出条件，拒绝带有自由主义色彩的人物入阁。就任伊始，他就发出露骨的法西斯主义声明："庶民一新，打击自由主义，走向集体主义体制。"军部还提出修改选举法、限制选举、否定立法权的行政支配、将议会架空等政治要求。因此，军部势力不但没有受到遏制，反而进一步坐大。军部和官僚、财阀沆瀣一气的体制得以强化，开始走向正轨、完善的法西斯主义。在肃杀的政治氛围下，人们噤若寒蝉，只有斋藤隆夫站了出来，正面抨击军部的横暴不法。

1936 年 5 月 7 日，在第 69 届特别帝国议会上，斋藤隆夫第一个登上讲坛。他没有带一片纸，滔滔不绝地发表了将近一个半小时的演讲。他指出，"二二六事件"中青年军官叛乱的原因是，"完全不懂政治、经济、外交的青年军人被地下消息和阴谋家的流言蜚语所欺骗，其背景有对外国思想抵制软弱的国民性，企图在爱国和无产大众的名义下破坏国家，其危险性到目前为止也没有改变"。

然后，斋藤隆夫转而严厉批评军部的做法，"昭和六年的'三月事件'和'十月事件'，虽然和'五一五事件'、这次的'二二六事件'是同一类型事件，但军部当局对这两类事件到底采取了什么措施呢？其实只是把这些事件从一个黑暗埋葬到了另一个黑暗，而没有采取任何较为彻底的措施。结果病根没有被切除，反而事态加剧并使恶性事件频发"。

确实，军部对青年军人叛乱采取姑息纵容的态度，"从一个黑暗埋葬到另一个黑暗"。斋藤隆夫一针见血，直指病灶，显示了超人的勇气。他指出，"多数国民都对这次事件感到愤怒，但因为言论自由受到限制，陷入了不能公开批判的状态。国民的忍耐也是有限度的。”他把国民想说的话全部说了出来——

陛下的重臣，被在自己的统帅权下用来保护自己的军人用刀枪劫杀了，这对于信赖军队的国民来说，实在是一个很难承受的痛苦。尽管这样，他们因为处在没有言论自由的当今时代，不能够公开说出这些，只好在私下里议论或者只能用眼神来意会，这和专制武断的封建时代有什么不一样呢？

斋藤隆夫身高仅有 150 厘米，但是从容不迫，眉宇间自有一股凛然正气。他将问题的实质揭示出来，径直呼吁禁止军人参与政治活动——

如果容忍军人参与政治活动，政治斗争的最后自然就会靠武力来贯彻自己的主张，不仅会破坏立宪政治，而且更会成为国家动乱、武力专制的开端。所以，应该严禁军人参与政治活动。

斋藤隆夫对军部的锋锐批判，是极其罕见的慷慨淋漓的快意之事，之前是绝对不可能在议会上听到的。自 1930 年以来，在法西斯主义的弹压和威胁下，议会里弥漫着妥协退让的习气。据说在这次演讲前，斋藤隆夫反复推敲内容，不断练习，直到完全记住，因此演讲流畅，有理有据，赢得了现场热烈的掌声。陆军大臣寺内寿一在回应时，也不得不说“很有同感”，并断言军部将严守不干预政治的铁一般的原则。

在会场之外，斋藤隆夫的演讲也获得了国民的热烈欢迎。

从来不看官报的小市民们抢夺刊登演讲全文的官报，全国各地民众寄来很多感谢和赞赏的信件，反映了国民强烈反对军部的情绪。其中一封信说："您把我们想说的话，把我们想问的问题都说出来了，就好像是狮子怒吼，我和国民在此表示深深的感谢！"

各家报纸也争相报道这个轰动性的演讲。《东京日日新闻》发表社论《国民的声音——斋藤先生的大演讲》，高度评价说："如果这个议论在三四年前就发表的话，肯定会有很多人去思考。但是，这样的事情在数年前到底是否可能呢？……我们感到斋藤先生的语言将会打破国民和政党的沉默，可以看到日本未来明朗的曙光。"

悲哀的是，此时日本的代议制民主制度已经遭到破坏，民众的意见不能通过制度改变政治现状。"曙光"没有如期出现，黑暗却很快降临。就在斋藤演讲一周后，贵族院的一位研究员因为发言称"难道士兵不是比军官更加有大和精神吗"而遭到来自海陆两大臣的抗议，他们认为这是在诽谤军部，研究员被迫辞职。曾经高度评价斋藤演讲的《东京日日新闻》现在又转变了立场，斥责研究员的发言"态度傲慢无礼、卑鄙低劣，这不能不激起全体国民的义愤"。

这是贵族院建立以来的第一次惩罚，这一前所未有的事件表明军部和议会的力量已经失衡。不久，军部大臣现役制恢复。这种制度规定，只有现役武官才能出任陆海军大臣参与组阁。换句话说，如果军部拒绝派人出任陆、海军大臣，则无法完成组阁。"大正民主"时期，"军部大臣现役制"一度废除，现在重新恢复起来，日本的国家命运完全被军部掌握了。

第二年，七七事变爆发。日本最初采取“现地解决、不扩大”的方针，但是不久就改变政策，大规模出兵。日本政府的声明称，发动战争的目的就是惩罚中国，由于中国政府的顽强抵抗，日军没有达到军事目标，反而陷于战争泥潭，国民付出了巨大牺牲。为了堵塞民口，日本政府又改变说辞，声称这场战争的最终目标是“建立东亚新秩序”。

这时政党已经堕落为军队的“侍女”，对其唯命是从，甚至阿谀奉承。政治家们高喊着“建立东亚新秩序”的口号，无条件支持军部的行动，让军部更加自负和专横。国会照常议事，议员们多数只是充当军部的吹鼓手，不考虑民众的意见。就在这种风雨如磐的政治环境下，已经 70 岁的斋藤隆夫再次站出来，发表了一次载入史册的演讲。

1940 年 2 月 2 日，在众议院全体会议上，斋藤隆夫发表了题为“支那事变处理”的质问演说。他直指现实问题，质疑“近卫声明”之类不是事变处理的最妥善的方法，也质疑日本政府支持汪精卫政权的合理性。在他看来，东亚和平才能带来世界和平，追究七七事变以来日本历届政府的责任，也对现任内阁提出警告。对于政府提出的所谓“东亚新秩序”，这位民选议员十分直率地表达了国民的疑问和不满——

关于事变的处理被反复说成是“建立东亚新秩序”，这种说法自昨日以来不知在这次会议里重复了多少遍。本来，这种说法在事变当初是没有的，而是在事隔约一年后，即前年的 11 月 3 日在近卫内阁的声明中才首次出现的……如此广泛、如此强烈地高喊“建立东亚新秩序”是战争目的之所在，是牺牲的目的之所在，那么，实际状态究竟如何，是否可以让大家听一听政府的见解是什么？

其实在3个月前，日本内阁专业负责处理侵华事宜的机构兴亚院发表《东亚新秩序答询案要点》，回应了外界对于“东亚新秩序”的各种质疑。斋藤隆夫激烈地批评这个答询是“扑朔迷离的、不着边际的文字罗列”，直言不讳地指出对中国的战争就是纯粹的侵略——

我们看到的这个答询罗列有相当多的十分难懂的字句。即皇道至上命令、不以“乌希哈库”（指神即天皇占有自己的东西并保持之）而以“希拉斯”（指天皇统治）作为本意，乃我皇道之根本原则。支那王道的理想、八纮一宇之皇谟等类似精神讲话的东西很难得听到，我们这些从事实际政治的人是非常难以理解的。

所谓不以“乌希哈库”而以“希拉斯”作为本意，表明日本不像白人国家所做的那样去侵略占有别国的领土，而是将天皇的仁政普施于该地区。在客观上这不过是对侵略的一种掩饰而已……无视此种现实，只是空洞地以圣战的美名为挡箭牌，不顾国民的牺牲，而大谈“国际正义”“道义外交”“共存共荣”“世界和平”等，这只能是罗列了一些扑朔迷离的、不着边际的文字。这都是遮掩的烟幕，错过千载难逢的机会，贻误了国家百年大计……

斋藤隆夫不仅揭穿了所谓“东亚新秩序”的侵略本质，而且严厉批评了日本政府提出的“八纮一宇”“为了东洋和平”“为了世界和平”等口号。对于这个具有罕见勇气的演说，嘘声和掌声参半，会场气氛紧张。在场的政府官员只是苦笑，一言不发。根据议会规定，所有演讲者的发言都要记录下来，作为资料存档。但是斋藤隆夫的演说大约一万字都是批评军部的，所以这次演说的速记记录被破天荒地全文销毁。斋藤隆夫为此写了一首汉诗：

吾言即是万人声，褒贬毁誉委世评。
请看百年青史上，正邪曲直自分明。

幸好，斋藤隆夫在镰仓海边排练这次反军演说，背诵了演说内容，使之后来得以留存和公开发表。在当时，他的演说内容不胫而走，在社会上掀起轩然大波。军部被激怒了，公然要求解除斋藤隆夫的议员资格。结果在投票过程中，投反对票的仅有 7 人，到了众议院却没有进入投票现场的有 121 人。虽然不敢公开批判，但是将自己的政治信念和良心做最低限度的防守还是有可能的。不过，最终还是有 2/3 的议员投票同意，通过了对斋藤隆夫的除名决议。

斋藤隆夫被除名 6 个月后，日本政党全部解散，推行舆论划一、一国一党的“新体制运动”。政党没了，议会还在。1942 年 4 月，日本再次举行议会选举。尽管政府以“翼赞政治”的名义推荐和控制大部分候选名额，但是斋藤隆夫仍然以兵库县五区最高票当选，又成为帝国众议院议员。军部和政府也无可奈何。

1945 年日本无条件投降，涉嫌参与战争的公务员全部被开除（公职追放），包括大部分没有阻止战争的国会议员也被剥夺公职，只有斋藤隆夫等少数议员继续保留公职。在日本政治史上，他与尾崎行雄、犬养毅并列为“最受爱戴的政治家”。和曾任高官（乃至首相）的尾崎行雄、犬养毅不同，斋藤隆夫只是一个议员，他以自己的勇气和胆识赢得了民众的信任，也为战前暗淡的日本政治增加了一抹微弱但夺目的亮色。

不要错过这班车

当时日本认为，这是一班通往民族复兴、大国崛起的快车，千万不能错过。只有后人才清楚地看到，日本要搭上的这班车，其实正在驶向民族灾难的不归路。一位记者在战后反思说：“那时整个日本都疯了！”

如果我们穿越历史，回到1940年上半年的日本，就会发现，日本朝野上下都在说“不要错过这班车！”。这不是电影里的流行语，也不是对这个国家发展的期盼，而是希望日本搭上法西斯主义的车，与希特勒的德国、墨索里尼的意大利结盟。

当时日本认为，这是一班通往民族复兴、大国崛起的快车，千万不能错过。只有后人才清楚地看到，日本要搭上的这班车，其实正在驶向民族灾难的不归路。一位记者在战后反思说：“那时整个日本都疯了！”

其实，即使作为一个失去理智的国家，日本的行为也是有自己的逻辑的，不管这个逻辑是多么可笑。如果说当时世界上有两种逻辑，一种是逻辑，另一种就是“日本逻辑”。

一

明治维新以来，日本一直和英、美等西方国家保持良好的关系。但是 1931 年日本侵占中国东北，改变了亚洲的地缘政治格局，引起英美等国的强烈不满。1933 年 2 月，国际联盟大会以 42 票赞成，1 票（日本）反对，通过《李顿调查团报告书》决议，重申不承认伪满洲国，要求日本“尊重中国的主权、独立和领土完整以及行政完整”。然而日本并没有反思自己的行为，反而认为这是英美等国的欺侮，退出国际联盟，在国际社会陷入孤立。这不但没有让日本警醒，相反，其民族“自信”进一步膨胀。就像陆军省新闻班发表的一个小册子里所说：“现今的非常时局又是以满洲事变和退出国际联盟为转折点，是赐予皇国的一个光荣的非常时期。”

丧失理性的不只是日本。如果说日本是国际社会在亚洲的“异端”，那么德国、意大利则是欧洲的“异端”。彼时，墨索里尼、希特勒已经先后登上政治舞台，法西斯主义崭露峥嵘。只是因其尚未成气候，所以还没有那么猖獗。不过，日本退出国际联盟之举，“鼓舞”了这两个野心勃勃的独裁者。因为它们看到，日本侵占那么多中国领土，国际社会却无法对其实施有力制裁，任其逍遥法外。

于是，就在日本退出国际联盟 6 个月后，德国为了摆脱凡尔赛体制的束缚，也退出国际联盟。希特勒还公开批判以英美为主导的国际体制，表态要重新武装德国。意大利则不宣而战，悍然入侵非洲东北部的埃塞俄比亚。这些举动极大地动摇了国际联盟构建起来的国际秩序，三个法西斯国家由此相互走近，抱团取暖。

1936 年 11 月，日本与德国在柏林签订《日德防共协定》。此举引起英国的警惕。日本政府指示驻英国大使吉田茂说："此协议最终目的是防共，并不包含其他意思。要从这个意义上取得英国的谅解。"这当然得不到英国的谅解，吉田茂本人也不这么看。他坚决反对与德国签订《日德防共协定》，因为在他看来，希特勒是暴徒，纳粹党是无赖集团。多年以后他在回忆录里说，"我所以反对签订防共协定，是因为我感觉到尽管军部说防共协定只不过是防共的意识形态问题，但这完全是表面上的借口，骨子里显然是想借联合德国对抗英法并进而对抗美国"。

事实确实如此。当时日本的军部根本不把英国放在眼里。它认为英国已日薄西山，取而代之的应该是日本。日本应该和以迅猛之势兴起的德国携手，实现强强联合，打破英美主导的世界旧格局。英美式民主已经失去了吸引力，主导未来世界的应该是日本和德国式的新力量。它们甚至宣称，《日德防共协定》是"抑制对世界和平的威胁"的"划时代"的外交成果。

许多日本外交官反对这种与英美为敌的做法。在他们看来，这种合作必将发展为政治和军事上的合作，将世界分为两大阵营，日本失去外交灵活性和自由腾挪的空间。个别媒体也发出反对声音。《读卖新闻》的一篇文章批评道："如果和法西斯国家签约，会让别人觉得日本也倾向法西斯。我们为了得到德和意这两位朋友，失去了站在中立立场的英美两个朋友。日德协定会加速世界的混乱。"

日本报纸之所以能够刊登这样的批判文章，是因为当时还没有对言论进行彻底管制。等到两年后，日本议会通过《国家总动员法》之后，言论自由就彻底丧失了。

可是，这些反对的声音太微弱了，根本不足以抑制军部的野心。尤其是当第二年，意大利也参加这个防共协定之后，一个灰色的军事同盟已然成形。

二

1937 年日本全面入侵中国，受到英美等民主国家的强烈反对。日本一方面在国际社会备受孤立，另一方面因为中国的顽强抵抗而深陷战争的泥沼。恰在这时，希特勒通过威吓等手段，取得了苏台德地区。德军进驻捷克斯洛伐克，一时威势赫赫。日本愿意加强与德国的合作，借此加强国际地位，孤立中国。希特勒为了实现自己的野心，需要日本在牵制英法军事力量方面发挥作用，承认了“满洲国”，同时策动强化德国、意大利、日本三国的合作。

1938 年初，德国外交部部长提议，结成三国同盟。此事成为日本政治和外交的最大议题，全国舆论分裂成赞成和反对两派。内阁更换了 5 次，有关的内阁会议也重复了 70 次以上的没有结果的马拉松式的讨论。

海军是反对力量的大本营。和封闭而自大的陆军不同，日本海军高级将领颇有世界眼光，深知英美等国实力强大，日本绝非对手，三国同盟会“把英美变成敌人，招来日美战争”，导致大局溃败。海军大臣米内光政、次官山本五十六、军务局局长井上成美三人挺身而出，积极反对。右翼对三人恨之入骨，密谋暗杀。面对各种暗杀消息，三人不得不小心翼翼。山本五十六为防不测，还专门在自己的房间里放置了机关枪。最终，三人都离开了海军总部，日德意军事同盟主张开始占据上风。

在走向三国同盟的同时，日本还掀起了排英、反英之风。此时的媒体已经完全成为陆军的传声筒，它们一方面指责明治时期以来日本外交“缺少自重”，存在“恐英论”“软弱论”，把本国政府贬得一无是处，另一方面攻击英国的国体和英国历史，辱骂英国国民的品性。8 家最有影响力的报纸竟然联名发表对英共同宣言，强硬地宣称：“英国自中国事变爆发以来，一直曲解我帝国公正的意思，并策划实施援蒋战略，至今不改，导致了多起不幸事故的发生，对此我们深感遗憾。”

舆论煽动起民众的反英情绪，军部趁机鼓动人们上街。以 1939 年 4 月在中国天津的英国租界里发生的所谓“抗日恐怖袭击”为借口，右翼团体展开打倒英国的活动。内务省也动员自治团体和“在乡军人会”等右翼势力，开展全国性的集会和游行。警保局的一位警官拒绝反英游行的要求，结果被咒骂为“海军养的狗”。

这些行动导致英日两国关系紧张，陆军借此卖力地推动三国同盟。可是就在这时，德国却戏耍了日本。德国与日本签订《日德防共协定》，本来是以苏联为潜在敌人，然而 1939 年 8 月 23 日，希特勒违反《日德防共协定》，单方面与苏联缔结《苏德互不侵犯条约》。日德同盟的谈判因此陷入僵局。

回顾历史就会发现，日本走向二战深渊的道路上，其实也有一些可以避免灾难结果的机会。1951 年，吉田茂首相曾密令外务省研究“日本在战争中的外交失败以及外交过错”。直到半个世纪后的2003年，该报告才正式出版。这本书总结了五大外交失误，其中第三条是“错过了多次外交转换的时机，错判了回头的时机”。1939年8月就是难得一次的“回头的时机”。假如日本由此认清德国的面目，重新界定自己的外交战略，那么它有可能纠正自己的错误，此后的命运也可大为改观。遗憾的是，日本没有抓住这次机会。

三

1939年9月1日，《苏德互不侵犯条约》缔结一星期后，德国入侵波兰，第二次世界大战爆发。德军势如破竹地占领荷兰、比利时、卢森堡和法国，震惊了整个世界。德国的羞辱被迅速忘记，日本报纸全部都在报道德国最终将取胜的消息，进行有利于德国的宣传。大多数日本人相信，德军不久将在英国本土登陆，欧洲将成为希特勒的天下。美国驻日大使格鲁在日记里说，德国的“辉煌成功在日本人的头脑里起了烈性酒那样的作用”。于是，“不要错过这班车”就成为日本的口号。日本国民在中国的泥沼里已然筋疲力尽，梦想在与德国的同盟中求得光明。

就在这样的背景下，新一届内阁首相近卫文麿任命松冈洋右为外务大臣。松冈洋右曾在美国西海岸的俄勒冈大学学习，深知美国的国力是不可估量的，向来讨厌德国。在德国违背《日德防共协定》与苏联缔结互不侵犯条约后，他曾说：“德国善于利用别国满足自己的欲望，即使违约也不干被他国利用的蠢事。和他们接近的国家，几乎无一例外都上过当。”

可是甫一上任，松冈洋右就一马当先，奋力执行军部的政策，积极推动与德国结成以美国为假想敌的军事同盟。松冈洋右自己解释说，这样做是为了“曲线救国”，美国因德日同盟而不敢与日本开战，会调整与日本的关系，最终增进日美两国的亲善关系。这位自负的外交大臣说——

现在，日本的政治家如果公开反对军部的意志，将会失去其实现政治理想和外交策略的机会，这已有许多前车之鉴。表面上随声附和军部的方针，暗中纠正他们的方针，不使国家越轨，这也是必要的谋略。据说军人头脑简单，这也就使我们有运用这一谋略的余地。

我所说的改变国策，意指通过这种国际政治和国内政治的融合而提出的新策略。我承认，欺骗第三国、欺骗军部这样的谋略绝非值得称赞。但是，日本现今处于生死存亡关头，采取这种权术也是迫不得已啊。①

2003 年外务省发表的《日本在战争中的外交失败以及外交过错》研究报告指出，日本外交的失误之一是“没有决断力和执行力”，“特别是外务大臣本可以用职务为赌注起来坚决反对军部，那样就可以制止事态的发展，但外务大臣却没有勇气”。对于松冈洋右来说，这段批评是完全正确的。松冈洋右在国家大事上竟然沉迷于“权术”，妄图以瞒和骗的方式来达到反对军部的目的，这不就是“没有勇气”的懦夫行为吗？

① 转引自［日］猪木正道著《吉田茂传（下）》p394-395。

当时，枢密院议长质疑松冈洋右的做法会适得其反，“势必导致美国极力加强对日施压”。松冈洋右辩解道：“我认为，美国诚然会强硬一时，但会冷静地权衡利害得失，恢复冷静态度。”不过在质疑者的步步紧逼下，他也不得不承认，“美国是越来越强硬从而导致更险恶的事态呢，还是冷静地进行反省呢？其可能性各占一半”。

就是怀着这样的“赌徒”心态，松冈洋右将外务省的有识之士清除，迫不及待地寻求与德意的结盟。在他担任外务大臣两个月后，1940年9月27日，日、德、意三国同盟签字。日本如愿以偿，没有“错过这班车”。

社会各界为此欢欣鼓舞，即使有一些媒体人质疑三国际联盟盟，但是没有一张报纸把心中的反对意见用笔写下来，而是为三国联盟欢呼。《朝日新闻》政治记者熊谷正弥后来回忆说：“日、德、意三国同盟是走向世界大战的重要一步。但对此狂热支持和欢迎的言论、进行报道的人是很多的。我认为这是和梦游病差不多的心醉状态。”

“心醉者”用文字留下了“梦游症”的证据。一家报纸的社论说：“这是国际史上一次划时代的壮举，为此感到无比欢欣。无论遇到什么困难，都应该全国上下一心努力突破。”另一篇社论则用诗一般的语言说：“在世界的黎明之前，新世界的王者日德意三国进一步加强了密切联系，这决定了将来的历史，同时像春风播撒种子一般，把新的希望撒在了地球上。”

可是后来的历史证明，这不是什么“春风”，而是一股邪恶的“飓风”，它们将世界卷进了二战的惊涛骇浪中。

《朝日新闻》曾是一家敢于反军阀的报纸，因此还受到美国密苏里大学的表彰。战后，该报主动承认了自己的战争责任，认为日德意三国结盟是发动太平洋战争的直接原因，对自己当时没能够进行任何批判展开了自我批判——

导致大战的原因之一——加入三国同盟发生时，我们也没有尝试进行一言半句的批判，没有进行过一下反击。对于这样的事实，我们必须认真承认并加以谨记。现在回想起来，那时的行为的确让自己觉得脸上无光，感到刻骨铭心的后悔。

至于那位自信通过“曲线救国”的方式来改善日美关系以避开战争的松冈洋右，在战后被列为“甲级战犯”，受到远东国际军事法庭的审判。其实，在日军攻击珍珠港的那一天，他就追悔莫及地说：“三国同盟是我一生中最大的失败，越来越向坏方向发展，我就是死也不能瞑目！”

对一个后发国家而言，在发展的过程中确实需要“搭车”。但是在世界的大道上有许多车辆，有向前奔驰的，有徘徊不前的，也有逆行的。到底应该选择搭什么样的车，需要认真选择，选择的标准是国际正义、世界和平的“交通规则”。就像吉田茂所说：“国际信用重要的是基于正义进行外交。外交以国家利益为上毋庸赘言，但即使是本国利益，也分眼前利益和长远利益。基于国际正义的外交也有被恶势力所战胜的情况。就长期来看，正义外交一定符合本国利益。”假如一味在意眼下国际形势的变幻，拘泥于外交小利，昧于大势，就会心存侥幸而搭错车，那么即使是一个国势向上的新兴大国，也必然会“车毁人亡”。日本帝国就是前车之鉴，后来者能不慎乎？

桐生悠悠：我要离开这个畜生当道的世界

作为媒体人，桐生悠悠表现出独立思考和不屈的反战意识，与军部坚持斗争到最后。他用自己的生命诠释了新闻报道应该永远为民众而存在，应该坚持言论自由的底线。媒体一旦忘记这些行动的根本，必然走向堕落。

长野县地处日本关西、关东之间，位于素有“日本屋脊”之称的中央高地之上。因为风光秀丽，被称为“日本的瑞士”，游客到此，流连忘返。在明治维新之前，这里是“信浓国”，俗称“信州”，由于战略位置重要，是各方势力争夺之地。在这片充满观光景点和历史故事的地方游走，我一边欣赏，一边阅读。偶然在一则资料里，我读到了这样一段话——

原来信州为言论自由之地，信州人因富于理智而闻名。既为聪颖民众聚集之地，信州成为言论自由之乡则便不足为奇了。因此信州就是我们自由言论者——评论界的理想地区。

作为一个以言论为志业的媒体人，这段话引起我极大的兴趣。按图索骥，我发现它也出自媒体人之手。这个媒体人，就是坚持独立思想、敢于说真话的桐生悠悠。

桐生悠悠原名桐生政次，毕业于东京大学，先后在多家媒体工作，是一位资深媒体人，被认为是当时少数的“有反骨的言论人”的代表。作为自由主义者，桐生始终对狂热的国家主义和军国主义思潮感到忧虑。少壮派军人发动政变后，他多次在报纸上发表批评军人横暴不法的文章，虽然受到军队及右翼势力的攻击与迫害，但仍不改变立场。

20世纪30年代，桐生一度担任《信浓每日新闻》主笔。对媒体人而言，那是一个艰难的时代。自从九一八事变以后，报纸大幅转向，支持军部的独断专行，协助军部的对外强硬论，推进国家非常时期的各种运动。军部势力迅速扩大之后，又对报纸进行恐吓，这样就形成了报纸不敢发出批判声音的局面。《日本新闻年鉴》说：“昭和八年（1933年）的言论界毫无生气，一直保持奇怪的沉默……是半死不活的言论界。”这一年发生的“信号灯事件”就典型地表现了言论界“半死不活”的状态。

1933年6月17日，一个休假中的士兵在大阪市闯红灯，被交警拦下，两人发生争执，发展到互殴。本是一桩普通的事件，可是宪兵队却发表声明谴责警察公然侮辱帝国军人。军部竟然也不分青红皂白地为闯红灯的士兵撑腰，发表长篇声明称：“这是警察对皇军中的一员的非法暴力行为，也是关系到皇军感情的重大事件。”警方则回击道：“军人和警官打架虽然是很遗憾的事情，但军队是帝国的军队，警官是帝国的警官，都承担着国家的重大责任。就这一点来说，其责任没有轻重之分。”

事件上升为军部和内务部的矛盾，后来在天皇的过问下，双方才偃旗息鼓，握手言和。但是事实上军队胜利了，警察屈居下风。军部强硬地宣称：“军部对本事件特别关注，是因为想要唤起政府当局的注意，表明皇军建设的本意，明确军人的特殊地位。”在“信号灯事件”后，警察但凡遇到军人违规现象，不敢再自己执法，而是一律将犯事者交给宪兵队。这进一步助长了军人的气焰。

对于“信号灯事件”，媒体不敢直接批评跋扈的军部。要么回避不谈，要么避开问题焦点。《大阪每日新闻》发表社论称，“总的说来，是因为双方都缺少同情、理解和人情味。所以，经常会发生这种不愉快的街头小事件。这全部都是源于人性修养和反省的不到位”。这种对军部的横暴态度视而不见的评论，当然是慑于军部的淫威。当时《大阪每日新闻》的一位记者因为写了一篇相关文章，就被带到宪兵队，一直严厉拷问到深夜。宪兵把军刀弄得咔嚓咔嚓响，恐吓说：“你认为陛下的忠诚军人重要还是内务省的雇佣人员重要？不听军部的话，就等着去坐牢吧！”

在军部的高压下，报纸敢怒而不敢言，只有桐生悠悠在《信浓每日新闻》上发表评论《在大阪发生的“信号灯事件”给我们的教训》，直指问题的核心：“军人和普通人的身份本来就不一样，所以不能同等处理。但在军人离开军队，作为一个士兵行动的时候，我们应该将其作为普通人看待……任何人都有公共生活和私人生活，军人也不例外。当他在公共生活中作为军队或是军队中的一员行动时，才是‘皇军’，直接在‘统帅权’的保护下……但是，当他离开部队在私人生活中作为一名士兵行动时，我们和警察都必须视其为普通人。”

一个多月后，又发生了另一起事件。当时，以拥有 500 万人口的东京为中心，进行为期三天的关东防空大演习。这是日本有史以来最大规模的演习，攻击方是陆海军的航空部队和航空母舰的舰载机，防卫方则是陆军的三个战斗机中队。媒体都对演习进行了大篇幅报道，评论也按照军部的口径撰写。例如，《东京日日新闻》说，演习“必将以大成功告终”，“防空的基本是国民在精神方面的训练，而且只要我国的海陆军在国防的第一线，遭遇大规模攻击的可能性几乎为零”。

《信浓每日新闻》也以五栏式标题报道大演习的情况，但是桐生悠悠写了一篇社论《可笑的关东防空大演习》，发出不同的声音——

即使进行这些不切实际的演习（防空大演习），实际上也没有任何用处。如果以我全部军机迎击敌机也不能将其全部击落，其中会有两三架敌机飞临帝都的上空而投下炸弹的话，被投下的炸弹就会在各处引起大火，使之成为一片凄惨哀号的战场，出现和关东大地震同样的惨象。所以，在关东的高空、帝都的高空迎击敌机就已经代表了我军的失败。绝对不能让敌机出现在我国的领土上空。

在帝都的上空迎击敌军的作战计划是非常可笑的，在夜间作战中熄灯来增加市民的惊慌程度更是滑稽。只要在战争中利用雷达，就能很明确地得知敌军飞机的位置，所以击退他们也是比较简单的。总的来说，就像欧洲战争中齐柏林飞艇进行伦敦空袭一样，在空战中攻击的一方就是赢者，而被攻击的一方就是败者。防空战的第一定义必须是在对方攻击之前将其击退。

桐生的文章激起了强烈反响。虽然在标题中用了“可笑”这样的讽刺性词语，但内容并没有反对军部，而是客观理性地指出防空演习的非科学性，并预见到了12年后日本遭到空袭的结果。其实，当时的海军军人也在演讲会中发表过与其主旨相同的观点。

然而，就是这样常识性的评论，却让军部大为光火。当地的师团立即将桐生召到司令部大加申斥，要他第二天取消社论，但遭到拒绝。当地的“在乡军人同志会”向报社递交抗议信，要求报社谢罪、开除桐生，还威胁要联合抵制《信浓每日新闻》，发起“不买运动”。“不买运动”自九一八事变以来是军部和右翼势力的惯用伎俩。当时《信浓每日新闻》的印刷量为2万份，如果拥有8万人的“在乡军人同志会”发起“不买运动”，结果可想而知。

在无法无天的军人的压力下，报社的经营陷入困境。报社被迫与“在乡军人同志会”进行了三次会谈，还去东京和军部进行交涉，但军部拒绝为此事进行商谈。无奈之下，《信浓每日新闻》刊登了桐生退职的消息以及报社的检讨公告，才逃过一劫。

桐生是因为不愿拖累对自己有恩义的同人，才主动辞掉报社工作的。过去他也曾退出《信浓每日新闻》，但这一次却是彻底结束了自己30年的新闻记者生涯。他回到名古屋的旧宅，过起了孤苦伶仃的生活。

经历多次由笔惹起的事端后，桐生认识到，在法西斯势力日益猖獗的情况下，有组织地进行言论方面的抵抗是不太实际的。事实确实如此。几乎就在桐生悠悠写《可笑的关东防空大演习》的同时，在政府内阁会议上，法务大臣发言说："最近的社会不安都是因为报社不按规矩写作。"以首相为首的大臣也都点头道："就是，就是，确实是这样！"报纸已经被逼到严格自我审查、顾虑重重的境地，媒体人殊难有所作为。

桐生决心"今后只靠个人战斗"。他创办"名古屋读书会"，编写读书会杂志《他山之石》。这是一个私人杂志，主要发表桐生本人撰写的文章，也刊登当时持反战态度的一些知识分子的来稿。这份不足30页的杂志坚持对强权政治的无情批判，使地方政府大伤脑筋，对其进行严格审查，每年被禁止发行或删除的期数都在四分之一以上，桐生经常以"开天窗"的方式表示激烈抗议。即便如此，他也没有停止写作。例如，针对侵华战争导致的日本民众贫困化，他撰文说——

应召出征而阵亡的军人的家属往往受到人们的同情，因为他们的生活因失去了主要劳动力而贫困。其实，我们看到的比那些遗族更贫困的现象更多，那些贫困者比遗族有更多的不平与绝望。如果放任这种现象继续，战争就会永远地继续下去。应召的士兵越多，越要产生重大的社会问题和国家问题，而这些问题是比战争的惨祸更严重的问题。

"特高"将桐生视为"异见分子"和"国贼"，不断加以迫害。但是桐生不屈不挠，至死未放下批判日本军部之笔，一直坚持到弹尽粮绝。太平洋战争开始前，“特高”对桐生的迫害加剧，他的身体也每况愈下，1941 年 9 月被迫宣布停刊。他在最后撰写的“废刊辞”中愤怒地表示，“自己为超国家和超民族的全人类的和平幸福进行了孤军奋斗和恶战苦斗”，“但刊物被政府当局根据《国家总动员法》认为是妖魔鬼怪”——

我只是说了些关于防空演习应该说的话，却被军部夺去了我的生活权。陆军的防空演习完全无视海军的飞机，作为敌人的飞机而出现在帝都的上空显示出了海军的无能。我多次说要有不畏军部的政治家上台。还有，关于“五一五事件”和大阪的“信号灯事件”说了一些作为一个立宪政治体制下的国民都必须说的话，却因此多次惹恼了他们。虽然这些对于以安全为第一的现代人来说与他们无关，但我所说的并不仅仅是我想说的，而是作为一个立宪政治体制下的国民必须说的。

1941 年 9 月 10 日，也就是《他山之石》停刊几天后，弓折矢尽的桐生因癌症倒下，享年 68 岁。在临别之际，这位以“立宪政治体制下的国民”为骄傲的评论家留下壮烈的遗言，“我要离开这个畜生当道的世界”，“唯一的遗憾是没有等到日本军阀们在战犯法庭上被审判的那一天”。

在桐生葬礼举行的当天，宪兵送来了由当局发下的《他山之石》停刊命令。桐生的儿子脱口而出父亲创作的一个俳句：“暴风雨的夜晚，蟋蟀仍将继续鸣叫。”后来，这句话铭刻在桐生的墓碑上。

作为媒体人，桐生表现出独立思考和不屈的反战意识，与军部坚持斗争到最后。他用自己的生命诠释了新闻报道应该永远为民众而存在，应该坚持言论自由的底线。媒体一旦忘记这些行动的根本，必然走向堕落。今天，桐生已成为“富有反抗精神的办报人”的典范，永远名垂青史。

日本当代思想家池田大作对桐生悠悠非常敬佩。他在自己的著作《我的人学》里称赞说，“（桐生）不惜与强权战斗的勇气，至今还激励着人们”。他还进一步分析道：“如果新闻报道事业畏惧权力机构，不去纠正它的缺点，而去拼命投机迎合，结果必然助长权力机构横行，更加肆无忌惮。反过来不能不更加畏惧他们。这种恶性循环，将给日本带来危机。”

岂日本独然？把这段话里的“日本”换成其他任何一个国家，都是成立的。

难道不是吗？

明石顺三：这是一场一亿人对五人的战争

就像无尽黑暗的夜空中的点点星光，正义虽然微弱，但是没有缺席。在那个全体日本国民陷入癫狂状态的狂热年代，仍然有人在坚守信仰和底线。在那个法西斯主义横行的极端年代，仍然有人在捍卫人类的尊严与自由。

因为世界各国纷纷谴责日本的侵略行径，七七事变后日本在国际社会中陷入孤立局面，当年秋天，日本基督教会的45名领导人联名发表《致世界各国基督教领导人的公开信》，申诉日本是万不得已才拿起枪的。日本基督教青年会的领导人还专程赴美，针对中日纠纷问题对美国舆论进行“启蒙”工作。

近代以来，宗教都是远离战争的，但日本的基督教为什么要为战争辩护呢？其实，日本的基督教本来也是反对战争的。九一八事变前一年，日本基督教联盟给政府送去了《明确神社意义》的五条建议，抗议政府对基督教学校的学生参拜神社的要求。两年后的1932年，他们又向政府提交了《对时局的建议》，希望首相“尊重《国际联盟盟约》《非战公约》《九国公约》”。天主教的上智大学的一部分学生还采取了拒绝参拜靖国神社的行动。

但是随着战争的发展，日本政府加强了对属于外来文化的基督教的镇压。特别是那些曾接受敌国——英美两国资助的教派，在七七事变后遭到敌视，传教士和牧师因间谍嫌疑被捕的也屡见不鲜。1939 年，日本政府颁布《宗教团体法》，所有宗教团体都被置于严苛残酷的军事管理之下。在高压之下，基督教越来越难以保卫国际良知，教徒个人也被时局的大浪吞没。

可是，就在 1939 年初，一则新闻迅速传遍日本各地：一个士兵说自己是基督徒，遵守《圣经》“不可杀人”的教导，将枪支交还给长官。日本鲜少发生这种基于信仰而规避兵役的事例。如果是在英美等国，这种基于信仰而规避兵役的事件，会得到宽大处理。获得奥斯卡奖的电影《血战钢锯岭》描写的就是这样一个信徒的故事。但是在战前的日本，这种做法却无法得到公众的理解，更难以获得军方的宽宥。相反，日本军方大为恼怒，将这个名叫明石真人的年轻人送上军事法庭，判处监禁三年。警方也不肯善罢甘休，竟然将和他有关联的 26 人全部逮捕，包括他的父亲明石顺三。

明石顺三是一位传奇人物。他 18 岁时到美国，边打工边学习。后来由于妻子的关系而加入耶和华见证会。1926 年他回到故国，创立日本的耶和华见证会——灯台社，并创办杂志《灯台》，矢志要像灯台一样照亮这个世界。在此前一年，日本开始实施《治安维持法》，禁止和取缔一切否定日本国体的运动。明石顺三积极传教，包括长子明石真人在内的三个儿子也协助父亲工作。他们阐释耶和华见证会的教义，要求信徒对世俗权力提出不妥协的批判，拒绝向国家敬礼。这显然有悖于《治安维持法》。不过彼时日本的社会气氛还比较宽松，作为一个小型宗教团体，灯台社也没有受到关注。

但是进入 1930 年以后，气氛陡变，国家至上的思想笼罩全国。为了将全体日本人都拧成一股绳，日本政府和军部通过教育和宣传，把人道主义、民主主义、自由主义、共产主义等思想彻底污名化，将被迫害、被算计的受害心态和本国至上、排外仇外的情绪灌输进民众的头脑中。不服从命令、不参拜天皇当然都是不可饶恕的行为。灯台社的活动受到“特高”的强力干涉。1933 年 5 月，政府以“违反《治安维持法》”为名，逮捕了以明石顺三为首的几名灯台社成员，后因证据不足释放。

七七事变爆发后，灯台社依然没有改变他们的主张，批判战时体制、否定战争的做法，更引起当局的不满。在明石真人被判刑后，50 名警官突袭位于东京的灯台社总部，逮捕了共 26 名男女，其中包括明石顺三夫妇和他们的另外两个儿子。也就是说，明石一家全部遭到逮捕。

在牢狱之外，各种宗教都竞相屈服于法西斯主义的国家。佛教参与和配合政府的战争政策，其领袖视侵略中国者为圣战运动的先锋，他们参拜属于神道教的神社，得到了文部省的表扬。基督教领袖也参拜伊势神宫，恭恭敬敬地拍手拜神。信徒们在做礼拜之前，都作为“国民礼仪”向宫城（皇宫）进行遥拜。1940 年日本政府举行盛大的“皇纪 2600 年”纪念活动时，日本基督教联盟总会也召开“庆祝皇纪 2600 年全国基督教信徒大会”，宣传国家神道思想。当时基督教甚至宣扬“日本打中国是《圣经》的教诲”“是神的旨意”，为军国主义推波助澜。

在监狱里，明石顺三和教友们受到残酷的拷问。法西斯的监狱里充满了血腥，没有任何人道主义可言。狱中人只能阅读经过许可的书籍，包括佛教与神道教的经典。明石顺三在阅读这些经典后，认为自己所追求的宗教真理并非只存在于《圣经》之中，佛教的《法华经》、日本神道教古文献《古事记》都和《圣经·旧约》有相通之处。

让明石顺三没有想到的是，这些感想会影响儿子的人生选择。明石真人从小就认同父亲的生活方式，始终不肯接受小学以上的教育，而是在父亲的“绝对的真理只存在于《圣经》中”的教诲下长大。当他听到现在父亲认为真理并不只存在于《圣经》中时，受到极大的打击，当局也抓紧对他进行“思想教育”。结果，这个年轻人撤回拒绝扛枪的誓言，并写下“转向自白”。他说，自己在狱中自行阅读日本最古老的史书《古事记》与《日本书纪》后，得出这样的结论：日本之所以伟大，是因为拥戴万世一系的天皇和世界之冠的“国体”；万世一系的天皇为了日本民族，以及所有日本国民不断地献身努力。因此他发誓：今后要作为帝国军队的一员，尽最大的努力，将自己充满罪恶的身体奉献给天皇，为保卫国家欣然赴死。

“转向”是那个时代的社会现象，一部分人就是因为信仰的变化而转向。明石顺三的儿子明石真人就是一个典型。这个年轻人被释放出来后，加入了坦克部队，开赴战场。他的二弟也在哥哥的影响下转向，担任陆军的文职人员，只有三弟仍然坚守父亲传下来的信仰。

当时恰值日本向美国开战。日本基督教团发布的战时传教指针提出，“努力培养忠君爱国的精神，以使信徒成为灭私奉公的实践者，必须重视敬神崇祖的国风，以竭尽报本返始之诚。”这和官方的训示没有什么不同。日本基督教会的代表人物还给世界组织反战同盟（WRI）的会长写信说，“我已经把多年坚持的和平论丢到太平洋里去了”，并退出了该组织。

1942 年 4 月 9 日，53 岁的明石顺三站在法庭上，旁听席上空无一人。那些未被捕入狱的灯台社信徒们，由于担心遭到警察迫害而不敢前来旁听。与明石顺三一同被捕的信徒，有的已经瘐死狱中，有的已经“转向”（包括明石顺三的两个儿子），坚持信仰的只剩寥寥数人。但是，面对法官的威逼利诱，明石顺三发表了这样的演讲——

现在，跟随我的只剩下四个人，加上我一共五人。这是一场一亿人对五人的战争。到底是一亿人获胜，还是五人所说的神谕赢得胜利？不久就能得到证明。我确信这一点。而且我们处之泰然，毫无所惧，何必多言。

幸运的是，慷慨激昂的演讲被法庭记录下来。后人由此知道，在法西斯主义的高压下，抵抗战争、批判战争的日本人是真实存在的。就像无尽黑暗的夜空中的点点星光，正义虽然微弱，但是没有缺席。在那个全体日本国民陷入癫狂状态的狂热年代，仍然有人在坚守信仰和底线。在那个法西斯主义横行的极端年代，仍然有人在捍卫人类的尊严与自由。

最初，日本在战场上节节胜利，势如破竹，那些战争的拥护者得到极大的鼓舞，他们认为自己选择对了。不管是基督教还是佛教，都积极配合政府的侵略政策。面对扩大战争遇到的资源短缺障碍，日本政府发动“金属献纳运动”，要求社会各界缴纳金属制品以制造军事用品。佛教寺院把代表性的宗教物品都献了出去，还鼓励信徒为建造战舰捐款。1944 年 9 月，“大日本战时宗教报国团”成立了，来自神道、佛教和基督教的 30 万宗教人士加入其中。他们完全不知道，自己所支持的事业，是对人类文明的破坏，是对人类尊严的践踏。可是，仅仅过去不到一年，这些人就拼命忘记这一耻辱的纪录。

翌年 8 月，日本无条件投降。“这是一场一亿人对五人的战争”，而这场战争最终以五个人的胜利告终。经历了种种生死考验，明石顺三和仅剩的两个追随者走出陆军监狱，另外两个追随者已经去世，包括明石顺三的妻子。长子明石真人回到了国内，他的弟弟却葬身在南方战场，永远回不来了。这个家庭的悲剧，何尝不是整个日本民族悲剧的缩影呢？

对任何人来说，战争都是严峻的考验。生活在战争年代，在政府的高压下，普通人是很难反对战争的。但是明石顺三的故事告诉人们，外在的压力不能成为支持战争的借口。不是有没有办法反战的问题，而是有没有清醒的头脑认识战争、有没有勇气坚持真理的问题。1965 年，明石顺三在远离东京的栃木县安静地辞世。在弟子眼中，“他是个完美的、有常识的人”。而在笔者的眼中，他的那句“这是一场一亿人对五人的战争”应该被后世永远铭记，鞭策所有生活在特殊时代的人们。

八纮一宇：一个国家的野心宣示

诚如日本学者村上重良所说："国家神道的思想，从敬神崇祖发展成为'八纮一宇'，从宗教方面为内政上天皇归一的家族国家观和对外的排外侵略思想奠定了基础。""八纮一宇"从1930年开始流行起来，尤其是在日本发动全面侵华战争后，"八纮一宇"成为日本帝国的国家格言，其军政机构都悬挂两个条幅，一个是"武运长久"，另一个就是"八纮一宇"。

一

1940年11月10日清晨，东京天气晴朗，日丽风清。皇居前的广场上搭起了许多帐篷，帐篷内摆放着白木桌椅，面向皇居的正面还搭建了神殿样式的庆典大殿。随着太阳越升越高，900多名各界特邀人士走进皇居广场。他们中既有盟国代表、外国驻日大使、公使、武官，也有社会各界代表、伤残军人代表及战死者的遗属代表。他们在大殿前就坐，等待着庆祝日本建国 2 600 年的纪念活动正式开始。

一般而言，世界上那些古老的国家很难确定建国年份。所谓日本“建国 2 600 年”，证据来自两本 8 世纪的著作《古事记》和《日本书纪》的记载。《古事记》成书于公元 712 年，书中记载的故事以日本神话为主，主要歌颂历代天皇的功绩和传说。《日本书纪》则完成于公元 720 年，为编年体史书，主要记载了从上古众神时代到持统天皇时代的历史事件。《古事记》固不可信，《日本书纪》因为有不少神话传说，也不足以作为信史。但是为了向海内外展示本国的优秀卓越和历史悠久，明治维新时的小学课本将《古事记》和《日本书纪》中的部分神话写成了史实。1872 年明治政府根据这两本著作的记载，规定将第一位天皇——神武天皇即位的公元前 666 年作为日本历史的起点。这意味着日本历史的起点比西方纪元还要早 666 年，日本也由此成为世界上历史最悠久的国家。同时规定将神武天皇纪元（也称皇纪）作为正式纪年法，与西历同时在日本使用。由此推算，公元 1940 年正好是日本建国 2 600 年。

作为一个新崛起的强国，又恰逢所谓“皇纪”2 600 年，正是增强民族自豪感和展现国力的最佳时机，怎么能够不隆重庆祝呢？日本国内很早就开始紧张筹备纪念活动。在日本的申请下，1936 年时国际奥委会决定，1940 年在东京举行第 12 届国际奥运会。与此同时，作为《国际展览公约》的缔约国之一，日本也开始筹划在 1940 年举行以庆祝日本帝国成立 2 600 年为主题的世界博览会。一旦奥运会成功举办，就会成为亚洲第一壮举，再加上世界博览会，肯定会使日本的高速经济增长期提前 20 年到来。

可是，紧接着中日战争全面爆发，而且战线越拉越长，胜利遥遥无期。1938 年 7 月，日本政府不得不宣布放弃东京奥运会主办权。由于东京国际博览会已经售出 100 万张入场券，所以予以推迟而不是取消。消息传来，期待盛会的国民沮丧至极，更多的国民则漠然以对，更让他们焦虑的是生活水平的不断下降。除了空洞的口号，战争并没有给日本民众带来实际的好处。眼看着国民士气消沉，官方更加感到隆重庆祝神武天皇建国 2 600 年的重要性。

庆祝活动从 1940 年元旦那一天就开始展开。《朝日年鉴》这样记录那一天的情形——

光辉的纪元 2 600 年的黎明，终于伴随着来自国家肇始之圣地的橙原境内的大鼓声而来临了。在今年的 1 月 1 日，头一天傍晚就来摄原神宫等候新年参拜的人们，挤满了通向正门的道路。零时，菟田宫司打响了神前的大鼓，宣告新年的开始，并通过无线电收音机向全国转播。上午 9 时，全国 1 亿国民一齐遥拜皇宫，表达庆贺之诚意。帝国联合舰队也驶入大阪湾，并发射礼炮，向天皇致敬。

此后的庆祝活动持续不断，高潮当然是日本政府 11 月 10 日在东京皇居前举行的活动。快到上午 11 时时，军乐队奏响《君之代》，在皇族、首相以及大臣们的簇拥下，裕仁天皇和皇后入场，并在大殿中央的玉座就座。11 时整，庆典正式开始。日本广播协会向国内外直播庆典的盛况。

首相近卫文麿站在大殿前，向天皇和皇后致贺词，表达对国家和皇室繁荣的祝福。接着，天皇宣读了敕语，其要旨是：根据《日本书纪》所云，弘扬神武天皇即位诏书中所提倡的“八纮一宇”精神，在天皇的统治下，实现国家统一，并对人类的福祉与和平做出贡献。

神武天皇是神话中日本第一代天皇，由于年代久远，加上有大量神话色彩，难以断定其准确性。至于其即位诏书，也只是神话传说中的，并非史实，“八纮一宇”当然也不可能出自神武天皇即位诏书。据历史学家考证，“八纮”一词出自中国古籍。《列子》说：“八纮九野之水，天汉之流，莫不注之，而无增无减焉。”描述的是海洋辽阔无涯。《淮南子》说：“九州之外，乃有八殥……八殥之外，而有八纮，亦方千里。”描述的是大地广阔无垠。总之，“八纮”就是指四方四隅，即四面八方。用汉文写作的《日本书纪》借用此词，编造神武天皇建都诏书，内称“兼六合以开都，掩八纮而为宇”。意欲将世间的四面八方置于一宇（屋顶）之下，而这个“屋顶”，便是世界最高君主日本天皇。

1905年，也就是在甲午战争结束10年之后，日本莲宗国柱会僧人田中智学引用《日本书纪》中的“掩八纮而为宇”，造出“八纮一宇”的说法。从此日本神道的扩张思想开始注入这个词语里。诚如日本学者村上重良所说：“国家神道的思想，从敬神崇祖发展成为‘八纮一宇’，从宗教方面为内政上天皇归一的家族国家观和对外的排外侵略思想奠定了基础。”“八纮一宇”从1930年开始流行起来，尤其是在日本发动全面侵华战争后，“八纮一宇”成为日本帝国的国家格言，其军政机构都悬挂两个条幅，一个是“武运长久”，另一个就是“八纮一宇”。

天皇宣读敕语时，广播突然中断，因为政府对广播天皇真声有诸多的顾虑，既不知道谁会收听广播，也不知道收听者会有什么反应。天皇宣读完毕，军乐队与合唱团共同演奏《纪元 2 600 年颂歌》。鸣放礼炮之后，首相近卫高呼“天皇陛下万岁”，所有参会者跟着三呼万岁。仪式结束，所有参会者都获得了纪念章。

二

就在天皇通过广播向全国民众宣扬“八纮一宇”精神的这一天，东京西南 500 多公里外的宫崎市正在紧张地进行着一个巨大的建设工程。

1938 年 8 月 13 日，在全国各地纷纷筹备庆祝建国 2600 年纪念活动的热潮中，宫崎县知事相川胜六也举办了“纪元 2 600 年宫崎县奉祝会”。他在《筑塔主旨书》中将全面侵华战争称为“在东亚彰显神武天皇‘八纮一宇’精神的圣战”“赋予我大和民族的历史使命”。他说，“‘八纮一宇’是东亚大地上的神圣事业”，宫崎是皇祖发祥之地，我们更应加倍勤劳，加倍努力，为了振兴祖国，鼓舞出征士兵的家族，要建立一座“八纮一宇塔”。他还请求陆军大臣坂垣征四郎命令中国占领区的“皇军”进献“纪念石”。

坂垣征四郎欣然允诺，因为根据神道的解释，宫崎县是神武天皇的诞生地，也是“天孙降临”之地，有“神武东征”等史迹，而且还是日本皇军和海军的发祥地。在此建造“八纮一宇塔”，正是宣传战绩、鼓舞士气的机会。1939 年 7 月 29 日，日本陆军省办公厅命令陆军海外部队："各出两块石料，一块取自师团司令部所在地，另一块取自最前线附近（皇威所及极限范围的附近之物）"。最迟要在本年 11 月末送回国内，所送石材上要刻上部队的番号。

于是，日本侵华部队纷纷挑选当地具有文物价值的石材，作为"战利品"奉送国内，作为筑塔之物。在内蒙古，一块雕刻精美的科举纪功碑，被日军砸断并取用中段的雕花部分；在北京，日军把长城上的砖石搬走；在南京，日军敲下明故宫的麒麟雕刻，拆卸中山陵的石块；在上海，日军把一块绘有蔓草图案的石头从上海市政府办公楼拱门顶上挪了下来，拱门本是孙中山先生为上海市政府亲自设计的；在山东，泰山石阶上的石材被挖走……据统计，总计 238 块石材从中国各地的名胜古迹中被掠走。这些石材上均刻有出处，如"满洲国奉天市""南京中山陵""南京明故宫""汉口黄鹤楼""泰山山顶"等；或刻上奉送石材的单位，如"满洲国海龙县公署""万里长城多田部队""中支派遣军""武汉中支冈村部队"等。这些"无言的石头"都是日军破坏中国文物难以否认的历史罪证。

塔址选在宫崎市西北一处高 60 米的丘陵上，据说这里是神武天皇当年挥师东征前召开军事会议的"八纮台"。它东临太平洋，西望高千穗峰，南俯大淀川，为年代久远的皇家古坟墓群所环绕。建造者认为，坟墓里的"皇家圣魂"可以护佑日本帝国军队成功实现"八纮一宇"的世界野心。

1940 年 5 月 20 日，工程开始。从中国掠夺来的 238 块石材和从朝鲜掠夺来的 123 块石材，还有日本的"爱国侨民"们从加拿大、美国、德国、秘鲁、菲律宾、新加坡等国弄来的 9

块石材，都成为塔基，表示天下四方拥戴、供奉天皇。占地1 070 平方米的塔基之上，塔身主体只用宫崎本地出产的石头，因为宫崎是“万世一系”的天皇家族的出生地，以代表天皇至高无上的地位。

由于当时政府强化战时经济管制，资金紧张，但是为建此塔，还是花费了高达 67 万日元的巨款。工程建设先后征用 66 500 人，其中有不少儿童。日本政府认为让儿童参与建设，可以让他们亲身感受大日本帝国的雄心壮志，本身就是一种最佳的“教育形式”。历经半年，“八纮一宇塔”终于竣工。

1940 年 11 月 25 日，也就是在天皇在东京的庆典上通过广播向全国民众宣扬“八纮一宇”精神 15 天之后，宫崎县举行了庆祝“八纮一宇塔”落成的盛大典礼。裕仁天皇的三弟、高松宫宣仁亲王亲自出席了典礼。来宾纷纷仰望着 36.4 米的“八纮一宇塔”，赞美这座当时日本的第一高塔。这座塔的外观就像日本神道祭祀中使用的御币：御币外形为一根木棍，上面缠着之字形的、通常为白色的纸条或布条。如此外形蕴含着要用此御币“洗净全世界”之意。在日本神道中，“洁白无瑕”的御币被认为具有洗濯和除魔的神力，洗濯去垢的祓禊仪式是获得神力的重要途径。塔身正面的“八纮一宇”四个大字，由裕仁天皇的大弟秩父宫亲王题写。塔的背面嵌有《大日本国势记》碑文，内称“大日本帝国是神国……皇威所及的地方，北自黑龙江畔，西至蒙疆荒野，把北、中、南支相连，远至南海”云云。

塔顶有矛、盾造型，塔的中部四角分别有四座浮雕神像，名为荒魂、奇魂、幸魂、和魂，分别代表武士、渔民、农民和工人，体现了日本神道教中所谓的“一灵四魂”精神。其中象征武士的“荒魂”是最突出的神像，它代表的是斗争心、忿怒心之魂。塔内同样进行了精心布置，在所谓的“严室”内部墙壁上嵌着八幅浮雕，分别是“天孙降临”“神武东征”“大政奉还”“民族协和”“万世一系”等，讲述自神武天皇以来的日本历史。

其中第七、八幅图耐人寻味。第八幅图是东半球地理图和西半球地理图，表明其统治世界的“终极野心”；第七幅图是三个孩子手牵着手围绕着一位女神，据说是象征着大和民族与亚洲其他民族的“大团结”。然而在女神的背后雕刻的轰炸机和士兵，却暴露出这种“大团结”其实是用军事力量强加给其他民族的。在该塔建造期间，近卫内阁制定了《基本国策纲要》，声称要“基于‘八纮一宇’的肇国大精神”，“建成国防国家体制”和“建设大东亚新秩序”。从此，“八纮一宇”正式成为“大东亚共荣圈”建设的根本方针，开始在日本社会变得家喻户晓。

就在“八纮一宇塔”落成的前一天晚上，日本帝国最后的元老西园寺公望去世。这位出身名门的政治家历仕孝明、明治、大正、昭和四代天皇，一直活跃于政治舞台的前沿，其人生经历与日本近代史相始终。十年的法国留学经历及之后在国外的体验，使其思想体系的基调被刻上了自由主义理念的痕迹，立宪政治与“世界的日本”成为西园寺公望一生追求的两大梦想。他是政党政治的监护人，外交上始终坚持国际协调主义，反对对外扩张。这位日本民主最后守护者的辞世与“八纮一宇塔”的落成紧密相连，成为一个时代变换的绝妙象征。军国主义已经无可阻挡地到来了！

对于日本而言，“八纮一宇塔”绝非和平的象征，而是一座“战争意志高扬之塔”。从建筑材料到整体设计，它处处透露出以天皇神威征服天下的寓意，宣扬“世界是天皇统治的一个国家”，也是为了扩大侵略战争而进行的无声动员。一年后，日本发动太平洋战争，“八纮一宇塔”图形也出现在日本银行发行的货币上。作为典型国家主义的格言，从中日战争到第二次世界大战，“八纮一宇”作为这个帝国的国家格言，成为日本宣扬战争正当性的用语。与此同时，这个追赶型国家也在“八纮一宇”理念的推动下走上了自我毁灭的不归路。

日本无条件投降后，盟军司令部禁止一切能够让人联想起国家神道和军国主义的东西，“八纮一宇”在各种官方文件中均被禁止使用。遵照盟军总司令部的命令，宫崎县政府磨掉了塔上“八纮一宇”及《大日本国势记》的碑文等文字，撤掉了塔身中部四座雕像之一的武神像。作为那段不堪回首的历史的见证，这座塔至今仍然矗立在那里，无声地告诉人们一个野心帝国是如何毁灭的。

山本五十六：把国家命运押在赌桌上

普希金小说《黑桃皇后》中的主角赫尔曼穷困潦倒，却默默地做着准备，希望在赌博中大捞一笔，最后丧失理智。毋宁说，山本五十六就是一个“赫尔曼”式的人物，是一个把国家推向灾难的赌徒。

1939 年 8 月，在一次重要的内阁会议上，一位阁员问海军大臣米内光正，如果日本因为与法西斯国家结盟而被迫与英国、法国、苏联和美国组成的联合战线作战，结果会怎样？当时，日本与英美关系恶化，在国际上越来越孤立，于是向德国、意大利走近。米内光正直言不讳地说，日本没有任何取胜的可能，因为日本海军无法对抗英美联盟。

认识到日本实力远不如美国者，大有人在，可是公开承认“日本没有任何取胜的可能”的却是极少数，因为法西斯主义者威胁反对与法西斯结盟者的生命。这些法西斯主义者崇拜希特勒，把《我的奋斗》奉为经典，这本书也在日本流行。可笑的是，希特勒对日本并没有好感，而是抱以蔑视的态度，但相关内容却在日本翻译版中被删掉了。

随着国内局势急剧滑向右翼，大多数官僚越来越亲德，米内光正深感在政府内无助。不过，让米内感到欣慰的是，他的副手、海军次官山本五十六坚定地和他站在一起，反对与法西斯结盟。和米内不同的是，山本在美国生活多年，亲眼看到了美国的强大。

1919 年，35 岁的海军少佐山本五十六奉命到哈佛大学学习。在美国学习的两年，山本看到的是一个生机勃勃的新兴大国。不管是在底特律看到的汽车工厂，还是在得克萨斯参观的油田，都让这个年轻的日本海军将领见识了美国的真正力量。5 年后，他再次返回美国，担任日本驻美国大使馆海军武官。在与国内的通信中，他描述在美国的生活，寄回在美国各地旅游时的照片。每当日本年轻人问他如何提高英语时，他就会建议他们去读卡尔·桑德堡写的《林肯传》。他崇仰林肯的勤勉、志向远大和丰富的想象力。

山本的美国生活前后总计 4 年，其时正值两次大战之间自由国际主义的鼎盛时期。如何与他国和平共处是许多有识之士思考的重大问题，裁军成为那个时代的主要议题。山本经常代表日本海军出席国际裁军大会，这让他成为日本军人中少有的具有国际视野的人。

围绕与德国结盟问题，日本陆海军产生了巨大分歧。米内在内阁会议上明确说出“日本没有任何取胜的可能性”之前，双方已经在内阁会议上争论了 70 多次。陆军大臣板垣征四郎提出加强日、德、意三国防共协定的方案，并将其作为国策提交内阁会议。米内光政、山本五十六据理力争，指出一旦同德国缔结同盟，日美冲突很难避免，将诱发日美战争，日本毫无胜算。因此，无论从国策上还是战略上考虑，都必须反对与德国缔结同盟，否则日本将陷入危险境地。

海军的反对，引起陆军的不满，特别是少壮派陆军军官。他们公开说，反对与德国结盟将“损害日本的应得利益”，扬言要对反对者实行“天诛”。这不仅仅是赤裸裸的威胁。进入20世纪30年代以来，暗杀风充斥着日本政坛，反对法西斯主义、军国主义的自由派和温和派人士不断遭到刺杀，袭击的目标甚至包括军方人士。社会上曾流传米内、山本被暗杀的谣言，引起骚动。山本为防不测，写下了一封遗书：“报效国家万死不辞乃练武之人的本心，不问战场上还是枪后，奋战勇斗，在战场上发光发热容易，能排除或制止俗论却很难……此身可亡，此志不可夺。”

米内、山本的压力不仅来自外部，也来自海军内部的纳粹崇拜者。本来，和骄横颟顸的陆军将领比起来，海军官员思想更开明一些。可是山本失望地看到，越来越多的海军将领也开始赞成与德国结盟。例如后来成为海军军务局局长的冈敬纯中将就宣称，轴心国联盟是一件好事，“美国历来奉行孤立主义政策，不会站在日薄西山的英国这一边，与强大的德意日联盟抗衡”。

内外夹击，让米内越来越担心副手的安全。1939年9月1日，山本被任命为海军联合舰队总指挥官，离开了海军省。正是这一天，德国入侵波兰，仅用一个多月就和苏联一起瓜分了波兰全部领土。随着希特勒闪电战的成功，日本国内的舆论更加对日、德、意三国同盟充满期待。日本国内的纳粹崇拜者越来越多。海军作为一个整体，也开始抛弃谨慎立场，像陆军一样失去理智。

山本并不愿意离开海军省，他希望在这里继续反对那些对美主战派。米内光正出于爱护部下之情，让他远离政治，却越发削弱了海军里的理性力量。米内本人 1940 年 1 月开始担任首相，尽管仍然反对与轴心国结盟，却由于缺乏支持力量，仅仅半年后就在陆军的掣肘下被迫辞职。两个月后，日本与德国、意大利正式签署《德意日三国同盟条约》，以柏林—罗马—东京为轴心的军事同盟成立。

签约前夕，在日本全体军事参议大会上，海军大臣及川古志郎阐述了对于日本和德意两国结为军事同盟的看法，强硬地表示："如果海军坚持反对三国同盟，近卫内阁只有辞职，若海军不想承担毁灭内阁的责任，请诸位赞成同盟条约！"结果，海军全体参事都表示无意见。理性已经难以主宰海军省。

假如留在海军省，山本有可能因为继续坚持自己的主张而被右翼分子暗杀。这对山本来说未必不是好事，他将以一个清醒的理性主义者的形象留在日本近代史上。再说，作为军人，山本并不怕死。他认为，生命最终就是一系列生或死的简单选择。他随时准备献出生命，他也要求下属随时为死亡做准备。

《德意日三国同盟条约》签署后，山本开始研究制订匪夷所思的"偷袭珍珠港"计划。山本当然清楚，日本没有可能打赢这场战争。可是身为联合舰队司令，他不是尽量避免这场毫无胜算的战争，反而自欺欺人地认为，如果开战，他的努力可以增加日本的胜算，甚至换来最好的战略效果：即在一开始日本就占据上风，让美国丧失斗志，被迫坐在谈判桌前。显然，这完全是一个赌徒在没有胜算时的选择。

这种赌博心态很符合山本的性格。山本21岁时参加了日俄战争，在对马海战中被流弹击中，右大腿被炸了个大洞，左手食指和中指也被炸掉。他在海军医院休养时，因为伤口感染，医生建议截掉左胳膊。山本拒绝截肢，他说："因为我怀着成为海军士兵上战场的梦想进入海军部队，我要么死于伤口感染，要么恢复过来继续当一名士兵。我有二分之一的机会，我要赌一次！"他赌对了，最后康复，也没有失去胳膊。

山本认为，赌博是成人的标志，敢于赌博的男人才是真男人。在生活中，他的娱乐活动就是打扑克和桥牌，即使在战舰执行任务时也照打不误。赌博成功很容易让人萌发侥幸之心。问题是，一个人可以把自己的身家性命押在赌桌上，但是他没有任何权力以国家命运作为赌注！

其实，这个高度保密的"偷袭珍珠港"计划已经被美国的情报人员部分知晓。1941年初，美国驻日本大使格鲁在写给国务卿的信里说，使馆工作人员"从多方渠道（包括一位日本消息人士）听说，日本军队计划对珍珠港进行大规模突袭"。格鲁说，"这一计划看起来很荒诞"。事实的确如此，但山本竟然疯狂到要把这荒诞的一幕变为现实。

当然，山本也没有疯狂到完全失去理智的地步。1941年9月底，他还警告参谋本部说："不应进行一场获胜希望如此渺茫的战争。"他对军令部总长永野修身说："显然日美战争势必要拖延。只要日本占上风，美国是不会放弃的。战争将持续好几年。另外，日本的资源将消耗殆尽，战舰和武器将损耗，补充资源是不可能的……日本将一贫如洗。"

后来事实证明了山本的惊人预见，甚至几乎丝毫不差。然而，这位海军指挥官没有停下来，而是仍然在赌博心态驱使下坚持自己的“偷袭珍珠港”计划。就像美国学者堀田江理所说：“关于日本开战决定最讽刺的是，如果没有海军上将山本五十六，日本领导人甚至不敢想象进行如此大的一场赌博。”

尽管“偷袭珍珠港”取得成功，但是山本发现，“赌局”并没有按照他的计划发展。美国人民没有屈服，反而同仇敌忾，与法西斯宣战。日本的战略优势仅仅保持了半年，就开始陷入被动。山本的好运气消失了，战局处处不利。1943 年 4 月，在视察部队途中，59 岁的山本因座机被美军飞机击落而毙命。

1943 年 6 月 5 日，东京的日比谷公园，战时唯一的国葬在此举行，参加的民众超过百万。对处于战争中的日本来说，如此规模的国葬是极为罕见的。除了悲哀，民众脸上也布满了迷茫。因为他们以为日军自开战以来不断高歌猛进，现在终于明白了，战争局势对日本并不利，连成功“偷袭珍珠港”的“英雄”山本五十六大将不是也竟然被打死了吗！

民众并不知道，山本是两个月前死亡的，日本政府一直拖到此时才公布其死讯。更可悲的是，直到这时他们还相信山本是一个“英雄”。普希金小说《黑桃皇后》中的主角赫尔曼穷困潦倒，却默默地做着准备，希望在赌博中大捞一笔，最后丧失理智。毋宁说，山本五十六就是一个“赫尔曼”式的人物，是一个把国家推向灾难的赌徒。

及川古志郎：日本海军为什么没有阻止战争？

在重要时刻，及川古志郎“失去了勇气和决断力”，其他政治家何尝不是如此？日本领导层的每个人都在徒劳地相互推卸责任，结局却是，他们每个人看起来都是无辜的，因为他们都可以说自己内心里不想开战，但是他们却将国家和民族推向了灾难的战争深渊。

日本战败已经过去了60年。围绕之前这场大战的责任，曾有远东国际军事法庭（东京审判）的裁决。不过，且不论审判的方式有什么问题，最重要的是，这不是日本国民自己做出的判断。对于此前这场造成了悲惨牺牲的大战，今天必须由日本人自己进行检证，弄清楚未能阻止战争的政治和军事领导人的责任。

这是2005年8月13日《读卖新闻》刊登的文章。其实对政治责任的追究，在战败不久就开始了。战争结束5个月后，在 1946 年 1 月举行的一次圆桌讨论会上，围绕为什么日本没有避免战争，两位海军高级将领发生了激烈争论。一位是原海军省军务局局长井上成美，另一位是原海军大臣及川古志郎。

井上成美自称“极端自由主义者”，在战前就反对和美国开战。他质问及川道：“海军本应全力阻止陆军（做出战争决定）。相反，我们最后失去了一切，包括陆军和海军。你为什么不（做些什么或说些什么）？”及川一脸无辜地说，当时首相近卫有责任把政府的政策从战争中拉出来，可是近卫却把责任推给海军，所以他就采取了沉默的态度。井上进一步逼问：“你是说，你之所以不反对战争，是因为近卫应当表示反对吗？”及川无力地辩解道：“连首相都不能阻止（强硬派），海军如何能够做到？”

太平洋战争主要依靠海军，日本海军深知美国实力，不能打，也打不过。而且由于宪法规定的“统帅权独立”，海军直接听命于天皇，不需要向内阁负责。因此，如果海军反对，那么这场战争是有可能避免的。可是，为什么海军没有阻止这场战争呢？从及川古志郎担任海军大臣期间的言行中，或许可以窥见历史的秘密。

一

在及川古志郎之前，担任海军大臣的是吉田善吾。在米内光正内阁中，吉田善吾支持米内首相，反对与德意结成军事同盟。米内光正辞职后，受纳粹在欧洲胜利的鼓舞，军部要求加入轴心国的声音高涨。1940 年 9 月，55 岁的吉田善吾身心憔悴，辞职而去。57岁的及川古志郎接任，成为近卫文麿内阁的海军大臣。

及川留着灰白色的寸头和浓密的胡须，性格随和，沉默寡言。当时他面临的最大挑战，就是如何对待三国联盟。就任海军大臣10天后，及川召开海军干部全体会议，讨论三国联盟问题。与会者意见不一，争执不下。及川最后讲话说："如果海军坚持反对三国同盟，近卫内阁就只有辞职，海军不想承担毁坏内阁的责任，所以请各位赞成同盟条约。"结果无人反对，算是统一了思想。不久，《德意日三国同盟条约》在柏林签订，日本走上了与德意法西斯同样的道路。

尽管及川见识短浅，对世界了解不多，但是他也很清楚，这条道路意味着与英美国家对立，甚至有战争之虞，可是他还是同意这样做。因为他认为，政治不关海军的事，何苦承担"毁坏内阁"的责任呢？再说，他也不愿意得罪积极主张加入轴心国的陆军。问题是，在日本的体制下，军队是不可能脱离政治的。及川身为海军大臣，既是海军领导人，更是内阁成员，岂能独立于政治之外？这暴露出及川息事宁人、不敢担当的性格。

进入1941年夏天，及川又暴露出性格中的另一面。当时军部在南进还是北进问题上发生争执。陆军想向苏联进攻，海军则要求占领印度支那南部。军方绝大多数人对南进感到担忧，多数海军官兵一想到要独自与英美在海上开战就不寒而栗。海军次官询问及川古志郎的意见，他说他也反对战争，"但考虑到陆军向来对北方的兴趣……我们必须充分表达意见，以免机遇从海军手中溜走"。

显然，及川对与英美开战的前景同样感到胆怯，他之所以积极推动南进，就是要打着备战的旗号与陆军竞争，为海军争取更多军费预算。长期以来，因为互争战功、互相嫉妒，海军与陆军有很深的矛盾。可是在巨大的战争危险面前，及川竟然只想着本部门的利益，不顾国家和民族利益，胸怀何其狭隘乃尔！

此后，日军南下侵占印度支那南部，激起英美国家的强烈反对，日美关系空前紧张。日本领导层制定《帝国国策实行要领》，一方面同意日本与美国继续谈判，另一方面将 1941 年 10 月作为最后期限，如谈判不成功就开战。身为首相的近卫文麿想阻止战争，但是他希望海军大臣出面反对战争。他认为，如果海军不愿意，日本就无法与美国开战，因此阻止战争是海军的责任。

这真是一个奇怪的逻辑。有人会问，为什么近卫自己不直接做出不开战的决定呢？确实，近卫性格懦弱，不是一个有担当的人。他不愿表露心迹，希望所有问题都能够以缓和的方式解决，不必弄脏自己的手。更重要的原因是，他受到明治宪法的制约。根据这部宪法，战争必须经过整个内阁的认可，首相没有单独决定战争的特权。而且宪法规定，军队直接听命于天皇，首相对军队没有任何权限。由于日本对抗西方的行动主要依赖于海军，所以及川基于现实的反对意见将会很有分量。

一天傍晚，近卫召见及川，询问他的意见。及川说："阁下，您已表示坚决反对战争。（但不开战）将意味着接受美国所有的要求，以便维持正常关系……如果您下决心走这条路，海军将支持您到底，陆军也会这样做。"

近卫高兴地说，这下他终于放心了。可是他高兴得太早了。在3天后举行的联络会议上，参谋总长杉山元、军令部总长永野修身都高调地要求马上为战争制定时间表，身为海军大臣的及川却一直保持沉默。其实此前他曾拜会永野修身，永野同意支持避免战争的决定。可是，懦弱的及川却不肯揭穿这个事实。因为他不喜欢对抗，即使在重大问题上也尽一切可能避免争论。

不久，海军召开高层会议。当时海军领导人有广泛共识，即“与美国开战很愚蠢”，“原则上同意”日军“从和平与稳定得到保证的中国部分地区逐步撤出”。可是，在高层会议上，海军高官们都不敢公开表达自己的态度，担心会激怒陆军。海军次官记录了当时的可笑场景——

及川说：“那么，不如我斗胆去与陆军争吵吧？”似乎他自己下定了决心，又想让军令部长（永野修身）对他进行鼓励。永野对此回应：“我认为这样做不明智。”这一下子打消了他的决定，为了做出这一决定他曾拿出巨大勇气，永野的话却立即浇灭了高涨的（反战）士气。

二

不过，海军仍然有机会避免战争。因为作为内阁大臣，及川仍然有许多场合发表自己的真正看法。

1941年10月7日，及川和陆军大臣东条英机单独会面。及川建议，陆军应当重新考虑其强硬的姿态，通过外交解决问题仍有希望。可是当东条追问“海军是否改变了主意”时，及川又急忙缩了回去：“不，我们没有改变主意。我们的战争决心没有改变。”这是一个含糊且危险的态度，东条想要一个明确的答案，继续逼问，“倘若真的开战，海军大臣有信心赢吗？”。及川这时才说出自己的真心话：“恐怕我没有信心……如果战争拖上几年，我们不知道结果会是怎样……但不要把我说的话传出去。”

东条本来一直是战争的倡导者，可是他也意识到，日本经济不振，驻华日军总司令也传话说资源枯竭，战争难以继续，因此态度有所软化。东条对及川说：“如果海军没有信心，我们必须重新考虑。该纠正的必须纠正，当然这需要我们接受自己的责任。”这意味着内阁中有责任的大臣都必须辞职。当时场面尴尬，可是毕竟海军大臣和陆军大臣找到了问题的核心，而且日本军队尚未做好战争准备。假如两人共同反对战争，那么历史就会改写。可是，他们却不肯承担“自己的责任”，一个难得的机会在他们的手上溜走。

后来，东条还向别人抱怨及川的态度前后不一。东条说：“海军大臣没有明确表示他没有信心，但他的讲话让人觉得他没有任何信心。如果海军不愿意（开战），我们必须想想其他办法。”当然，东条的抱怨更像是推卸责任。

海军希望陆军挑头说不愿意开战，陆军则认为海军更应该站出来反对战争。最后，日本陆海军形成了这样的局面：海军不会表示自己不想开战，认为没有必要明确表达海军的不情愿，因为陆军应该完全理解海军的犹豫；陆军又责怪海军没有明确表示自己的反对意见。陆军的逻辑是，如果按照外交妥协撤军，陆军将成为大众羞辱的主要对象，只有海军反对，陆军才会被迫表示自己无法进攻。

孙子曰："兵者，国之大事，死生之地，存亡之道，不可不察也。"可是在关系到国家命运的关键问题上，日本陆海军大臣竟然为了"面子"而踢皮球，谁也不肯说出真实想法，实在令后世读史者难以置信。这与民主主义政治背道而驰。在真正的民主政治中，政治家会堂堂正正地阐述自己的主张，得不到信任投票就表明去意，立场鲜明，进退有据。

近卫首相不甘心。他想说服东条，被东条强硬地怼了回去，于是又转向及川。一天深夜，他派自己的亲信去海军大臣官邸拜访，及川穿着睡衣接见他们。来客劝说海军明确表示反对战争，这样首相才不会难堪。及川回应说，这纯属"政治"问题，"我们能不能开战不是军方说了算。这是一项政治决定，应由政府做出。如果政府决定开战，军方就必须支持，不论这场战争将多么困难。我将在明天的会议上重申这一观点，作为海军大臣，我将永远支持首相做出的任何决定……近卫首相必须自己主动表示，他希望（外交）谈判继续，并且（停止备战）"。

这样，及川把皮球又踢了回去。无奈的近卫第二天召集小范围会议，邀请外务大臣、陆军大臣、海军大臣和企划院总裁参加。近卫对与会者说："我们必须继续寻求外交解决方式。我对这样的战争没有信心。如果我们必须开战，那这一决定必须由一个对此有信心的人来做。"

及川当时有能力也有义务表达自己的真实想法。假如他明确表示反对战争，那么，内阁有可能重新确定对外政策。可是他仍然逃避责任，认为首相近卫应该做出重大抉择。他态度暧昧地说："我们现在站在外交还是战争的十字路口，最后期限就要到了，首相大人必须做出决定。如果决定不开战，（海军）也无所谓。"

可以说，及川是一个好"演员"，这种表演也是日本政治家的一种"修养"。他们往往惯于在公开场合讲场面话（日语称"建前"），而在私下场合讲真心话（日语称"本音"）。他们能够毫不费力地在公开和私下角色之间转换，不但不觉得不妥，反而将此视为一种可以避免尴尬的美德。

后来，近卫首相对亲信说："海军大臣比陆军大臣还成问题，如果海军大臣是山本五十六大将（当时任联合舰队司令官），也许能够避免日美战争。没有安排山本氏当海军大臣，对日本是一个遗憾啊。"有人说，如果近卫换掉及川，让一个敢于说出真实想法的海军将领（如山本五十六）担任海军大臣，问题不就解决了吗？问题是，根据明治宪法，内阁大臣都是直接对天皇负责，这意味着首相不能直接开除大臣。实际上，在首相的要求下，大臣通常会辞职，但大臣也可以不辞职。

近卫首相没有要求及川辞职，及川自己也无意辞职。近卫被逼到墙角，只有自己辞职。于是距离开战不到两个月，近卫内阁倒台，及川转任军事参议官。东条英机上台，海军大将岛田繁太郎出任海军大臣。本来岛田加入东条内阁的条件就是要东条尽量避免战争，但是很快他的意志动摇，不但不肯对抗陆军，还极力附和，与陆军沆瀣一气，因此被人讥笑为"东条英机的裤带"。

外交大臣东乡茂德后来在回忆录里这样写道："我料想到

陆军将走强硬路线，但我本来期待海军的态度能够更加缓和，我的各种努力都基于海军会站在我这一边来考虑的。然而，我在联络会议上惊讶地发现，他们在包括撤军等一系列问题上也相当强硬。”

战争终于不可避免。正如一位日本学者所说，“东条及其内阁，不过是扮演了这样的角色而已，即设法消除日本侵华战争中深陷泥潭的状态，并在人们心理上给予最后一次刺激。东条他们只是将已经从坡道上滚落下来的车子在中途又推了一把而已”。

就这样，本来最不想与美国开战，也最有理由、最有实力否定战争决定的日本海军，不但没有阻止战争，反而成为战争的先锋。成立于明治时代，曾有过辉煌战绩的日本海军最终被这场战争彻底摧毁。

三

让我们回到1946年的圆桌会议上。

在那次讨论会上，原海军次官泽本对当年及川面临的棘手形势表示同情。他说，在1941年秋，一个人很难开口说“海军没有能力打仗”，因为这将打击海军官兵的士气。井上成美不接受这种解释，他认为，及川完全有能力阻止滑向战争的趋势。及川可以辞职，海军可以拒绝任命新大臣（海军大臣必须从现役海军大将中挑选），这样海军就能拖延开战的最后期限。

事实确乎如此。及川本来应该有所作为，他有能力也有责任阻止事态的进一步发展。对于参与内阁决策又是海军最高领导的及川来说，这种机会并不少，然而他却无所作为，任由事态发展。即使偶有机会，他也是浅尝辄止，不敢稍作坚持。他有一张辞职的王牌，但是他从来不用。因为他不愿承担避免战争的责任，也不愿承认自己缺乏信心，认为这是胆怯的表现。这种自我欺骗的做法，无非是为了维护个人的面子，而将国家命运放在次要位置。除了性格原因，在那个法西斯主义流行、右翼势力磨刀霍霍的时代，担心招惹灾祸，也是及川不敢担当的一个主要原因。

对于战争的反省一直在持续。直到 1980 年 10 月，在一次“反省会”上，原海军大佐佐薙毅做了这样的发言：“海军的大臣、次官、军令部总长、本部长，还有下面的各个部长，以及海军参议官，都采取了随大溜的态度，即使他们的内心曾经这样想过，但他们都没有设法阻止战争的进一步升级，因为紧急关头他们也许会牺牲自己的生命，要冒着被杀头的危险，于是在重要时刻，海军的领导人就失去了勇气和决断力，这真是令人无比痛心。”

作为海军大臣，及川应当承担首要责任。在重要时刻，及川失去了勇气和决断力，其他政治家何尝不是如此？战前英国著名小说家、新闻记者 H.G. 韦尔斯就预言，由于日本侵华战争和日美战争，日本将亡国，“未来的历史学家将怀疑日本当局的头脑是否异常”。从个人言行看，日本的政治家每个人都头脑正常，而且精明得很。他们每个人都在徒劳地相互推卸责任，每个人看起来都是无辜的，因为他们都可以说自己内心不想开战，但是他们却将国家和民族推向了灾难的战争深渊。

日本为什么会选择“民族切腹”？

日本既缺乏坚贞不渝地追求真理和正义的理想主义政治家，也找不出具有某种无敌气概的英雄。那些平庸的政治家压制舆论自由的做法，将他们自己推入了进退两难的境地：对美国妥协不仅会激起民愤，而且会引发强硬派的政变和内乱；对美国开战，取胜的可能微乎其微。最终，日本的决策层竟然把希望寄托在侥幸心理上。

“希望日本千万不要参加一场注定会失败的战争。”

这是1941年初，英国首相丘吉尔对日本外相松岗洋佑发出的警告。丘吉尔指出，英美合起来能生产9 000万吨钢铁，而日本只能生产700万吨，中学生都能够理解这些数字的含义，希望日本三思而行。

丘吉尔认为，日本是个“极端理性”的民族，一定会冷静地计算成败得失。正如不久后他在给英国海军部的一封信中所说：“我觉得日本绝不会在已经陷入与中国的战争的同时对抗美国、英国和苏联现在形成的反对它的联合力量。”

其实，这种看法几乎是当时全世界的共识。1941 年，日本和美国的 GDP 比例为 1∶26。向一个比自己强大这么多的国家开战，显然是最愚蠢的行动。战后一个美国调查团向国防部提交了详细的报告书，其结论如下——

总而言之，从根本上讲日本国是个小国，是产业结构依靠进口的贫弱国家，不具备应付各种类型的现代化武器攻击的防卫能力。穷于应付民生的日本经济完全没有余力应付紧急事态的能力。生活在人口密集、房屋全是原始木质结构的城市里的日本人，一旦房屋被破坏，便无家可归。日本经济适应战争的能力是有限的，只能打短期战争；投入储备的武器、石油和船舶，可以痛打尚未充分做好准备的敌人，但只能进行一次这样的战争。以这种独特的攻击不能带来和平时，日本失败的命运就注定了。以这样的经济状况，即使与只有美国一半能力的敌人进行长期作战，也无法维持下去。

只要看一眼日本的战争能力，就会立刻对日本下决心与美国作战产生“日本精神正常吗”这样的疑问。

其实在战前，日本国内有许多“精神正常”的人。他们很清楚，日本根本就不是美国的对手。包括战争叫嚣最激烈的军队中，也不乏清醒人士。海军最清楚，以日本海军力量根本不足以与美国对抗。例如陆军省兵务局长在 1941 年 9 月化名发表的文章里说：“将来若与具有现代化装备的北方（苏联）或南方（美国）的军队开战的话，以我们这支根据以往作战时积累的教训和经验训练起来的军队，真的能够取得所预期的战果吗？”

日本的决策层又何尝不知道？就在日本偷袭珍珠港4个月前，日本政府从全国各地紧急召集来30多名最优秀、最聪明的年轻人，在东京组成“总力战研究所”。这群平均年龄33岁的英俊之才组成“模拟内阁”，召开“内阁会议”，讨论国事。他们依赖从原来单位或企业带来的真实数据，模拟了与美国开战的情形。结论就是：一旦开战，日本必败！而且他们的“桌上演习”与实际的太平洋战争如出一辙。研究所成员还应约到首相官邸，与时任首相的东条英机面对面地交流。

可是，让世界感到不可思议的、日本决策层本来也极力想避免的事情，最终还是发生了。1941年12月7日，日本偷袭珍珠港，挑起太平洋战争。在深陷中国战场不能自拔的情况下，竟然又与美国为敌，一个国家为什么会做出这种愚蠢至极的“自杀行为”？这至今仍然是日本史学界在追问，也让后来的读史者百思不得其解的“历史之谜”。

其实，如果回到历史现场就会发现，当时日本已经形成了强大的开战舆论，让政治家几乎没有退路。在1941年下半年，日本报纸的头版头条刊登的都是如下标题：《对日扮鬼，揭露美国之内心》《抨击美国执着的对日敌视》《美国已设定太平洋战争》《美国意识不变，这才是太平洋危机》《快看，美国反日之种种》……

和同期比较节制的美国媒体比起来，日本报刊上充斥着这种激烈的言论。它们宣扬说，对世界和平的最大威胁，是美国有称霸世界的自私野心。日本的理想是反对英美霸权，建立平等的世界新秩序，因此日本是维护世界和平的中流砥柱，可是却遭到英美的打压。英美等国的蛮横无理损害了日本帝国的生存和权威，日本的反抗是不得已而为之，既是为了日本民族的荣光，也是为了被压迫的亚洲各国。这些形成一个舆论包围圈，令人感到美国是一个完全蛮不讲理的国家，让日本陷入了走投无路的困境，由此在日本国民心中激发出深深的屈辱感和愤怒感。这在一位国会议员的发言里表露无遗。

1941 年 11 月 18 日，距离“珍珠港事件”不到 20 天，众议院一致通过决议《关于落实国策事宜》，要求政府对于“敌对诸国”的敌对行为，“依据坚定之国策，依赖坚韧不拔之民意，毅然而起”，采取果断行为。一位资深议员点名强烈谴责美国，称美国是阻碍日本解决中国问题的最大障碍，“事到如今，除了一搏别无他法，这是全体国民之心情”。这番激越的演讲赢得了全场热烈的掌声。

诚如英国思想家休谟所说：“任何专制政治其基础是人的意见。”再专制的政治，如果没有被统治者的最低限度的自发性协助是无法存在的。“不惜与美国一战”的社会舆论氛围，把日本政府逼迫到毫无退路的地步。日本政治家即使明知开战是自杀行为，也不敢违逆汹涌的民意。何况当时日本社会贫富悬殊问题非常严重，聚敛大量财富的财阀和具有财阀背景的官员就成了民众仇恨的对象。从“五一五事件”到“二二六事件”，暗杀政治家几乎成为社会风潮，法西斯势力也以此发出恐吓、要挟，让日本政治家不敢拂逆军部的意愿。日本领导人若要完全改变扩张主义的计划，就可能面临杀身之祸。

吊诡的是，这种“不惜与美国一战”的社会舆论氛围，并不是民间自发形成的，而是日本政府自己一手造成的。

进入1930年以后，随着军国主义、法西斯主义的抬头，政府对舆论的控制就越来越严苛。1937年七七事变之后，首相就召集媒体负责人，要求“举国上下一致配合政府的方针”。议会通过的《报纸法》规定，“陆军大臣、海军大臣以及外务大臣可以对报纸下命令，禁止或限制刊登关于军事或是外交的事项”。内务省警保局提出《新闻禁止事项》细则，明确规定禁止刊登“反战或反军的言论，或有可能导致离间军民关系的事项”。

1938年，议会通过了陆军提出的《国家总动员法》，完全掌握了报纸的生杀大权。该法规定，“如果政府认为有必要的情况下，可以不经过国会审议，直接下达敕令、省令，进行广泛的统制”。在这样的背景下，《读卖新闻》的编辑局长在文章《统制下的现代报纸》里这样写道——

在较老的新闻记者中，现在也有为了维护所谓“言论自由”，坚持自己的主张一点也不退让的。有时候，是不是故意的不知道，喜欢对国家的不利言论夸大其词。还有，有些地方报纸故意翻弄奇谈怪论，却因此扬扬得意。这些现象真是令人无比遗憾。言论自由原本就应该受到尊重，但把随意反抗统制、冒着犯法的危险写作看作自由的极致，这一想法是一个很大的错误。

一家具有代表性的自由主义报纸，竟然自己反对言论自由，由此可见报纸的言论空间已经荡然无存。

1941年3月，在太平洋战争爆发9个月前，日本又公布了《国防保安法》。该法规定，如果有人把军事、外交、财政或经济等方面的机密事项泄漏给局外人，就有可能被处以死刑。“防谍”“防止流言蜚语”成为社会流行口号，每个国民的日常生活都遭到全面监视，实行严厉的“不看、不听、不说”管制。至于以探知和收集信息为业的新闻媒体更成为管制重点，被要求必须绝对服从。除了政府发布的信息以外，几乎什么都不能写。尽管如此，还是有各种禁令不断传来，报纸应接不暇。编辑们不停地翻看多本厚厚的命令书，睁大眼睛来检查新闻是否违犯法律。万一刊登了违犯法律的新闻，就会受到禁止销售的处分。新闻自由没有了，遑论言论自由？媒体不可能再批评政府和军部。

此后，政府还先后出台《新闻指导纲要》等文件，报纸的功能完全转向为战时宣传，成为进行思想战和宣传战的机器，“言论报国”“报道报国”成为各报社的口号。报纸并不代表社会舆论，只是政府的传声筒。《朝日新闻》制定的报道方针直白地说：“紧紧跟着政府一起走是现在最重要的事情。”

政府的手也伸向了无线电广播。从20世纪30年代起，无线电广播已经成为这个国家的主要新闻媒介。七七事变后，日本采取纳粹德国的口号“一家一台收音机”，免费在市场、神社以及贫困乡村的公共场所安装收音机。到1941年，日本收音机总数达到660万台，名列世界第四，几乎每个日本人都受到广播的影响。对于广播内容和时间安排，官僚有最后决定权。

媒体自由的最大意义，就是将各种意见和报道不断提供到国民面前，而依靠这些来培养他们的批判能力，纠正其偏见，形成公正、均衡的社会舆论。媒体自由没有了，国民的眼睛和耳朵也就被蒙蔽起来了，也不可能形成公正、均衡的社会舆论。充斥在报纸、广播里的仇恨美国的宣传，将日本国民成功“洗脑”。日本国民认为，美国就是一个邪恶国家，包藏“膨胀的野心”，日本不是仅仅为了自己，而是为了“被压迫”的整个亚洲而战，为了世界和平而战。

在没有民主的国家里，民众本来是“原子化”般存在的。就像著名思想家丸山真男分析战前日本民众时所说：“原子化的个人一般对公共问题不甚关心，但正是这种不关心往往突然转化为狂热的政治参与，也就是说他们为摆脱孤独和不安而焦虑，正因为如此，这种人才会全面归依权威主义的领导，会全身投入那种国民共同体、人种文化之永存这一观念所表现出的神秘的‘集体’中去。”

于是，原本“原子化”般存在的民众竟然融为一个可怕的“集体”。他们一方面充满凛凛的“正义感”，另一方面又担心那些享受荣华富贵的政治家没有勇气担任“历史大任”。于是，在民众中形成了更强烈的“与美国一战”的呼声，这种声音更强化了战争呼声，把政治家逼到墙角。所谓“玩火者必自焚”，此之谓与?

应该说，日本政治家并非没有常识。他们很清楚，尽可能减少敌人，增加朋友，这是保障国家安全的大前提；尽可能增加敌人，减少朋友，进行战争，无论有多么精锐强大的军事力量，也无法取胜。那些平庸的政治家压制舆论自由的做法，将他们自己推入了进退两难的境地：对美国妥协不仅会激起民愤，而且会引发强硬派的政变和内乱；对美国开战，取胜的可能性微乎其微。

最终，日本的决策层竟然把希望寄托在侥幸心理上。他们认为日俄战争中，日本国力不敌沙俄，不是也战胜了吗？虽然实力不敌美国，但是日本士兵有武士道精神，因此也有可能战胜美国。尤其是在认识到经济实力和武器装备远不如美国的时候，就更加夸大日本的“精神力量”。一位军务课长就对东条英机说：“虽说美国是个民主国家，但他们所谓民意里面却大有文章，民意都是那些受金钱驱使的家伙捏造出来的……美国军队的教育和日本简直天壤之别，他们的军队里盛行烟酒，军人都没有作为军人的心理准备，对国家的忠诚心更是一丁点儿都没有。”

早在1931年“五一五事件”之后，美国驻日大使格鲁就敏锐地认识到，“日本国内有一种虚浮狂暴的气质，主要是军部宣传培养起来的，这种气质可以在今后几年或几代内把日本引到极端，什么事都干得出来，除非政府中有头脑、比较清醒的人确能力挽狂澜，才能防止国家走上民族自杀之路”。1941年11月4日，格鲁在日记里记录下了他给美国国务卿的电报内容。他写道，如果和平努力失败，“（日本）也许就要全力以赴地做殊死斗争，甚至不惜实行民族切腹。我们这些天天和这种气氛直接接触的人了解到，这不仅是可能的，而且几乎是一定会发生的。日本的逻辑规范或理性，不能用任何西方的尺度来衡量”。

一个多月后，事实就证明了格鲁比丘吉尔更了解日本。在一群有头脑、比较清醒，然而缺乏责任感和担当精神的政治家带领下，日本“从清水的舞台上跳下去”[1]，走上了悲哀的“民族切腹”之路。

1941 年 10 月，驻日公使埃默松回到美国，向国务院报到。赫尔国务卿的远东问题顾问亨塔克问他：“关于同日本进行战争，你们大使馆人员是怎么考虑的？”埃默松回答道：“我们认为，日本虽欲统治东亚，但又不想通过战争来实现这一点。不过，如果日本认为那是不可能的话，就会自暴自弃地开始战争。”亨塔克非常严厉地说：“历史上有因自暴自弃而开战的国家吗？你倒说说看！”

确实，历史上因自暴自弃而开战的国家是没有的，而日本正是开了这样一个先例。

---

① 这是一句日本的谚语，意思就是毅然决然地做某一件事。京都的清水寺大殿前为悬空的“清水舞台”，由众多高约 12 米的巨型榉木柱并排支撑，未使用一钉搭建而成，其造型仿佛从本堂向断崖突出，在这里眺望京都风景绝佳，据说这里也是自杀者的首选地。

东条英机：牢牢抓住多数灰色群体

意识形态部门、宪兵组织和思想控制机关立体化作战，形成“白色恐怖”的天网，异议者噤若寒蝉，没有人敢说“不”，“异端思想”的空间荡然无存。没有了多元信息，只有一个声音，再加上东条英机的表演，自然使得“灰色群体”信以为真，强烈支持东条英机。

1942 年 7 月 27 日，“为完成大东亚战争国民力量大集结演讲大会”在大阪中央公会堂召开，时任首相的东条英机出席了演讲大会。当他演讲完毕准备退场时，被狂热的群众团团围住，他的汽车只能龟速行驶。次日刊出的《朝日新闻》报道了当时的热烈场景——

数千名狂热听众挥动帽子、扇子，欢呼“万岁！万岁！”……霎时间围住了东条。“好好干，干吧！”“歼灭美英，拜托东条阁下了！”“东条首相万岁！”汇聚的市民热情高涨，狂热完全变成了对东条的感激。

作为日本军国主义的代表人物，东条英机是一个臭名昭著的战争罪犯，1948年他被远东国际军事法庭以发动战争、侵略别国、反人道罪等罪行判处绞刑。他发动的战争，不但给亚洲人民带来深重的灾难，也将本国推入了战争深渊。日本民众不但生活极其困苦，自己的家人还被送上战场。奇怪的是，在战争期间，深受战争之苦的民众却对东条非常崇拜。东条被视为“国民英雄”，受到日本各地国民的热烈欢迎。

其实，东条英机并不是一个“克里斯玛型”的人物，而是一个资质平平、能力一般的军人。他出生在一个武士家庭，其父是陆军中将，据说是日本陆军中能够看懂克劳塞维茨《战争论》的第一人，曾经参加中日甲午战争和日俄战争。但是父亲的智商并没有遗传给儿子，东条英机在军校成绩非常普通，整整考了三次才如愿以偿地进入最高军事学府——陆军大学深造。

东条永远是一脸严肃，衣帽整齐。陆军元老宇垣一成曾经回忆说：“提起东条，我印象最深刻的就是他那一本正经的样子，动不动就拿出笔记本不停地记这记那，根本就无法想象这样一个人竟然也能当上一国的内阁大臣。”

确实，东条似乎患有“笔记强迫症”。每天他都要同时在三个不同的笔记本上记录自己经手的所有事件，还按照时间对这些笔记小心翼翼地归类整理，梳理出哪些事情是正在做的，哪些已经结束，哪些需要向上级汇报，哪些需要向下级训示。东条从不要任何助手帮忙，整理这些资料是他每天生活中必不可少的一部分。据说他在外驻军时，连给夫人的家信都要认真进行编号，以方便管理，防止丢失。

东条的优点是为人雷厉风行，办事干练果断，素有“剃刀”之称。不过他虽然长于行动，但却短于思考。被誉为“日本第一兵家”的石原莞尔（九一八事变的策划者）对东条的评价是：“他的能力只能保管好仓库里的 20 挺机关枪，超过 20 挺就无能为力了。他能不厌其烦地把所有资料全部记在笔记本上，但如何运用这些笔记的内容就超出了他的智力范围。”石原曾当面讥讽当时已经晋升为陆军中将的东条英机为“东条上等兵”。战后东京审判时，盟军检察官问石原是不是曾经和东条意见对立，石原的回答是：“绝对没有。东条根本就没有自己的意见，和没有意见的人怎么可能发生意见对立？”

东条也是一个神经过敏的人。有一次他视察陆军航空士官学校，问一名学员：“敌机怎么打下来？”当学员回答说是用机关炮时，东条教训道：“不对，敌机是用精神力量击落的。因此，即使是机关炮也无法打下来的情况下，哪怕是敢于用身体冲撞式袭击也要将其击落，即精神力量变成身体冲撞这一形式表现出来的。”视察结束后，他还批评学校教育，强调“发扬决死勇战的气魄，教育应该是全盘精神主义”。

虽然和希特勒、墨索里尼并列为二战“三大元凶”，但是和前两者比起来，东条英机能力不足。东条本人也承认这一点。他在担任首相时，还兼任内务大臣和陆军大臣，因此被一些议员质疑为独裁政权。1943 年日本第 81 届议会开会时，东条否认自己是独裁者，“常有人提起独裁政治问题，希望能在此加以澄清……东条本系一草莽之臣，与各位初无二致。所不同者，只是我被赋予总理大臣之职，因此得蒙陛下恩泽而耀然发光。

如无陛下之光，实与顽石无异。因蒙陛下宠信，荣任此一要职而耀然生辉，此与欧洲诸公所谓独裁者迥异其趣”。

问题是，这样一个人为什么会成为日本民众的偶像呢？除了军国主义洗脑教育外，一个重要原因是东条善于利用现代手段蛊惑民众。

20 世纪 40 年代是图像、声音媒介急速发达的时代，东条英机也是最早意识到这些媒介力量的政治家。根据规定，日本新闻电影公司制作的新闻片《日本新闻》要在全国电影院上映。身为首相的东条屡屡在《日本新闻》里亮相，国民经常看到他演说的身影。那时日本家庭的广播普及率为 45.8%，广播的影响效应巨大。东条也借助电台广播的影响力来塑造个人形象。1941 年 11 月，他在临时议会上发表首相施政方针演说，《朝日新闻》报道说：“东条首相语调庄重，声音活泼。17 日下午 7 时，他的亲口演说凭借着电波飞至全国各地，十余年来期望已久的‘议会之声’，虽然播放的是录音，但实现了广播。”开战后，他也反复亮相电台。

东条希望通过现代媒介，营造出一个不断出现在国民面前、率先行动、断然决断的领导者形象。他也达到了目的。1941 年《文艺春秋》的一篇文章说，“东条严格行事，出色完成，此乃东条独擅”，“在勤于工作这一点上，会毫不犹豫地推崇他具有历代政治家所缺乏的特长”。1944 年日本放送协会编的《广播年鉴》也评论说，“东条英机或通过官邸麦克风，或通过演讲会等，屡屡进行实况广播，常常显示出领导一亿国民奋进的气概和热忱，这使全国人民齐受感动”。

东条常常把自己曝露在国民视线下。当时，希特勒正是全盛时期，经常乘坐敞篷车到处威慑。东条也刻意模仿这位德国的独裁者，在外出或视察之际热衷于乘坐敞篷车。《东条内阁总理大臣机密记录》反复出现对“汽车（敞篷）”的记载。1942年某日就记载，“汽车敞篷。途中遇雨，仍开着敞篷返回官邸”。

东条还打造出了一个新颖的“领导者模式”。他常常在事先未告知的情况下，直接前往官厅、物资配给机构等，进行“突袭式”的实地视察，声称这样可以准确地把握国民生活的实际情况，改善低级官吏没有效率的“衙门作风”。耐人寻味的是，这些“突然袭击”都能够“及时”被媒体发现。媒体经常大幅刊登诸如《忙中求忙的东条》《乘坐折扣市电的市街视察》等新闻，详细报道首相的突然视察，连现场照片都刊登在报纸上，还赞扬他“干脆的政务处理、闪电似的民情视察……国民从未如此贴近地感受到首相”。

东条有时还亲自检查住宅街的垃圾箱，批评人们扔掉还可食用的食物和还能再生的物品。显然，作为一个政治家，东条具有精湛的表演能力。宇垣一成大将曾在日记里评论说：“一看他当上陆军大臣和总理时的样子，感觉他竟然演戏之处颇多。”有人讽刺说，这或许是遗传，东条的曾祖父就是能乐（日本传统的表演艺术）艺人。一位经常见到东条英机、负责大本营陆军部报道的人说：“（东条）无论什么都要亲临指挥，遇事则表明自己的意志，阐明应该前行的方向……东条或许更加符合当时风潮，更有人气。”

一个历史细节说明了东条的“成功”。他住在东京附近，每日早晨骑马散步，经常有人在小巷等候，只为一睹其人。一见到东条骑马身影，顿感幸运至极，“宛如神助”。

其实，东条自己很清楚，民众就是盲从的“群氓”。有一次，他对自己的亲信如此坦白自己对“群氓”的认识——

国民的大多数是灰色群体，仅一小部分人会玩弄种种批判性言行。所以，作为率领民众的领袖，重要的是牢牢抓住多数灰色群体，逼迫他们前进。大多数灰色群体听任领导说白道黑，言听计从。自然，如果对其放任自流，那是百年等待也河清难俟。

民众是容易被欺骗的，可是这些低端的政治表演，却难以蒙骗有识之士的眼睛。东条接二连三地视察民情，尤其是检查垃圾箱的行为，招致知识分子的反对和皱眉反感。有人批评说，报纸在有限的版面大写特写这类拍马溜须的吹捧报道，有意义吗？东条作为首相，难道没有其他该干之事了吗？

东条对外界的批评非常敏感，睚眦必报。有一次，军事参议官西尾寿造大将在回答记者提问时随口说了一句：“这个事情我不知道，你去问那个每天早上翻垃圾箱的家伙吧，他清楚。”很快，这位讽刺首相的将军就被打入了预备役。曾讽刺东条的石原莞尔，其战略学著作也遭到禁止发行的处分，由宪兵队监督强行绝版。一位记者对东条提出的“本土作战”提出批评，东条就将该记者强征入伍，并且送到战斗最激烈的硫磺岛前线。

更重要的是，东条通过言论管制，彻底封死异议者的声音。从九一八事变前后至战时，日本铺设了举世罕见的新闻出版检查体制。东条上台后，言论空间更加收紧，内阁、军部均有专设部门专事言论管制。内阁情报部每月召集名曰“杂志、出版恳谈会”的例会，参加者均为各大出版机构、新闻媒体的编辑责任者。会上，从对“问题内容”的删改、“调整”通报，到希望以媒体、出版社的名义“自行编纂”的指导性内容要求，再到对不符合规范的内容的“建设性批评”，对编辑事务全面干预。政府还颁布《言论、出版、集会、结社等临时取缔法》，所有的结社、集会都从申报制改为许可制，强化了政府对出版物等的取缔权限。特别是战争开始后，报纸刊登什么样的内容，都要由情报局、内务省、陆海军报道部、航空本部、警察厅审查课等进行反复审查。

在高压下，报纸也转向和政府合作，报道违背自己良心的东西。《朝日新闻》制定的报道方针直白地说：“紧紧跟着政府一起走是现在最重要的事情。”

和希特勒、墨索里尼比起来，东条没有秘密警察和褐衫军，但是他曾任宪兵司令，在任期内大力发挥宪兵的作用。宪兵秉承东条首相的旨意，横行无忌，不仅弹压国内反战运动，压制反军队、厌战情绪，而且疯狂地监视和镇压东条内阁的政敌。曾任东条副官的东京宪兵队长最有名的一句话便是：“东条首相若喊‘向左转’‘向右转’，你们这些阁僚不是应该乖乖服从吗！”

使东条的形象变得阴森而瘆人的，除了“宪兵政治”，还有恶名昭著的“特高”。这个思想警察组织特权日益扩大，几乎无处不在。有人记下了一段亲身经历：在东海道线的火车里，如果阅读了《中央公论》，就会有样子像“特高”的年轻男子紧挨着你坐下来，问：“你抱有什么样的观点呢？”据说，东京大学的学生从乡下来到东京，租房住下后，身份调查、藏书调查也就接踵而来。这是因为在东京大学和京都大学学生中，“赤色分子”最多，所以被尾随上了！

“特高”对自由主义作家、学者、新闻记者这些“思想犯”进行跟踪、恐吓。如果不积极配合，“思想犯”就会被拘留29天，期满后还会被换到其他地方继续拘留。很多时候，他们被要求连续盘坐24小时以上，稍微伸一下腰就会遭到拳脚相加。“思想犯”必须写下认错书，交代自己的家庭背景、工作经历、朋友亲戚，参加过什么政治活动以及自己的政治理念是如何形成的，等等。“特高”还会动用绑架、酷刑，甚至肉体消灭的极端手段。而所有这一切迫害，都是以维护“国家利益”和“社会稳定”的崇高名义，在光天化日之下“合理合法”地操作的。

意识形态部门、宪兵组织和思想控制机关立体化作战，形成“白色恐怖”的天网，异议者噤若寒蝉，没有人敢说“不”，“异端思想”的空间荡然无存。没有了多元信息，只有一个声音，再加上东条的表演，自然使得“灰色群体”信以为真，强烈支持东条。自由主义评论家清泽洌在1942年12月9日的日记里写道：“东条首相从早到晚演说、访问、街头慰问，一人承担五六人份的工作。结果好评如潮。作为总理大臣，其最大职责便是证明其所作所为都是人民的要求。”

1941年1月8日，时任陆军大臣的东条英机发布《战阵训》，要求全体官兵发扬武士道精神，敢于为天皇战死，“生而不受俘囚之辱，死而勿遗罪祸之污名”。这成为日军很少投降成为俘虏的主要理论依据。尽管当时日本严重缺纸，很多刊物都停办，但《战阵训》却被大量印刷成册发给每一个士兵，许多民众家里也有东条背诵《战阵训》的录音。对一般民众而言，东条就是“救国英雄”。可是，这位“一心为公”的“救国英雄”把别人家的孩子送往战场充当炮灰，自己的三个儿子却没有一个从军。也正是这位“国民英雄”，把民众推到了无尽的战争苦难的深渊。

这既是日本民众的悲剧，也是人类的悲剧。东条早已经成为历史。问题是，后人是否汲取了历史教训？

“科学的春天”：日本科学家的集体沉沦

在积极接受为战争服务的“科学技术新体制”的人中，不仅有学界的元老和权威，还有一线研究者，且其中不乏年轻研究者。研究者最关心的不外乎研究成果，因此，只要科研经费有保障，大多数研究者对时政并不关心。其中有些人甚至主动配合学术统制和研究动员，极力迎合军国主义和法西斯主义。

1936 年，也就是“二二六”事件发生那一年，日本两位著名学者对本国的科学家提出了严肃而尖锐的批评。

一位是著名哲学家田边元。作为最能够代表当时日本思想家思维能力和理论水平的“京都学派”的代表人物之一，田边元在学界享有很高的声誉。他在 1936 年 10 月发表文章《科学政策的矛盾》，批评科学家虽然“在自己的专业研究中取得了显著的业绩”，但“完全不知道运用科学理念去思考专业以外的一般事物，反而任由与科学精神相悖的蒙昧主义兴风作浪”，认为他们“缺乏对国家社会弊病的关注以及对其原因的实证剖析，只要政府能够源源不断地为自己提供研究所需的经费，就对其他的一切不合理视而不见”。

对于来自哲学界的批评，著名数学家小仓金之助立即做出了回应。这位曾留学法国的学者发表文章《自然科学家的任务》，对拘泥于狭隘的专业领域的现代自然科学家进行了尖锐批评，“他们没有意识到自己的专业研究所应发挥的社会作用，为了保全自身而变成了单纯的利己主义者（正因如此，对于当权者来说，没有谁是比自然科学家更容易摆布的了）”。

小仓金之助也描绘了当时日本“大学的没落”：“象牙塔要么日渐僵化，要么腐败丛生。在拒不接受批判的世界里剩下的只是保守与反动，优秀的年轻人才日渐稀少，新的思想被束缚……老练之辈大多不是保守就是反动，并且还是各自派系的头目。”最后，他总结道：“没有什么时代比当今更迫切地需要真正意义上的科学批判……自然科学家们首先必须以身作则，贯彻科学精神。”

这两位学者之所以批评科学家，是因为他们敏锐地觉察到了时代的动向。自从1931年九一八事变后，日本就开始迈向总体战体制，为此就要实现军事、政治、经济的全面一体化，科学技术也被纳入其中。正如一位政府官员所说：“当今是科学的时代。科学动员应当与国民精神总动员一并被列为国家总动员的核心。”于是，日本开始强调振兴科学技术。1932年12月，在天皇150万日元的下赐金、政府100万日元的补助金以及经济界的赞助下，日本最大的研究奖励机构“财团法人日本学术振兴会”正式成立，首相亲自担任会长。七七事变后，文部省成立“科学振兴调查会”、内阁成立“科学审议会”，以推动战争为目的指导科学振兴和技术开发。

不过，这个高呼科学动员、科学振兴的时代，同时也是侵犯学术自由、反智主义横行的时代。当时日本极力宣扬所谓的“日本精神”，称赞日本自古以来充满感性的淳风美俗，贬斥西洋文明，甚至贬低来自西方的近代科学。1934 年，身为内阁成员的文部大臣松田源治，就公然抨击数学教育等是“对西洋文明的过度沉迷”，是只重知识、忽视道德的“偏知教育”。1937 年，中学的教学大纲被大幅修改，学校灌输给孩子们的是“日本优越性”，鼓吹用情操和信仰来取代知识。随着战争气氛愈加浓厚，人们对思想、文化的统治也日益加强。“日本是一个有独特优越性的‘神圣国家’”，人人都要接受这种观点，绝对不能对这种神灵附体式的国粹主义进行批判，甚至连怀疑都不被允许，否则就会遭到攻击。

在这样的历史背景下，田边元和小仓金之助提醒科学家们坚持科学精神，坚持以科学精神为基础进行合理的批判，由此促进学问与文化的健康发展。但是，在日渐崛起的军国主义和法西斯主义面前，他们这些言论的力量如此微弱，不堪一击。

从 1940 年 6 月开始，近卫文麿内阁在全国开展“新体制运动”。这是一场由官僚和军方主导的社会重组运动，目的是为推动战争构建一个极权主义的体制。“新体制运动”由两大支柱构成，一个是“经济新体制”，另一个是“科学技术新体制”。由于“经济新体制”试图让追求利润的企业服务于推动战争的国家目的，因而遭到了企业方面的强烈抵抗，“经济新体制”最终也没有完全实现军方和官僚的设想。但是，“科学技术新体制”却顺利而迅速地建立起来。

所谓的“科学技术新体制”，就是要“形成具有日本特色的科学技术”，为军国主义和法西斯主义服务。用 1941 年 5 月内阁决议通过的《科学技术新体制确立纲要》（以下简称“《纲要》”）里的话说，就是“将科学技术作为高度国防国家建设的根本纳入国家总体战体制之中，在实现科学的划时代振兴与技术的飞跃性发展的同时，通过振奋国民的科学精神来夯实总体战体制的根基，以此形成立足于大东亚共荣圈资源的具有日本特色的科学技术。”《纲要》要求设置技术院与科学技术审议会，全面完善科学技术研究机构，其目的就是通过组建一个统一管理所有研究项目的单一司令部，将此前单独开展的各项研究综合起来，在整个领域重点推进国家确定的当前的重要研究项目，为日本的对外侵略服务。

与企业界对“经济新体制”的怀疑、抵制不同，科学界则欢迎“科学技术新体制”，这一现象在物理学界尤为显著。在政府发布《纲要》后不久，著名物理学家长冈半太郎就发表了《关于科学技术新体制的声明》，最早表明了对《纲要》的赞成态度。

作为日本物理学的奠基者和创始人，长冈半太郎培养的学生遍布物理学的各个领域，有“日本物理学教父”之称的仁科芳雄即其中之一。紧随老师之后，仁科芳雄也表态接受这一政策，他说：“当今的战争是国家的总体战……科学行政中心机构的设立……实现了研究机构之间的相互联系，能够以最高效率完成国家的研究项目。从这一点来看，科学行政中心机构的设立是必需的。”

仁科芳雄公开发表文章，呼吁“从根本上确立战时体制”。他主张，不仅是科学技术，国家的所有功能都应从属于战争目的，实行一元化领导体制，“为了打破眼下我们大和民族所面临的这一亘古未有的困难局面，政治与行政自不必说，还应将经济产业、科学技术等所有要素作为应对战争的一元体制中的一环加以推动。”在日美开战后，仁科芳雄还答应陆军要求，着手研究原子弹，为走向邪路的日本卖力。

还有一位重量级物理学家公开支持“科学技术新体制”，他就是“明治数学始祖”菊池大麓的儿子菊池正士。菊池正士在 36 岁时就通过科学实验证明了刚刚诞生不久的量子力学的正确性，因此在国际物理学界享有很高的声望。1941 年，时任大阪帝国大学教授的菊池正士给《朝日新闻》投稿，呼吁学界积极配合“科学技术新体制”，“科学家应当与其他社会部门相配合，牢记一切研究活动都必须以服从国家目的为前提”。

菊池正士还贡献了自己的构想：通过完全放弃“大学自治”“研究自由”的理念，形成军方、产业、学术三者的联合，建立起对研究的一元化管理。为此，他提出了三点具体主张：第一，大学教授的地位不应永久不变，没有实际研究成果的人“应该统统被罢免”；第二，废除大学讲座制，改为研究室制；第三，全国各大学的各类讲座的带头人组建日本学术界的“参谋本部”，“与军部以及企划院之间建立联系，制定研究方针，分配资金并决定教授、副教授的任免。大学以外的各部委及民间研究所的负责人也要成为会员，加入其中”。

在菊池正士看来，这种改革最重要的因素是，“让每个人都具备牺牲小我、贡献国家的深刻觉悟。即一亿人民团结一心、身体力行地实践克己奉公的精神”。很难设想，这些言论并非来自狂热的国家主义分子，而是来自获得博士学位、拥有国际化研究成果且声望颇高的研究者。

在积极接受为战争服务的“科学技术新体制”的人中，不仅有学界的元老和权威，还有一线研究者，且其中不乏年轻研究者。研究者最关心的不外乎研究成果，因此，只要科研经费有保障，大多数研究者对时政并不关心。虽然没有光明正大地依附军方，率先挥舞科学动员之旗，但是为了自己能够获得一展身手的机会和研究所需的资金，大多数研究者还是接受了战时的科学动员。其中有些人甚至主动配合学术统制和研究动员，极力迎合军国主义和法西斯主义。

技术界也非常欢迎向军事工业、重化工业倾斜的“科学技术新体制”，特别是那些进入政府内部的技术官僚。这些人都是学有专长的技术专家，心怀主导国家技术政策的“大志”，结果成为极权主义体制的配合者和设计者。著名工学家宫本武之辅就是一个典型代表。他不但是水利领域的权威，而且担任掌握着统制经济主导权的企划院次长，在政府内很有影响力。他认为日本应该掌握最先进的技术，并保持技术的独立性。在1940年的《技术国策论》一书中，宫本武之辅站在强化日本军力和发动战争的立场上提出，“对构建国家国防体制来说，技术是最重要的资源之一”。他还在书中赤裸裸地写道——

有效地利用技术为自由主义的目标服务与为极权主义、国家主义的目标服务是两个完全不同的理念。但是，根据当前国家的要求，技术是国家最重要的资源之一。因此，不可避免地要向后者倾斜。

在科技界的大力配合下，“科学技术新体制”迅速建立起来。在这种新体制里，科学研究者与技术工作者备受优待，战时的日本竟然迎来了“科学的春天”。1941 年 4 月，杂志《科学 PEN》上刊登的一篇随笔中这样写道——

自从去年科学总动员一词出现之后，各个领域纷纷制订了相应计划。在这一风潮的引领下，日本迎来了科学的大好时代。甚至出现了“不知科学，枉为人也”的说法，科学之花从未像现在这般绽放，大量的科学书籍出版，报纸的广告栏每天都充斥着大量与科学相关的广告；科学家的传记片在电影院上映；纪录片竭尽全力普及科学知识；科学家在广播上热情发表演说；报考大学和专科学校技术专业的学生络绎不绝；姑娘们都愿意跟技术人员结婚……这一切都表明，科学家的春天已经到来。

只要研究经费充足，大部分科学家都沉浸在战时的科学动员所带来的科技热潮中。1951 年，日本学术会议面向全国的研究者做了问卷调查。其中有一个问题是“在过去数十年间，哪一时期的学术自由度最高？”回答最多的竟然是战争期间。一位科学评论家曾写道：“放眼物理学界，不知为何，有一点是很明确的，那就是以仁科芳雄为首的青年理论物理学家，身在所谓严冬时代的日本，却能精力充沛而自由地努力搞好研究事业，这一点给我留下了深刻的印象。”

对于科学家们服从和配合新科技体制的现象，一些社会学者并没有批评，而是予以支持和赞美。社会学家清水几太郎在 1940 年写道：“之前人们倡导科学和学问是因为他们相信这与个人主义或自由主义有某种密切的关联……现如今国家制订并实施了科学动员计划，之前的信仰自然而然地就会失去作用。科学被视为国家力量的一部分，这种自觉意识不论对于国家还是科学来说都是可喜可贺的。"

即使是曾对科学家提出过警告的田边元也失去了方向。作为哲学家，他在 1940 年前后参与了对"大东亚共荣圈"合理性的哲学论证，这成为他一生的污点。小仓金之助也改变了自己的观点。他在 1941 年 4 月发表文章《科学家在当前时局下的责任与义务》，主张"原则上对科学以及技术研究进行强有力的统制来为国家服务"。在名为《对日本科学的殷切期望》的文章里，他郑重地提出——

> 我等应沿着高度国防国家建设的路线，努力搞好科学研究，争取早日实现这一目标。为此，要有意识、有计划地实现"数学、科学、技术的综合与统一"……时至今日，不论是哪个领域的科学家，对科学、技术的新体制漠不关心或固守封建割据主义都是绝对不能被允许的。

在小仓金之助看来，由军方自上而下实施统制的、服从于总动员体制的"科学技术新体制"，能够促进日本学术界的现代化，因此科技界应当给予肯定，并且积极配合。显然，这种公开呼吁人们积极配合法西斯体制的论调不是变节，甚至连假装变节都算不上。

就这样，日本的科学界、技术界，还有思想人文界，在军国主义和法西斯主义的大潮里，全面沉沦了。

立此存照：和军国主义同流合污的知识分子们

绝大部分知识分子热烈支持战争，即使意识到战局不利后仍然站在军国主义一边，高呼“一亿玉碎”的疯狂口号。后人以为，知识分子应该是抵抗战争的狂热和非理性的最后堡垒，可是，这一代日本知识分子几乎都浑身涂满了耻辱的污泥。

“偷袭珍珠港”成功的消息传来，日本各地的公园里民众集会欢庆，饭店里客人们举杯祝贺，大街上的陌生人也相互道贺，东京皇居外的广场上则挤满了跪在地上感谢天皇的人群。日本国民就像吃了致幻剂一样，沉迷在胜利的狂欢之中。

后来人们回头看，才知道这是多么可笑，多么悲哀。本来，自从 4 年前爆发日本侵华战争以来，经济状况越来越差，货架上的商品越来越少，不得不对顾客实行限购。政府提倡节约运动，宣扬“奢侈是敌”“真正的日本经不起放纵”。后来食品也出现了短缺，家庭餐桌上的米饭口感干涩，难以下咽。“偷袭珍珠港”意味着中国战场的问题还没有解决，日本又多了一个强大的敌人。

只要思维正常的人都知道，这是更大灾难的开始。可是在当时，支撑民众思考的材料来自经过“审查”和“自我审查”的报纸和广播，都是精心挑选出来的。一旦人们只能接受违背事实的信息和违背常识的说教，认知必然被扭曲，失去正常思考的能力。

事实上，保持常识的人还是有的。他们要么厌倦导致生活水平下降的战争，要么担心自己的家人可能被送往战场。据《日本大败局》一书记载，在距离东京约 70 公里的一个种植水稻的村庄，一位 9 岁男孩放学回家后得知日本袭击珍珠港的消息，他看到母亲流着眼泪哭喊道：“又打仗了。”她没有欢欣，只是担心可能会被迫参军的儿子的安危。

当然，绝大多数民众很容易被政府和媒体的宣传牵着走。就像古斯塔夫·勒庞在《乌合之众》里所说：“大众没有辨别能力，因而无法判断事情的真伪。许多经不起推敲的观点，都能轻而易举地得到普遍赞同。”所以，“乌合之众”将希望寄托于知识分子，因为他们知道一切都要经过自己的思考和辨别，不能盲从。确实，普通民众不由自主地被时代风浪裹挟其中，载浮载沉，读书明理的知识分子应该洞见风浪背后的狰狞真相，至少独立思考，不追赶潮流。

那么，在那样的历史时刻，日本的知识分子是如何认识“偷袭珍珠港”的呢？

一、历史被创造出来了！

12 月 8 日夜，我和既是同事又是文艺评论家的寺冈峰夫一起，在因灯火管制而一团漆黑的银座大街上，一边兴奋地大声说着话，一边走着……（第二天早上）给许多作家发出约稿信，希望他们以“战斗的意志”为题给杂志写稿。没有一个作家拒绝我的约稿，我对自己的编辑计划亦没有半点儿怀疑。

这是战后一位编辑的回忆。战争爆发时，他在著名的《文艺》杂志编辑部工作。此前，他和文艺界的朋友们对日本发动侵华战争一直抱有抵抗的意识，可是“偷袭珍珠港”却让他们的思想发生了180度的大转弯，“我们一夜之间仿佛自我麻醉一般，丢掉了抵抗意识，被一种圣战意识牢牢操控”，“这以后，我们的手便渐渐地龌龊了……”。值得注意的是，没有一个作家拒绝他的约稿。也就是说，那么多作家都和他一样，站在军国主义一边。

一位文艺评论家的文字，反映了当时作家们的典型心理反应——

向英美宣战的消息公布了。这只能说是顺理成章的结果。我还记得战胜的捷报在胸中鸣响。这是何等巨大的构想和图景啊。突然美国英国变得渺小起来。如我们这样有着绝对可以信赖的皇军之国民多么幸福啊。而今，日本真是伟大的国家。

这位评论家名叫青野季吉，战后曾任日本文艺家协会会长。早年他参加日本共产党，1938年因为“人民战线事件”[①]被

① 日本侵华战争开始后镇压左翼的事件。1937年（昭和十二年）12月，政府借口有人宣传共产国际第七次代表大会的反法西斯人民阵线方针，逮捕了400余人。“人民战线”是当时唯一的反法西斯势力，政府把它的活动看作阻挠侵华战争顺利进行的障碍。1938年2月又进行第二次镇压，45人遭逮捕。

捕，转变立场后保释出狱。“转向”的知识分子都是有“案底”的，在有形和无形的压力下，青野季吉发表上述言论，或许可以理解。可是那些并无这样压力的作家们，也同样为战争而欢呼。请看下文——

光荣的秋天终于来临了。

我们的帝国直至开战的堂堂正正的态度，时至今日才终于可以领悟的政府方针政策及步骤的周密性，特别是开战便传来的辉煌战果，都是令所有国民感到心中欢喜的事态。此时此刻乃一亿国民再生之日。而且，这心情并非外部强迫使然，如前所述，眼前所发生的一切促使我们自然而然于胸中升腾起这般感情。我们怀着这样的感情，守候在天皇陛下身边，我们时刻等待着被召唤，准备着尽卑微之力，化作盾牌保卫陛下。无论如何如无此等事态发生，我们难以感到这种心情的存在。

我并非是在绝望之下昂奋起来，才说出这般话的，我为自己心底真实的明快之情而欢喜不已。“太平洋的暗云”这一词语，想来乃是符合长期以来腐朽之状态的词语。若说今日之开战此暗云终于云开雾散，或者有些言过其实亦未可知，不过在我的感情上，确实可以说是云开雾散。比之战争的纯净，混沌暗淡的和平真是浑浊而令人不快之物！

这篇名为《光荣之日》的文章，是文艺评论家河上彻太郎在开战第二天一气呵成写就的。文章刊登在 1942 年 1 月出版的《文学界》上。它不仅是其个人体验，而且也代表了更为广泛的日本知识阶层。

例如，著名的作家长谷川如是闲，是一个著名的自由主义者。他的学生丸山真男是战后最杰出的思想家，对日本法西斯的剖析和批判非常深刻。可是，长谷川 1942 年初也在《日日新闻》上发表文章宣称：“东亚民族将会以大东亚战争为开端，建立一个共通文化区域，与自中古时期以来的欧洲类似……而第一步就是要将西方影响力逐出东亚。这伟大的任务现在正落到日本的肩膀上。”

还有被吹捧为日本现代最杰出思想家的竹内好。“偷袭珍珠港”一个月之后，时年 35 岁的竹内好代表“中国文学研究会”发表《大东亚战争与吾等的决意》一文，欢呼“历史被创造出来了！世界在一夜之间改变了面貌！我们目睹了这一切。我们因感动而战栗着，我们在战栗中用目光追随着那如同彩虹般划破天空的光芒，追随着那光芒的走向，我们感觉到从自己的内心深处涌出某种难以名状的、摄人心魄的震撼之力”。

这位因研究中国鲁迅而有“竹内鲁迅”之称的知识分子，之前不赞成日本在亚洲扩张。在他看来，日本打着为亚洲反抗帝国主义的旗号，却在与亚洲同胞作战，这是自相矛盾的。可是现在他忽然自己说服了自己，认为自己一直误解了日本领导人的真实意图，“我们此前担忧，在‘建设东亚’这样的漂亮口号背后，日本一直在欺凌弱者。（但现在我们意识到）我们的祖国日本其实并不畏惧强权。当战刀向强敌扬起的时候，一切都得到了证明……侵略中国作为一个牺牲，不是无法忍受的事情”。他还用鼓动人心的语言写道——

12 月 8 日宣战的诏书颁布之时，日本国民的决意汇成一片燃烧的海洋。心情变得畅快了。人们无言地走到街头，用亲切的目光注视着自己的同胞。没有什么需要借助于语言来传达……天空高远，清光四射，我们陈年的积郁被驱散了。我们这才刚刚觉悟到，原来道路就在这里，回头顾盼，昨日的郁结之情早就不见了踪影……不久，黎明就要降临。我们的世界将要在我们的面前，用我们的双手建造出来。诸君，现在我们要在新的决意之下战斗。诸君，让我们并肩战斗。

在战时，报纸杂志受到严密监控，不可能发表反战言论。这些文字或许不能反映知识分子们的真实思想。且看作家们在日记里如何记录自己的认识：

时年59岁的斋藤茂吉是日本20世纪著名的诗人，他在日记中写道："我年迈的热血正焕发新生！……我们袭击了夏威夷！"36岁的小说家伊藤整则在日记中写道："干得漂亮，日本的战术就像日俄战争时一样令人称道。"

二、创造这种意义是我们的工作

在日军偷袭珍珠港前夕，哲学家就登场了。

1941年11月26日，四位京都学派的学者举行了一个名为"世界史的立场与日本"的座谈会。这是一次臭名昭著的座谈会，因为它"创造"了这场战争的"意义"。与会者自觉地肩负着"创造这种意义是我们的工作"的神圣使命，声称在此动乱的世界中，日本才是"世界史的中心"，日本要通过战争引领世界史。

这些学者为以学术专业成就“思想报国之一端”而喜出望外。他们认为，“西洋的伦理也曾经有过具有创造历史的意义的时代，但是在现在变成反历史的了。这次战争具有彻底的将非历史形成的东西清楚地揭示出来的意义，将所谓非伦理性的那种真实性进行阐明，是战争的功能。通过战争，将西洋的伦理打上非伦理的烙印”。

副教授高山岩男是哲学界的后起之秀，年仅36岁，已经是海军省的特约顾问，春风得意。他在座谈会上大放厥词——

这次总力战，当然在其根底上具有“思想战”的性格。在这次战争中，美英既没有像日本这样堂堂的开战理由，也没有这样的战争目的。如果问这次战争什么时候结束，就是在敌方接受服从我们所说的新秩序思想的时候，最后的结局就会到来。这时就是美英失败的时候。对此，迫使其在武力上接受是当然的必要的，但最终是要使其在思想上接受。

1942年7月23、24日，也就是成功偷袭珍珠港半年后，一群知识精英在京都一家温泉旅馆召开座谈会，主题是“近代的超克”。这是《文学界》杂志主办的活动，一共有13人到会发言，都是当时日本思想、艺术、科学领域内的代表人物，包括宣称日本有“堂堂的开战理由”的高山岩男，和高呼战争比和平更“纯净”的河上彻太郎。座谈会的宗旨是，讨论知识界如何应对刚刚爆发的太平洋战争，希冀以此次讨论会掀起一场精神革命，建设“新日本精神之秩序”，超越西方。

“超克”是日语词汇，对应英语中的“overcome”一词，可以理解为超越、克服，甚至是征服。所谓“近代的超克”，就是超越、克服西方的近代性。对于与会者来讲，近代性意味着西洋化，即政治上的民主主义、思想上的自由主义、经济上的资本主义。这些主义在当时似乎陷入了行不通的绝境，必须“超克”之。用河上彻太郎的话说：“‘近代的超克’这唯一的指路明灯，尽管有些朦胧，却穿透各种阻碍同时映入我们的眼帘，这是何等喜悦！”

“现在我们正在进行的战争，对外目的是粉碎英美势力，而对内则是近代文明所带来的精神疾患的根本治疗”，文艺评论家龟井胜一郎在发言中说，“当然可以认为，我国的古典精神是治疗文明之毒的灵丹妙药。”这代表了许多与会者的共识。他们认为，日本的最大病患，就是过分吸收西欧近代文化和制度而滋生出了毒素。在被近代“污染”以前的日本，古代信仰和以儒学为代表的来自亚洲大陆的“东方精神”浑然融合成了美好的传统，虽历经风雨，但仍在文化、社会、政治等各个领域中保存下来。现在要去除近代的“污染”，必须回到“纯粹的”日本精神传统当中去，要通过日本传统开辟新的道路。

在这些知识分子看来，对美开战并不只是对物质或权力的争夺，而是日本对欧美主导的殖民现代体制及这个体制背后的一整套历史文化观，做一个彻底了断。换句话说，对当时这些知识分子来说，太平洋战争有其“世界史的意义”，这场战争的抵抗性大于侵略性。太平洋战争的目的，就是要解放亚洲，使其不再受西方操纵的现代主义压迫，重新恢复亚洲社会的和谐。思想工作是整个战争的一部分，应为进行得如火如荼的“圣战”尽一番力量。“近代的超克”就是在文化战争中反抗西方，树立日本的主体性。

显然，“超克论”作为一种意识形态，与国家政治权力密不可分，其现实目的，就是要打倒以英、美、法等为代表的自由主义诸种意识形态，助力日本、德国、意大利等轴心国的“世界新秩序”建设，为日本帝国主义发动对外侵略战争提供理论支撑。

为了抵抗极权主义，有责任感的知识分子必须站在拥护“近代”一边，可是许多人却站在“近代”的对立面，大唱“超克论”，与法西斯主义同流合污。无论知识分子还是政府都大声疾呼，要求全民抛弃堕落无耻的腐化生活方式，用牺牲精神取而代之，称这才是真正的日本“皇道”。讽刺的是，当他们声嘶力竭地喊出“超克近代”的口号时，西方的潮流、品味及习惯已深深打进日本社会，无法割弃。口号虽然叫得震天响，但要打仗，则必须倚赖“近代”的“理性科学”以生产飞机，也要用它来应付生产及战场上的各种需要。

三、除我国以外没有真正的国家

其实早在1936年，文部省就成立“日本诸学振兴委员会”，试图“超克近代”，否定自明治以来学者们从西欧引进的学术，创造属于日本的独特学术。例如东京大学的法学家小野清一郎，就倡导建立“日本法理”。他在论文里说——

在日本的伦理、日本的政治、经济及其他一切文化部门的学术性研究，必须立足于明确的国体观念……国体作为国家的实体内含着日本文化的一切方面。不过特别是国体，这是日本道义的问题，日本法理的问题。

东京大学教授末弘岩太郎在“天皇机关说事件”中与美浓部同遭右翼抨击，可是现在也抛弃过去的学术和思考，强调日本的特殊性。他发表文章说——

用不着说，我们有必要以日本的道义的自觉为依据来确立日本法理的理念性基础……通过我们的努力，以日本式的法学原理为基础，尽快彻底刷新整个法制，完全除去模仿外国的残渣，同时使我国法学从进口法学的臭味中脱胎换骨，使它真正以日本的姿态站立起来。在这一点上，我们法学界应该没有一个人是有异议的。

经济学家也不甘寂寞。新锐经济学家难波田春夫说，日本固有的经济观、劳动观是世界无比的好东西，其理由是日本具有“独特的民族机构”，这种民族结构就是“具有以天皇为中心的血统上、精神上的统一的独特的国家结构即国体”。他写作的《日本的劳动观》一书里说——

天皇的本质是“治理天下”，国民的本分是仕奉（奉献服务）……所谓皇国国民实际上就意味着仕奉天皇……我们皇国国民必须仕奉天皇的根据就因为天皇不是别的而是天降天神之子……我国的劳动是作为皇国国民的劳动者所从事的劳动。因此从根本上说除了以仕奉为本分之外不可能是别的……因为没有仕奉就没有皇国国民，从而劳动者也就不存在。

如此没有逻辑可言、莫名其妙的东西，竟然也得到了经济学界的赞赏。有人称赞说这本书“从社会科学的立场来看是写得非常好的著作”，而且为其辩护说，“皇国劳动观根本上恐怕不是科学的认识而是超越科学认识的东西……作为这样的国民信仰的劳动论，主要是在同西洋劳动观的对比上来论证其绝对优越性，这从时局的角度看当然是有理由的，即使从时代的角度看，也同样是极有理由的”。

说这番话的，是资深经济学家森户辰男。1919年，他在担任东京大学副教授时，曾发表论文《克鲁泡特金社会思想之研究》，被以违犯《新闻法》起诉，并被赶出了大学。谁能够想到，一个“文字狱”的受害者，现在也一本正经地论证“日本的劳动观”这样的伪学术。更不可思议的是，森户辰男在“偷袭珍珠港”之前出版的《战争与文化》一书中说：“这项事变（七七事变）的目的在于确立东亚的永久和平，并通过这次事变对世界和平做出贡献。这是朝野、官民、前线后方所一致确信的。人们可以看到，之所以相信‘日文事变’是‘圣战’的根本理由之一全在于此。”

和从事社会科学的知识分子比起来，从事自然科学研究的知识分子们应该会头脑清醒吧，毕竟自然科学有一套严格缜密的规范。其实不然。在整个日本都在叫嚷“日本是世界上无比尊贵的国家”“日本是特殊的”的时代里，科学家们也加入了大合唱。他们认为，无论在工业技术方面还是在自然科学方面，日本都必须与外国不同，日本必须是特殊的。

著名工学博士、创办东海大学的松前重义写过一本书《日本技术论》。目录中列有这样几章：“日本式科学技术的确立”“日本式生产体制的确立”“日本式科学思想的确立”。

生理学家、医学博士杉靖三郎提倡“日本生理学”。按他的说法，科学与政治、宗教是一体的，因而日本的科学同日本的国体是一体的。哲学家和辻哲郎善意提醒他，还是不要叫“日本生理学”为好，这样才能实现普遍性的学术之道。杉靖三郎拒绝改名，他说，这是日本人自己创造出来的学说，作为日本人要有掌握真理的自信。他还到处发表演讲，兜售自己的“理论”。他说——

……只有需要经过仪器测量的东西才被提出来作为自然科学的对象，正如大家所知道的它开拓了科学技术的世界……我认为这种观点岂不就是所谓西洋科学的观点吗？与此相对的我国的观点则是，使己为空而去迫近“物”，在那里我们与“物”成为一体就可以接近真实。在这里就存在着日本学术与西洋学术的出发点的差异……

在题为“作为生命之学的科学”的讲演中，他如此说——

我觉得（外国人）是很可怜的。他们的国家不值得称为国家。从这样的国家观（外国人的国家规）出发来议论我们日本，应当说是冒渎，是不道德的。那等于是从动物的生命出发来考虑人的生命，是一种轻率的行动。这里就存在着日本的学术与西洋的学术和我们自己的生命一样，我们日本对我们大家来说是无可替代的。从这个意义上应当说除我国以外没有真正的国家。

按照这位生理学家的逻辑推论，结论就是：除日本人以外没有真正的人！

四、他们身上涂满了耻辱的污泥

从“偷袭珍珠港”开始，这场战争持续了4年。深受其害的民众之所以默默忍受，除了暴力机关挥舞恐吓大棒，意识形态也发挥了相当大的作用。而后者恰是知识分子们的“功劳”。他们发挥特长，以自己的“专业”和“学术”对战争进行合理解释和辩护。他们或是著书立说，或是发表演说，到处宣扬这场战争是“伟大”的“圣战”。那些现在看来荒诞不经的说辞，在当时的社会上，特别是在知识界产生了很大的影响，成为青年知识分子从心里说服自己支持和参加战争的根据，因为“爱国”“民族”“国家”“特色”等意识形态神话都是知识分子所喜爱的。

不过，随着时间的推移，知识分子也嗅到了战局越来越不利。可是，他们不敢揭穿真相，依旧随声附和。评论家清泽洌在1944年3月的《黑暗日记》里写道：“他们（知识阶层）清楚地知道事态不妙，反对东条内阁——他们是一些两个人在一起时大谈悲观论，四五个人在一起时说这样下去很危险，而十个人在一起的时候就高唱应以一亿玉碎的精神共赴时艰之徒，其内心是悲观的。”

当然不能说，在战争期间，所有的知识分子都同流合污。

有些人为逃避现实而投入到艺术工作及非政治性活动中，少数异议者企图躲过言论检查，发表其批判性看法。但是绝大部分知识分子热烈支持战争，即使意识到战局不利仍然站在军国主义一边，高呼“一亿玉碎”的疯狂口号。后人以为，知识分子应该是抵抗战争的狂热和非理性的最后堡垒，可是，这一代日本知识分子几乎都浑身涂满了耻辱的污泥。

我们之所以不厌其烦地引用那些知识分子的荒诞言论，不仅是为了说明知识分子一旦丧失价值观、放弃理性后会多么可笑，更是为了警醒世人。因为在追赶型的后发国家里，尤其是在经济上崛起的新兴国家里，也经常有知识分子跃跃欲试，有些人甚至在暗暗抄袭上述知识分子的“成果”，只不过把日本换成别国而已。

中江丑吉：坚持按照自己的价值观生活*

在中江丑吉看来，只要有强有力的指导思想和简单的坐标图，即使是在最混乱的情况下他也能在图上标出自己所处的位置。“虽然令人眼花缭乱的旋转已经过度，但老夫的坚定信念丝毫没有改变”。他独立于潮流之外，认定日本正走向一条悲剧的毁灭之路，坚持按照自己的价值观生活。

即使背叛国家，我也不能背叛朋友

“火烧赵家楼”是五四运动那一天最后的高潮。学生们的脸被火光照得通红，他们亢奋地打砸物品，四处寻找“卖国贼”。作为赵家楼的主人，曹汝霖在储物间躲过一劫，前来做客

* 本文参考了［美］傅佛果．中江丑吉在中国［M］．邓伟权，石井知章，译．北京：商务印书馆，2011.
曹汝霖．一生之回忆［M］．北京：中国大百科全书出版社，2016.

的章宗祥却被学生发现并遭痛打。正在此时，一个年轻人跑来，冒死冲进人群，用自己的身体护住章宗祥，结果许多棍棒都落在他的身上。

这位年轻人推开学生，连抱带拖地将章宗祥从曹宅后门带出，藏在对面的油盐店。他把门而立，用不连贯的汉语向学生们大喊："这是我的朋友。如果你们要打的话，就打我吧！"学生们这时才意识到，这是一位日本人。他被打得臂背红肿，等警察总监赶到时，学生们已经无影无踪了。这位日本人随后将章宗祥带到同仁医院，数日后才康复出院。

这位救人的年轻人，就是中江丑吉。章宗祥是学生要求严惩的三大"卖国贼"之一。一百年来，学生们出于爱国义愤的暴力行为得到普遍支持，那些卖国贼要把中国的利益出卖给日本，一个日本人出面保护这样的"卖国贼"，也是理所当然之举。但其实，中江丑吉对于国家利益毫无兴趣，他本人既非日本的官员，也不是浪人，而是一个居住在北京的失业的普通日本人。他之所以伸出援手，并不是基于什么政治原则而采取的行动。后来，中江丑吉对别人解释说，这是出于友谊，"即使背叛国家，我也不能背叛朋友"。

对于习惯了"爱国""革命"等逻辑的人们来说，这个逻辑有些难以理解。可是对于中江丑吉而言，这却是他做人的底线，也是他的父亲信奉的伦理。

中江丑吉的父亲，就是明治维新时代鼎鼎有名的思想家中江兆民。因为最早翻译引进卢梭的学说，中江兆民被称为"日本的卢梭"。这些学说促进了日本自由民权运动，中江兆民本人也积极投身其中，成为自由民权运动的理论家和政治活动家。

不过，他绝非无条件支持暴力，而是从爱人类的立场出发，尊重所有人的个人自由。他在临终前，曾对自己的忠诚弟子幸德秋水说："我当然是赞成（法国）革命的。但尽管如此，如果我看到国王路易十六踏上通往绞首架的台阶，我还是会义无反顾地跑过去，撞倒刽子手并帮助国王逃跑。"

1901 年，54 岁的中江兆民因病去世。年仅 12 岁的中江丑吉与母亲和姐姐相依为命。由于生活困苦，他们不得不搬家，并把家中的几个房间租给中国留学生，而这些留学生中就有曹汝霖和章宗祥。曹章二人在中江家租住两年，与这个善良的家庭以及中江丑吉结下了终身友谊。

中江丑吉从东京大学政治系毕业后，曹汝霖介绍他在北京谋得一份高薪闲职，担任袁世凯的日本顾问的秘书。其间，他通过章宗祥、曹汝霖等人的介绍，与在中国的日本人坂西利八郎、土肥原贤二、冈村宁次等年轻的日本参谋相识。作为日本名牌大学毕业生，而且拥有曹汝霖这样的关系网，中江丑吉完全有可能进入政界发展，而且前途广阔，但是他并不追求权力。合同期满，中江丑吉就转而依靠翻译外文报纸上的消息为生。

在五四运动爆发的当天下午，中江丑吉正好在曹宅附近的友人家做客。他看到人群嘈杂地涌向赵家楼，预感到风暴正在酝酿，于是急忙奔过来。他看到章宗祥被打，就孤身介入冲突。在他看来，朋友和恩人的生命处于危难之际，自己必须伸出援手。

就这样，中江丑吉也进入了历史，成为五四运动的一个不为人们注意的小小注脚。不过，让一些人失望的是，这不是一个事关民族或国家的激荡人心的故事，而是一个超越国家、超越民族的人情故事。

白眼看圣战的叛国怪人

五四运动不但改变了中国，也改变了中江丑吉。此前他在北京的生活有些放荡不羁，此后他对学问和思想产生兴趣，开始远离酒色，强加给自己一套严格的饮食起居习惯。一天的大部分时间里，他都把自己锁在书房，专心研读中国古代著作或英、德、法文著作。他很少与在北京居住的日本人交往，那些人也把他视为“怪人”。

中江丑吉运用西方的一些思想理论以及研究方法，对中国古代思想，特别是政治思想进行了深入的研究。他的《尚书概论》《中国古代政治思想史》《尚书廿九篇之我见》等一系列论著，都体现出独特的研究视角和深刻的洞见。这些新颖的见解都具有相当高的科学价值，得到后世学者的赞誉。不过，当时他只在极少数日本的中国文化研究者中知名，因为他不以发表论文为志，而是沉浸在学术世界里。在一篇学术论文的前言里，这个淡泊的学者如此自述：“即使我所写的东西被视为木片或竹屑，但只要能够把自己心中所想尽情表达出来，这对我来说就是最令人欣慰之事。”

对于有“北京情结”的日本人来说，大正时代以后的北京是理想之地。这个远离日本本土的古都，给了中江丑吉一张安静的书桌。但是进入 20 世纪 30 年代以后，外部世界的变幻开始威胁他精心守护的清高。在欧洲，纳粹主义和法西斯正在兴起；在亚洲，日本军队侵入中国东北，并不断向华北施加压力。中江发现自己的研究如此远离那个时代的实际生活，内心越来越痛苦。

令中江失望的是，很多日本知识分子都放弃了原则，纷纷倒向民族主义和军国主义。一些马克思主义者也纷纷“转向”，信奉起了以天皇为中心的“国体”，即用塑料薄膜遮蔽起来的日本对外扩张主义。他们通过表演知识的欺诈魔术与日本政府和解。

中江蔑视这些知识分子的“表演”。他在写给友人的一封信中指出，“（这些人）无激情、无奉献、无责任、无同情、无韧性，多疑、可笑、糊涂、诽谤（造谣中伤）、冷淡、怯懦、胆小，大而言之是非社会性的，小而言之是非仁义的。我对此类知识分子尽量敬而远之”。

九一八事变后日本占领中国东北，大多数日本人把九一八事变视为东方新时代的开端而欢呼。但是中江却对别人说，这是一场即将到来的世界大战的序曲，日本将在这场大战中被烧成灰烬。当关东军建立了日本的傀儡政权“满洲国”后，中江一直拒绝承认它是一个合法政权，称其为伪政权，而且奉劝朋友不要在那里供职。他自己也断然拒绝代表首相近卫和驻华司令官充当中日关系联系人，拒绝担任伪满洲国的建国大学校长。右翼活动分子邀请他到伪满洲国发表关于东亚政治的演讲，中江当即就把邀请信撕成碎片，扔进了废纸篓。

1932 年，中江曾回到阔别 18 年的东京，这个曾养育他的城市的变化使他震惊。他在给中国友人的信中写道：“总而言之，东京确实处于完全崩坏。在此崩坏之中可能有新兴的气象，但令人悲哀的是，人感受到的只是令人生厌的衰退和颓废气象……仅凭生物厌恶腐败的直觉，我便对崩坏期的日本首都产生令人无法忍受的厌恶之感。”

七七事变后，侵华部队在中国境内势如破竹，日本国内舆论认为很快就能灭亡中国。但是中江却坚定地认为，日本这样的国家没有任何统治中国的可能性，而是已经走上了自我毁灭的道路。在他看来，日本必将与英、美迎头相撞，日本将“像冲向火车头的狐狸一样”被粉碎。日本行事像“世界的乡巴佬”，中国则代表着未来，甚至将在20世纪的后半叶“成为世界（史）的中心”。

中江拒绝遵守日本陆军在北京强制使用的日本时间，继续按当地的中国时间对表。他坚持无论与谁讲话都直接称日本对亚洲的暴行为“侵略”，而不使用日本政府使用的“事变”“圣战”“非常时”“大东亚共荣圈”等诡辩之词。当时曹汝霖因亲日倾向而受邀加入日本在华北的傀儡政权，中江力劝老朋友拒绝加入“合作”政权，保住了民族气节。

作为一个性格平和的学者，中江不肯在大事上含糊其辞。他曾愤怒地将《朝日新闻》的一位评论家从家里撵出，因为后者支持超国家主义。尽管中江从未发表过他对时事的意见，却也从未隐藏自己的观点，并写了无数斥责日本在战争中的作为的书信。因此，在北京中江的立场众所周知，以致宪兵队称他为“贴在北京城墙上白眼看圣战的叛国怪人”。

我们这样的时代有什么未来可言吗？

1940 年 7 月，近卫文麿再次出任日本首相，他就如何使日本军队摆脱泥沼而征询中江的意见。中江对此类邀请一概断然拒绝。在任何情况下，他都不想卷入日本官方的占领活动。他不是一个行动者，并未加入地下组织抵抗日本帝国主义，他只是拒绝与不正义媾和。

中江对战争的未来进程深表忧虑。看到对外扩张主义在日本广受欢迎，在亚洲大陆发生的战争受到赞美，年轻的日本青年被送往战场赴死，他深感悲痛。他认为，如果一个人关心日本的未来，那么这个人就会同意立即结束战争是绝对必要的。他在给军队的一个朋友的信中说，“确信我有荣光之民族，其生活之途必向上且持久，因此之故，热望战火早一日熄灭，近一亿民众脱离涂炭之苦之日早日到来”。

随着日本与德国、意大利结盟，日本舆论把希特勒、墨索里尼视为英雄，但是中江憎恨这些战争狂人，预言他们必将遭受惨败，在耻辱中灭亡。日军偷袭珍珠港数日后，中江对一位日军军官说，日本必败。战争末期，这位军官参与了暗杀东条英机的行动。事败被捕后，这位军官在供词中说：“1941 年 12 月 11 日，去北京之时，住在北京的大学者中江丑吉对我说，‘已开始的与美国的战争中，大和民族将受亘古未有的悲惨命运。’可以说，这句话决定了我此后的行动。”

洞见未来的先知往往是孤独的。中江曾慨叹，“自己是孤零零的一个人”。事实上，“转向”跳上超国家主义的宣传车、支持对外扩张主义是日本知识分子的潮流，但是中江没被旋风卷走，反而从这种孤独中激发出巨大的勇气和力量。中江曾引用但丁的话说，“走自己的路，让别人去说吧”。

在中江看来，只要有强有力的指导思想和简单的坐标图，即使是在最混乱的情况下他也能在图上标出自己所处的位置。“虽然令人眼花缭乱的旋转已经过度，但老夫的坚定信念丝毫没有改变。”他独立于潮流之外，认定日本正走向一条悲剧的毁灭之路，日本永远不可能赢得对中国的战争。他坚持轴心国必败和盟国必胜的信念，因为他对人类的未来拥有一种非宗教式的信仰：在未来的社会中，民主和每个人类个体的真正价值至关重要。

当时日本和德国正如日中天，没有人相信中江的预言。中江解释说，把对外关系建立在征服与被征服的基础上，是对历史上人性的正确解放方向的恐怖歪曲，“你想想，要是轴心国胜利了，让德国法西斯和像日本这样的（统治）体制笼罩整个世界的话，那么人民还有生存下去的理由吗？另外，人民希望在那样的环境下生活吗……人的合理思维所不能容忍的东西（在历史上最终）是不可能取得胜利的。否则的话，历史就会变得毫无意义了”。“肩负‘人性’重任的显然是民主国家一方而不是轴心国一方。因此，这次世界大战的最终胜利必定属于民主国家。”

中江坦然地说，自己希望日本失败，“如果按照这个方向走下去，日本暂时取得了胜利，那么骄横的军方和自以为是的官僚就会变得更加不知天高地厚，就无法成为健全的、光明磊落的民族。因此，与其留下病根，让病症继续发展下去，倒不如战败，但能从根本上矫正民族性格为好。”

中江看穿了日本政治上的堕落和教育里公然的谎言，勉励年轻人不要相信战时学校所教的任何东西。他在与一个日本高中学生的最后一次谈话中曾说过：“‘世界史’只能沿着‘人性’的方向前进。换句话说，唯有肩负‘人性’者才能成为世界史真正的推动力量。这是世界史发展的规律。未把握‘人性’持续发展方向者，不论其如何强大，结局都是崩溃。”

第二次世界大战的硝烟在世界弥漫，置身其中的善良的人们根本看不到历史隧道尽头的阳光。“我们必须依靠自己良心的力量，对真伪的辨别力以及勇气和胆量。”这种信念支撑中江在那个黑暗的时代艰难地孤身前行。在 1941 年他曾这样写道：“我或多或少还怀有这样的信念，即如果历史和人类的发展最终不是 vernünftig（理性的），那么它们就宛如我们极其渺小的生命，一文都不值。”

在一封信中，中江这样写道——

“我们这样的时代有什么未来可言吗？”听到这种话就像听见呼呼刮着的风，没有比这更凄凉的感觉了。历史还要向前发展，纵然遇到再大的破坏或混乱，也不要丧失自己对未来的信心和乐观预期，否则的话，人类怎么可能在其一贯坚持的人性的名义下，持续着迄今为止全部算来已达万年之久的生活，并进一步发展呢？如果学问压制这方面的意愿，那么它不是毒学问就是死学问。

1942 年 8 月 3 日，53 岁的中江因病去世。虽然他没有看到“人性”和民主胜利的那一天，但是他为后人提供了一个在艰难时代过一种充满尊严的生活的榜样。战后，他的藏书在京都大学作为“中江文库”被单独保存。这些藏书嘉惠后人，他对人性的信赖更是一座永不熄灭的灯塔，他的人生故事永远启迪和警醒后人：无论如何也要过一种绝不违背自己价值观的生活。如果一个人不支持符合人性的人类生活，那么生命又有什么价值可言呢?

佐佐木八郎：一个充满理想主义的神风特攻队队员

知识精英为什么会自愿加入神风特攻队？一位曾经当过学生兵的历史学家对自己的经历这样反思道："我们有能力打败军国主义和军政府，但我们无力打败理想主义和浪漫主义。"尽管在思想上，他们有能力抵制日本版的"一个民族，一个帝国，一个元首"，可是这些青年的梦想和理想主义最终还是被日本军国主义利用，被送上了死亡之路。

佐佐木八郎是时代骄子。他出生在经济条件相当好的上层家庭，自幼聪明好学，16岁考入"一高"。1942年4月，也就是日军偷袭珍珠港4个月后，19岁的佐佐木踏进东京大学校门。从"一高"到东京大学，是那个时代日本年轻人的梦想。如果是和平时代，佐佐木八郎可能会像其他校友一样进入政府工作，稳稳地晋升，甚至不乏进入内阁的机会。问题是他碰上了该死的战争。

在别人都在为战争欢呼的时候，这个年轻的大学生却有迥异于常人的思考。“不知为何，面对日本胜利的消息，我始终高兴不起来。我深感忧虑。不知道战后资本主义会发生什么。”佐佐木在日记里揭露“大和魂”和“皇御国”的虚伪本质，用惊叹号写道：“军部是个大混蛋！”他严厉批评报纸吹捧战死的军人，对新闻媒体赞美那些把儿子培养成“优秀军人”的母亲深感不安。在他看来，这无非是国家通过表彰，鼓励人们参战。

显然，佐佐木看穿了法西斯主义、军国主义对爱国主义的利用。在几乎所有日本人都被所谓“爱国主义”裹挟的时代，他是一个难得的清醒者。为了理解日本的时局，他阅读了大量哲学、政治经济学、历史等相关书籍，世界性的知识视野使他跳出了“日本独大”的狭隘之见。

佐佐木讨厌希特勒，也讨厌莱妮·里芬斯塔尔拍摄的纳粹宣传片《意志的胜利》。他说，人们之所以受鼓动而加入纳粹，是因为后者宣称自己代表了“一个民族”的集体生活。但他们使用的统治术令人吃惊：把“集体劳动”神圣化，把人们变成傻子，强迫人们为独裁者卖命。在佐佐木看来，这些统治术都是“反人性和反历史”的。

佐佐木精通外语，从柏拉图到卢梭，从马克思到列宁，都在他阅读范围之内。一位朋友送给他一本日文版的恩格斯著作。他发现翻译很糟糕，就阅读德文原版，并被深深打动。他撕下书中的恩格斯照片，将之贴在书桌上。列宁、斯大林深刻影响了这个年轻人，他希望“在日本也有像他们那样的人”。

吊诡的是，这些广博的阅读却使得他对战争的看法发生了微妙变化。他不再反对战争，反而认为这场战争是正义的，因为美国和英国代表了资本主义的邪恶力量。1943 年 5 月，美军击溃日军，收复阿图岛——二战中日本唯一侵占的美国国土。这一新闻引发了佐佐木的思考——

一个新时代有一种新的精神气质作为标记。尽管新时代的物质基础已经具备，但我们不能不注意到旧的资本主义的遗产。如果旧的资本主义力量不那么容易摆脱，是不是可以通过惨败来将之打碎，我们正在将一场灾难转化为幸运的事件。我们正在寻找如“浴火重生的凤凰”一样的东西。

佐佐木决心利用战争“打碎”腐朽没落的英美和日本，建立一个光明的新世界。“浴火重生的凤凰”是那个时代日本青年知识分子偏爱的一个隐喻。对佐佐木而言，新日本将是一只“浴火重生的凤凰”，充满了人性之爱。他觉得，历史重任就在自己肩上，用他自己的话说，“在历史的关键时刻，‘我们’不能让资本家和狂热的军人坚持旧的统治。我们自己必须肩负起打造一个新世界的责任”。

难以理解的是，佐佐木“打造一个新世界”的做法不是反对国内的统治者，而是参加统治者发动的对外战争。当他听到日本军人在阿图岛集体自杀的消息后，深受感动。这位曾经的坚定不移的反战者，现在却希望战争推迟，以便自己大学毕业后可以入伍参战。他宣称：“我们必须战斗到最后，日本人靠自己可以创造一个新时代。我们不能屈服于‘红发绿眼’。”很快他就如愿以偿了。

日本在取得最初的胜利仅仅半年后，就在太平洋战场上陷入被动，不得不在国内一再征兵，最后在校学生也成为征募对象。1943 年 10 月，在 3 天时间内，就有 6 000 名学生成为军人，其中 500 名来自东京大学。佐佐木也在其中。

这些学生兵不知道，一旦被征募就意味着踏上了不归路。他们发现，作为新兵的第一课竟然就是学习如何用自己的枪自杀，而不是如何逃生。包括练习用脚趾扣动扳机，以及用枪精确地瞄准下巴以便立即自杀成功。如果他们没有自杀，而是试图逃跑，其他人就可以从后面射杀他们。在军营里，学生兵的生活苦不堪言，上级不仅制定了大大小小的规则，而且还无理由地对他们施加体罚。

佐佐木的命运也好不到哪里去。他被派往谷田部海军航空基地，那里的职业军人有着“恶魔监狱长”之称，他们认为学生兵家庭背景好，能够上学读书，而他们连高中都上不了，因此对学生兵充满了莫名的仇恨。这些军人经常随便找借口对学生兵施以体罚，有时命令学生兵绕着基地不停地奔跑，许多人因此昏倒在地。

虽然被职业军人残酷折磨，学生兵却把这些转换为保家卫国的高度责任感。他们坚信，自己必须肩负保卫日本的重任。佐佐木就以尼采的口吻宣称，“自由不是我们的选择。这是残酷的必然性，不管我们喜欢与否，我们的自由意志是我们的命运”。

这些自白记录在佐佐木的日记里。经受过高等教育的学生兵喜欢写日记，以倾诉烦恼，整理思想和情感。可是他们的作品受到严格审查，像“资本主义”“通货膨胀”“黄油”等外来词是被禁止的。有的学生兵担心被上司和极端民族主义战友发现和没收，不得不在熄灯后用大号字体写日记。佐佐木就是在这样的环境下偷偷地写下长篇日记，记录自己的心路历程。他在日记里反复讨论马克思、恩格斯、列宁、克鲁泡特金、斯大林和托洛茨基。

在日本和世界建立一个充满理想主义的新时代，这个梦想鼓舞着佐佐木，也让他对残酷的现实视而不见。他在日记里说，“我对我的体力充满信心。我们现在必须要做一面盾牌来保卫国家，开赴前线以防止敌人可能的进犯”。

此时日军的颓势越来越明显。当美军快逼近日本本土时，日军建立“神风特攻队”，利用战斗机、滑翔机和潜艇鱼雷进行自杀式攻击。他们认为，面对死亡毫不迟疑的日本武士道精神是扭转战局唯一可用的神奇手段。据统计，“神风特攻队”队员总共有 4 000 多人，一部分是专门训练学校的毕业生，另一部分就是大学生。虽然名义上他们都是“自愿”参加，但其实许多人是被迫的。没有一个军校毕业的军官自愿充当攻击队员，他们清醒地知道这是毫无意义的死亡，重要政治家、军官和商人之子或皇室成员也不会参加特攻队。

1945 年 2 月 20 日，谷田部海军航空基地的学生兵被召集到一个大厅，要求他们自愿加入“神风特攻队”。在死亡面前，许多人犹豫了。海军少尉佐佐木向前跨出一步，在报名表上写下了自己的名字。家人朋友都反对他加入“神风特攻队”。一位战后成为东京大学教授的朋友在给佐佐木的一封信中说，战争只有利于日本的帝国主义和统治者，对普通民众毫无益处。他告诉佐佐木不要战死，因为在这样的战争中死去，只能获得一种英雄主义和片刻感伤主义的满足——这是愚蠢的行为。另外一位密友劝他不要轻易丢掉性命，即使蒙羞也要返航。但是佐佐木决心已定，不再回头。

在战时日本，军部和政府共同营造了一种狂热的气氛，爱国主义被推崇为最高美德，“神风特攻队”队员被奉为“英雄中的英雄”。虽然佐佐木聪明，也具批判思维，但是却被另一种逻辑推动着，做出了与那些狂热的法西斯主义者同样的选择。这个名牌大学的公费学生不仅想摧毁英国和美国——资本主义的典型，而且还想推翻被资本主义腐蚀的日本，建立一个新日本。在他看来，参加“神风特攻队”就是在实现自己的理想。

在官方连篇累牍的宣传中，特攻队队员执行最后使命前微笑着敬礼和挥手再见，但实际上这些赴死的战士并不是那么轻松。在一个海军航空基地负责煮饭、清扫的学生兵这样描述他们攻击的前夜——

在大厅，他们举行了告别宴会，青年学生军官们喝着冰冷的清酒，一些人浅酌，一些人则狂饮。整个大厅一片混乱。一些人用刀刺破灯泡，一些人打烂窗户，还有的人撕破桌布，空气中充斥了军歌和叫骂声。当有人狂叫时，其他人则大声附和。这是他们生命的最后一晚。他们想念父母的面容和形象，以及恋人的面容和微笑，这是一次悲哀的告别。他们就要为日本帝国和天皇牺牲自己宝贵的年轻生命，但他们的痛苦不安找不到合适的言辞来表达——有的把头埋在桌上，有的在写遗嘱，有的握拳沉思，有的离开大厅，有的狂舞打碎了花瓶。明早他们将带着太阳头带起飞。但是，这幅全然的绝望景象很难被报道。

佐佐木则在执行最后任务的前一天，给身患重病的父亲写了一封信。“虽然我没有照顾你，但明天我就要为日本而死了，”

他写道，“虽然我从没说过这事，但这是最后的机会，让我说一声我爱你。”这句话他重复了好几次。第二天，1945 年 4 月 14 日，佐佐木葬送了自己年仅 23 岁的生命。如果不是他的日记《青春的遗书：阵亡者的日记和爱》战后得以出版，人们永远理解不了这个知识精英的心路历程。

4 个月后，日本无条件投降。“神风特攻队”的疯狂行为没有能够挽救日本，只是徒然将数千名青年送上不归路。即使那些幸存者也面临着屈辱。战败后，日本政府认为“神风特攻队”是日本的耻辱，许多幸存的“神风特攻队”队员立刻被送进美军的感化院，在那里遭受凌辱，出来后失去工作的机会，堕入社会底层，有的则沦为黑社会成员。这些人被称为“特攻落魄分子”，在价值观彻底改变的时代里，他们后半生充满狂躁和苦闷。

“神风特攻队”队员里，除了狂热的极端民族主义者和法西斯主义者，还有不少像佐佐木这样具有极高智商的知识精英。他们学识渊博，并不盲从，心中充满了理想主义。理想主义是驱使他们成为志愿者的真正动力，也正是理想主义导致他们成为法西斯主义的殉葬品。

知识精英为什么会自愿加入“神风特攻队”？一位曾经当过学生兵的历史学家对自己的经历这样反思道：“我们有能力打败军国主义和军政府，但我们无力打败理想主义和浪漫主义。”尽管在思想上，他们有能力抵制日本版的“一个民族，一个帝国，一个元首”，可是这些青年的梦想和理想主义最终还是被日本军国主义利用，被送上了死亡之路。如果说那些极端民族主义者和法西斯主义者的命运是悲剧的话，那么这些理想主义者则是更大的悲剧。

一块纪念碑的故事：日本人为什么仇恨美国？

在疯狂的民族主义浪潮席卷下，日本国民失去了独立思考的能力，成为思想上的“文盲”。民间越来越憎恶美国事物，“鬼畜英美”的咒骂声不绝于耳。随着日本在太平洋战场上节节败退，仇美情绪更加高涨，佩里来航纪念碑自然便成了宣泄仇恨的对象。

1945 年 2 月 8 日，横须贺的久里滨小镇上热闹喧嚣。乌泱泱的一群人在呼喊声中，将高大的佩里来航纪念碑推倒。然后在原址竖立一块 3 米高的木牌，上面写着“护国精神振起之碑”，人们还在木牌前面合影留念。

如果说，竖立佩里来航纪念碑是日美友好的见证，那么推倒这块纪念碑则是日本仇恨美国的象征。这块纪念碑的遭遇，是日本历史的一面镜子。从竖立到推倒，折射了日美两国关系的变化，也反映日本对世界的认识。

1853 年佩里将军率领“黑船”舰队叩响日本国门，也为 15 年后的明治维新打开了道路，正是明治维新将日本推上了富国强兵的近代化道路。所以日本并不认为佩里是侵略者，反而把他视为恩人。1901 年，佩里来航 48 周年之际，日本决定在他最早登陆的久里滨建立纪念碑。这个计划得到日美两国的热烈响应，明治天皇也捐赠了 1 000 日元。碑体是一块巨型花岗岩，碑文由多次担任首相的伊藤博文亲笔书写，纪念碑的基座上的说明文字称，佩里来航“成了将幕府统治下的锁国状态的日本拉回到世界的原动力”。日本还举行了盛大的纪念碑落成典礼，首相、陆军大臣、海军大臣、大藏大臣、农商务大臣等政府和军队首脑以及各界名流悉数到场，还出动了四艘军舰。美国也派遣佩里外孙弗雷德里克・罗杰斯少将率三艘军舰参加典礼。

此后，日美关系一直比较友好。1905 年，日俄双方在美国的朴茨茅斯举行谈判，签订《朴茨茅斯条约》，正式结束了日俄战争。谈判选在美国，说明日本信任美国。为了解决巴黎和会未完成的问题，1921 年有关国家又召开华盛顿会议。这次会议确定了美、英、法、意、日五国的海军力量比例，结束了战后的军备竞赛。由于限制日本的海军发展，引起军部对美国的不满。

从此开始，这两个正在崛起中的国家冲突不断。1924 年美国通过排日移民法案，日本舆论哗然。知识分子纷纷发表意见，主张为日本重新定位，回到亚洲主义的立场，凭借强权进占亚洲的霸主地位。只是这些议论主要停留在军部和精英阶层，民间仍然喜欢美国文化，好莱坞的电影就吸引了大量日本观众。1934 年美国棒球联盟访问日本，在 12 个城市与日本明星队对垒，观看的球迷蜂拥而至，东京 6.5 万个座位的棒球场被挤得水泄不通。

就在日本球迷为当红的美国棒球明星着迷的时候，一股国粹主义的热潮正在涌动。国粹主义大张旗鼓地强调以古为尊、万古常新的行为原则及理想，要求以此作为日本道德和行动的基石，反对外来文化的“侵略”。在国粹主义者看来，日本人浑浑噩噩，只知道追求个人利益和享乐，整个社会充斥着“摩登女郎”、美国电影。这些都是西方文化侵略，特别是美国输出毒素的结果，必须清除。

一些政治家也呼应这样的思潮，声称国民的思想出了问题，甚至出现了“思想国难”的说法。政府提出针对学生要“思想善导”，专门设立“学生思想对策调查会”“教学革新评议会”等机构。难怪美浓部达吉发表文章讽刺说：“如果所谓思想善导在于想消灭革命思想，那就只有禁止全部教育，使国民完全成为文盲。”

尽管政府还不至于“禁止全部教育”，却可以通过宣传和教育灌输偏见，达到“使国民完全成为文盲”的目的。1937 年 3 月，文部省出版小册子《国体之本义》，分发至全国学校和政府机关，以加强思想统制。该册子宣称，神国日本是以皇室为宗家的一大家族国家，臣民必须绝对服从万世一系的天皇，忠君爱国，各守其分，以实现君臣相和、君臣一体。它鼓吹日本特色，强调日本的特殊性，“我等臣民与西方各国的所谓人民，其本性完全不同”，“我国有其道德的特色，世界没有先例”。它呼吁清除外来的欧美近代文化，刷新教育、学术、政治、经济，建设日本新文化。

日本侵华战争爆发后，日本政府开展所谓“国民精神总动员运动”，加强对国民思想的“指导”“干涉”。广播里清除了软弱无力的“靡靡之音”，选定“国民歌谣”《日本好国家》和“国民歌曲”《走向大海》，每天进行广播。男人被强制穿“国民服”——一种像文职军人或随军壮丁那样难看的“制服”。穿着裙子和袜子的西洋式女子形象完全看不见了，满眼都是田野的劳动裤和裤子形式的“决战裤”。不唯如此，街上还到处竖立“奢侈是敌人”的标语，妇女爱国团体的志愿者走上街头，以警惕的眼光搜索身穿漂亮衣服的女性，递给她们一张写有“请自重”的卡片。那些烫头发、戴戒指、涂抹指甲和口红，或戴金丝眼镜的女人成为攻击目标，因为她们被视为“腐朽”的“个人主义”西式生活的拥护者。当男女同行时，女人要落后男人数步，如果她与男人并肩而行，就会被认为这是受到美国文化影响的无教养的行为，甚至被带到街头的派出所受到带有刁难性的盘问。1940 年 10 月的最后一天，所有舞厅和爵士乐表演都被关闭，此后只有当局许可的“国民酒场”可以营业。

在攻击西方文化的同时，政府加强了对“日本特殊论”的鼓吹。1941 年 3 月，文部省出版了《国体之本义》的姊妹篇《臣民之道》。在后人看来，其中的内容实在不可思议：

——没有像我国这样肩负着崇高世界使命的国家。

——具有如此国体的国家，在世界任何地方也是找不到的，只有我国才能够完成道义上建设世界的使命，我国才是世界的光明。

——国民自觉奋起，把我国建设成世界优秀的神国。

——人既不是孤立的个人，也不是普遍的世界人……人是日本人，日本人遵循皇国之道，实行臣民之道，即我等活在基于国体的坚定的信念之中，才能成为皇国臣民。

对内愚民，对外扩张。随着日本侵略范围不断扩大，美国政府则不断对日本进行谴责和制裁。1941 年 7 月，日本派军进占法属印度支那南部，美国政府随之冻结日本所有在美资产，全面禁运石油，随后英国、荷兰、新西兰和菲律宾也都采取了相同行动。军部声称，这是针对日本的“ABCD 包围圈”（A 为美国、B 为英国、C 为中国、D 为荷兰），美国的意图是把日本扼杀在封锁中。报纸耸人听闻地描述日本的经济困境，宣称最大的恶霸美国要孤立日本。一家报纸发表的文章说：“近来，日本被所谓 ABCD 阵营包围的趋势日益明显，日本被敲诈和恶意宣传所威胁。这些极端的威慑手段不断阻碍我们打造‘大东亚共荣圈’的丰功伟绩，还显露出（西方的）极端贪婪。”

诸如此类的仇美言论充斥着当时的报端。一家报纸的文章说：“敌人已经不只是重庆了，不只是蒋介石一派了，还有唆使他们，并使他们成为走狗的维持着世界现状的主要支配国家英美。”另一家报纸的评论这样写道：“看看太平洋的彼岸吧，罗斯福总统为了自己的飞黄腾达和称霸世界的野心，假借日本宿敌之名，企图强化 ABCD 包围网，炫耀军备在数量上的优势，轻视东亚盟主日本，威胁我帝国想使我屈服。”

作为侵略者，日本却把自己说成是委屈万分的“受害者”，把美国说成是“加害者”，这就是强盗的逻辑。可怕的是，仇恨情绪是传染病，在日本民众中迅速蔓延开来。所以，在“偷袭珍珠港”成功后，日本国内一片欢腾，日本政府则公然排斥英美文化的影响力。美国电影被禁止，只准播放德国、意大利的歌颂英雄的影片。烫发被指责为污染女性纯洁的“西方腐朽生活方式”，被列入禁止项目，一些地方甚至挂出“根据町委会决议，烫发者请勿入町”警示牌。美发用的吹风机被送往军队，作为再生军用物资使用。棒球也在禁止之列，文部省下令停止“东京大学棒球联盟”间的大学比赛。鉴于爵士乐在日本十分流行，日本音乐文化协会宣布“将美国爵士乐的影响横扫出日本”，规定每个月的第三个星期五都开会讨论“消灭颓废爵士音乐”的办法。

日本还发动了一场净化语言的运动，声势浩大。日文中用片假名表述的外来语极多，日本先将外来语以“轻佻浅薄”的罪名发难，进而又贴上“敌性用语”的标签来加以排斥。“烫发”成为“敌性用语”的首选，改用汉字“电发”两个字来取而代之，美其名曰“爱国语”。此例一开，其他类似所谓“轻佻”的外来词也纷纷被改。

日本海军从英国引进的广受欢迎的咖喱饭被改成“辛味入汁掛饭”（加有辣椒汁的盖浇饭），果味汽水被改为“喷出水”，牛奶软糖被改成不伦不类的“军粮精”。低音提琴被改成“妖怪的四弦”，萨克斯管变成了“金属制弯曲型尺八”，长号成了“可拔可插弯曲金属管黄铜喇叭”。因为球类运动在日本几乎皆为外来语，改起来更是五花八门。橄榄球改为“斗球”，手球改为“送球”，足球改为“蹴球”，篮球改为“笼球”，网球改为“庭球”，曲棍球改为“杖球”，台球改为“杆球”。棒球虽然很早就被称为“野球”，但也不能幸免。选手被改称“战士”，队服都改成所谓“国防色”，棒球帽也换为日军的“战斗帽”。更麻烦的是，比赛与裁判用语全部修改，导致好几个赛季混乱不堪。

1943 年 2 月，日本内阁情报部编辑的《写真周报》杂志列举了许多街头的英文招牌，提出“从招牌上抹去美英之色”。该杂志气势汹汹地质问道——

这绝不是纽约和伦敦的街头。而是日本的街头。然而我们现在却正在和美英进行着战斗。怎么样？在我们日本的都市中却泛滥着英文的招牌……是不是应该断然将这些充斥着对美英献媚的招牌拆掉？有怎么样对美英献媚的招牌，我们基本上可以看出这样的商店卖着什么样的货色，在要紧的地方写着英文，店名采用敌国美英的地名人名。这样不管是谁，只要想一想就知道这家店不是招待日本顾客的日本店，标有敌国的地名和人名的，除了媚态以外什么也不是。

在民族主义的高压下，“西铁城公司”变成“大日本时计株式会社”，“哥伦比亚唱片”改成“日本蓄音机工业”，“华盛顿靴（鞋）店”更是干净利落地改成“东条靴店”。公司如此，学校也逃不脱劫数，“东洋英和女学校”、“静冈英和女学校”以及“山梨英和女学校”都因为这个“英”字具有“敌性”，分别改名为“东洋永和女学校”、“静陵高等女学校”以及“山梨荣和女学校”。歌手“哥伦比亚小姐”改成了“松原操”，连铅笔的硬软度都换了称呼，HB、2H、3B 分别成了“中庸”“2 硬”“3 软”。日本的“阿尔卑斯山”也重新命名为带有本土气息的“中部山岳”，政府甚至也不鼓励民间使用“爸爸”“妈妈”等西式称谓。

在高涨的“文化自信”背后，其实是深刻的“文化自卑”。自明治维新以来，大量的新词汇不断涌入日语，已经几乎渗透到了社会的所有角落。它们丰富了日本文化，也方便日本与世界文明沟通。“净化语言运动”本想维护日本语言的“纯洁”，却注定成为一场滑稽的闹剧。事实上，战后几乎所有改过的名词又都改了回来。

既然要净化语言，英语自然也受到鄙视。中学的英语课程成了选修科目，课程数量大为缩小，几乎达到无法进行正常英语教学的程度。英语教科书中不得出现对英美物质文明带有讴歌色彩的内容，也不应该出现用最高级来修饰英美事物的语句，比如“纽约的帝国大厦是世界最高的建筑”，也不得出现类似“大阪是日本的曼彻斯特”的比喻。音乐课程中的英美传统歌曲被削去，改成爱国色彩更为强烈的曲目。其他教科书中，那些带有所谓“敌性色彩”的表达方式也纷纷被修改。

就是在这样疯狂的民族主义浪潮下，日本国民失去了独立思考的能力，成为思想上的“文盲”。民间越来越憎恶美国，“鬼畜英美”的咒骂声不绝于耳。随着日本在太平洋战场上节节败退，仇美情绪更加高涨，佩里来航纪念碑自然成了宣泄仇恨的对象。1944 年，横须贺市的右翼团体义愤填膺地要求当地军政机关推倒纪念碑，将其“碎尸万段”后铺洒在靖国神社的参道上，供参拜者践踏。同时在原址建立“护国精神振起之碑”，而且商定由著名的右翼学者德富苏峰书写碑文。虽然建碑时有天皇的下赐金，政府不敢轻举妄动。但是在右翼的胁迫下，当地官方最后不得不同意。不过，将石碑“碎尸万段”和竖立新碑的计划却没有来得及实施，因为不久美军开始空袭横须贺。纪念碑就这样躺在原地，迎来了日本投降之日。

1945 年 8 月 30 日，美军在横须贺登陆。半年前推倒纪念碑的人们，被召集来参加重修。至今，这块纪念碑仍然矗立在太平洋岸边，无声地告诉着人们：不要忘记那个疯狂的岁月，要保持独立思考，要警惕洗脑教育！

吉田茂：从“谋反分子”到“爱国者”

那些满嘴“爱国主义”的人是靠不住的，他们反而可能把国家带向灾难。只有那些具有国际眼光、认识到国家长远利益的人，才是真正的爱国者。

在战争后期，日本国民的生活越来越穷困。即使是吉田茂这样家底丰厚的前外交官，也感受到生活的压力，佣人接连辞职。后来，家中来了一个叫麻基的女佣，既头脑灵活又能干。当时食品缺乏，可是只要她说一声“我去弄吃的东西来”，就可以带回米、酱、油等生活必需品。而且在那个物价疯涨的时代，这些物品的价格竟然近于公平，因此吉田茂全家都对她非常信任。

东京之外，吉田茂在大矶的别墅也缺少人手。麻基说，她有一个远亲，出征时得了疟疾，被遣送回国，现在闲住家里，可以叫他来帮忙。吉田茂正苦于劳动力不足，一口答应。于是，一个名叫东辉次的军曹来到大矶，每天挑水扫地，接送客人，为人诚恳，很是能干，深得吉田茂一家的器重。家庭生活安稳，吉田茂安心地投入政治活动中。

自从1939年卸任驻英国大使以后，吉田茂一直赋闲在家。因为军部法西斯认为他“具有反军思想”，就找借口将其免职。但是这位精神和体力都很充沛的政治家一直在幕后活动。他反对三国同盟，主张日本与英美保持友好关系。因为他深知，与纳粹德国、意大利结盟，就必然对抗英法，进一步对抗美国，日本的未来将面临灾难。对国际局势的认识，他比军部和外务省清醒。

在“偷袭珍珠港”前夕，吉田茂曾对东条内阁的外务大臣说，“如果你无法制止日本向美国宣战，就应该辞职，以使内阁无法进行讨论，甚至连军方也得三思。如果你因此遭到暗杀，也是死得其所”。可是，形势完全朝着他希望的相反方向发展，日本挑起战争，终于将美国变成自己的敌人。

和很多心存侥幸的政治家不同，吉田茂很早就预言日本必然战败。他认为日本应该和美国通过谈判取得绅士般的和解，美国会给予宽大的和平条件。甚至在1942年日本军队取得胜利时，吉田茂和官僚核心集团的若干重要成员及商界精英就偷偷摸摸地讨论与美国开始和平对话的可能性。他还不避嫌，悄悄给被软禁的美国驻日本大使格鲁夫妇送去慰问品。这是微不足道之举，但却需要极大的勇气。

在战争状态下，这种认识和行为是危险的，很容易被指控为“非国民”、卖国贼。逻辑很简单：战争之际，本应同仇敌忾，岂能勾结敌国人士？轻言求和，就是破坏国内士气。当时国内治安体系严密如网，警察有权力对民众进行全面监控，包括职业、社会背景、居住环境、生活状况、身体健康，私人通信、往来人士也都在监控范围之中。在高涨的“爱国主义”的驱使下，有些民众也积极配合。他们去告密并不是想做坏事，而是以出色完成“国民义务”的“爱国者”自居。只要稍微流露出厌战情绪，就会有人向宪兵报告。思想警察“特高”也到处窥视，每天都有无辜的人被投入监狱。即使像吉田茂这样的精英阶层，也受到严密控制。监视他活动的警察称他为“吉反战”。

吉田茂认为，东条英机是“恶魔之子”，罪魁祸首，只有换掉他，才有可能谋求和平。自从1940年各政党解散、近卫文麿成立“大政翼赞会”以后，几乎形成了“一国一党”体制，一切政治活动都有非法之嫌。为了尽早结束战争，吉田茂把一群志趣相投的人吸引到了他的周围，包括前首相若槻礼次郎、近卫文麿和一些企业家，进行秘密的地下活动。这是非常危险的，因为东条英机一向动用军警和宪兵压制不同的声音，对反对派毫不手软。曾支持东条英机的政治家中野正刚不满东条的独断专行，串联元老重臣，密谋逼迫东条辞职，宪兵就以“流言蜚语罪”逮捕他。结果，中野正刚在家中被逼剖腹自杀。

随着战局越来越不利，1944年7月东条英机被迫辞职。可是，新上台的小矶国昭内阁仍然心存幻想，声称“还不能断定最后一战无获胜的希望”，继续推行战争政策。到1945年初，日本败局已定，却仍然没有和平曙光，吉田茂把希望寄托在天皇身上。在他的支持下，近卫文麿写了一份冗长的奏折给昭和天皇，呼吁尽快结束战争。奏折开篇即说：“战争失败，实为遗憾，但已无可避免。”在上奏前夜，近卫文麿就住在吉田茂家中，两人一直商量到深夜。

吉田茂感到奇怪，近卫上奏不久，东辉次就失踪了，介绍他来工作的麻基也不见了。因为是战争时期，人心惶惶，吉田茂也没有太在意。就在近卫上奏两个月后的一天清晨，宪兵队敲响了家门，67 岁的吉田茂被逮捕，罪名是散布近卫上奏内容，散布“陆军已丧失战争的信心，多士气低落势的反战论调”，另有“刺探、泄露关东军的编制、装备、行动等机密的嫌疑”。1941 年 12 月颁布的《言论出版集会结社等临时取缔法》规定，“对散布有关时局流言蜚语的人，处以两年以下徒刑或监禁，或处以 2 000 元以下罚款”，“违犯军事机密保护法”更是重罪。

近卫来访，宪兵有可能知道。奏折上奏给了天皇，吉田茂抄录的一份已经烧掉，宪兵怎么可能知道奏折内容呢？吉田茂百思不得其解。他不知道，其实他的一举一动都在宪兵的监视下，因为他家中的用人麻基、东辉次都是宪兵派来的特务。

从 1939 年开始，宪兵就把吉田茂作为“在外事方面不受欢迎”的监视对象。为了安插特务，趁吉田家的女佣外出时，特务就向她们吹说，在吉田茂那样危险的人物家里干活，不久自己也会受牵连的。促使女佣一个接一个地辞去，当吉田家苦于人手不足时，能干的麻基来到吉田家。她能够弄来别人弄不来的食品（都来自秘密机关），获得吉田茂家的信任，又把另一个特务东辉次介绍进来。为此，秘密机关还给东辉次伪造了毕业证书和负伤军人解除现役的手续。通过这两个人，宪兵对吉田茂的一举一动了如指掌。偷偷抄写近卫奏章内容的，就是东辉次。

这种手段，对于一个专制政权来说，本也平常。不过，对于浸淫欧美文化多年的吉田茂来说，这是不可思议的，他也根本想不到军部会以如此下作的手段对付自己。在东京宪兵队接受审问时，他始终顽固地否认与近卫奏折有任何关系。但是当东辉次抄写的近卫奏折摆在他的眼前时，顽固的吉田不得不招供。除了奏折，宪兵队还调查了吉田茂同美国驻日大使格鲁的关系。吉田茂在《十年回忆》第一卷中写道——

格鲁大使与我私交甚笃。与美国开战后，他被软禁在美国大使馆里，我曾找机会给他送过食品。宪兵队调查我同格鲁大使的关系，问我：你一定同大使曾约定秘密会面，准备在什么地方、为了什么目的而会面？我觉得问得很奇怪，回答说："并没有约定过。"他们说掌握了证据。我说："把证据拿出来让我看看！"宪兵出示了我给格鲁大使写信的抄件。一看才知道是大使将要乘交换船回国时，我曾写过这封信。我心想原来信件遭到了检查，尽管我说这是写给格鲁大使的一封告别信，宪兵也根本听不进去。

他们指着信上的一个地方问这是什么？我一看写着"some better day"，便说，这是"将来如有机会再见"的意思。他们说"这就是约定要秘密会见"，不同意我的说法。我不厌其烦地做出了如下无聊的解释……最后宪兵也没有理解，毋宁说他们根本不想理解。

在狱中，吉田茂起初整天面壁而坐，稍动一下身体就会受到斥责，而且深受臭虫、虱子骚扰。但是吉田茂在狱内安定往常，他认为"尝尝铁窗风味，换换环境，对我也没有坏处"。他把家里给他送来的食品分给同牢的犯人和看守，因此大家都很喜欢他。彼时空袭不断加剧，许多地方变成一片火海，包括皇宫宫城在内的东京大部分遭到焚毁，关押吉田茂的陆军刑务所也被毁。他后来写道："我当时想，要是活生生地给烤糊了，那会有多难受呀！"所幸，在关押一个多月后，吉田茂就被假释。

数日后，他又被一位法务中将传讯。本以为又有麻烦，可是这位中将一见面，就称吉田茂为"阁下"，还说"没有比阁下再爱国的了"。昨天还是谋反分子，今天却成了"阁下""爱国者"，吉田茂不禁报以苦笑。

之所以逮捕吉田茂，是因为这时铃木贯太郎内阁上台，和平要求已经难以遏制。陆军强硬派痛感对和平势力有实行镇压之必要，最明确地主张和平的吉田茂因此便成了瞄准的对象。可是，1945 年 4 月 30 日希特勒在柏林的地下室自焚后，凯特尔元帅代表德军于 5 月 8 日在盟国无条件投降文件上签了字，日本处于孤立无援的境地。对还有一点点理性的日本人来说，唯一的出路只有结束战争，这已经太明确了。于是吉田茂这名"谋反分子"成了"阁下"，并被公认为是"爱国者"。

吉田茂被释放两个半月后，和平得到了实现。他在寄给朋友的明信片中这样写道："应该说，到现在为止，我方的败法也是古今东西从未有过，败得出色。重建皇国的趋势自然蕴藏于此。应该切除这个政治之癌——军部，使政界明朗多发扬国民道义，外交由此面目一新。而且如果由于振兴科学，引进美国资本，重新恢复财界，最终进一步发挥帝国的真髓，那么战败不一定坏，雨后的天地更有佳处。"

吉田茂断定如果振兴科学，引进美国资本，那么这次战败将是重建日本国的绝好机会。这彰显了他的政治抱负。不久，他出任战后首相，领导日本重建。他不但为日本战后的复兴、崛起打下了坚实基础，也使自己成为战后最成功的政治家。他用自己的事例证明，那些满嘴“爱国主义”的人是靠不住的，他们反而可能把国家带向灾难。只有那些具有国际眼光、认识到国家长远利益的人，才是真正的爱国者。

故事还有一个耐人寻味的结尾。战后吉田茂调查才知道，在他被逮捕前家中突然消失的两个佣人都是特务，是来监视他的行动并向宪兵队报告的。他还得知，完成了在他家的任务后，东辉次又潜入近卫文麿的别墅，在走廊的地板底下安装了话筒，把客厅里的谈话全部录了下来。在1955年出版的回忆录《回忆往事》中，吉田茂还特意提到了东辉次的事情——

战争结束后，有一次他突然来到我家，道歉说：“在战争期间做了对不起你的事。我也是无可奈何，按照命令，不得不当特务，给你添了麻烦。”我勉励他说：“你无非是忠实地完成了交给你的任务，所以没有必要道歉。”后来，他托我介绍职业，我就打保票说，此人工作实在出色，给他找了个工作。

当这本书出版时，日本已经走出了战争阴影。翌年日本实现了加入联合国的夙愿，正式回归国际社会。同年出版的《经济白皮书》宣告“经济恢复时期已经结束”。《经济白皮书》还总结了日本近代历史，这样写道：“现代化是一种自我改革的过程。改革中必然存在着痛苦。明治初期，我们的前人实行了改革，把一个落后的农业日本改革成为亚洲地区先进的工业国家。后来，日本经济并没有再一次进行大的改革。于是人们害怕自我改革的痛苦，逃避这种变化，企图用改变外部条件来发展自己，结果造成了膨胀的军国主义势力。现在世界上两种体制的对立，从核武器竞争改变为和平竞赛，那么什么是和平竞赛呢？就是经济增长率的竞争，也是提高生产率的竞争。”

一个全新的时代开始了！

后 记

站在思想和时间一边

> 知识分子阶层并不是一群候补官员，而是一群牛虻，不停地叮咬着、刺激着政治国家——这头举止笨重的牲口。
>
> ——柏拉图《申辩篇》

在写作这本书的时候，我常常想起西哲苏格拉底的这句名言，因为日本知识界的表现让我深为失望。在“偷袭珍珠港”之前，日本很少有知识分子敢于对抗民族主义、国家主义的潮流，很少有知识分子敢于对军国主义说“不”。相反，绝大多数知识分子都“转向”，屈服于时代大潮，智者沉默，不智者附和，甚至成为民族主义、国家主义的吹鼓手，与军国主义同流合污。他们没有成为国家的“牛虻”，而是堕落为一群为国家唱赞歌的“夜莺”。

本书写到的女诗人与谢野晶子，在 1911 年曾写下一首充满自由主义精神的诗歌，高呼“移山的时刻已经到来”。然而在20世纪30年代，这位曾经质疑天皇、富有叛逆精神的诗人却完全倒向了国家主义，积极地为那些侵略中国的日本军人写赞歌。一个有尊严的诗人，为什么会在自己的背上插上色彩鲜艳的羽毛伏地爬行？事实上，并没有来自外界（包括政府和军部）的压力逼迫，而是她主动地委身于军国主义。

如果一个国家的知识分子群体都放弃了抵抗，那么这个国家还会好吗？德国哲学家费希特说：“基督教创始人对他的门徒的嘱咐实际上也完全适用于学者：你们都是最优秀的分子；如果最优秀的分子丧失了自己的力量，那又用什么去感召呢？如果出类拔萃的人都腐化了，那还到哪里去寻找道德善良呢？”

有人说，不应该苛责知识分子，因为他们手中没有权力，书本怎敌得过刀枪？确实，从眼前看，书本敌不过刀枪，但是从长时段的历史看，真理必打败强权。思想比权力更有力量。在这个意义上，知识分子有两大“武器”：一是思想，二是时间。所以，知识分子绝不应该屈服于眼前的时势，绝不应该上缴思想的权力，而应该站在思想和时间一边，应该像胡适先生所说的那样：“不降志，不辱身，不追赶时髦，也不回避危险。”

以此衡量，日本知识分子是不及格的。不可否认，其中也不乏个别风骨铮铮者，例如菊竹六鼓、美浓部达吉、河合荣治郎等人。我之所以浓墨重彩地描写这些人的故事，就是要向他们献上敬意。可惜，这样的知识分子太少了。假如有三分之一的知识分子保持独立之精神、自由之思想，或者至少保持沉默，这个新兴国家又何至自取灭亡？同时，我也将那些降志辱身者的言行辑为一文（《立此存照：和法西斯同流合污的知识分子们》)，既是留取历史资料，也为现实提供一面镜子。

为了“追赶”，许多后发国家的政府集中权力。其好处是可以集中力量做事，但是一旦误入歧途，其代价也将是非常惨重的。因此，后发国家的知识分子的使命就更加重要。他们就像一群牛虻一样，“不停地叮咬着、刺激着政治国家”，时刻提醒着风险。现代化征程多歧路，对于后发国家而言，避免步入歧途比选择正路更重要，因为只有避免了错误的道路，才有可能选择正确的道路。假如知识分子像“一群候补官员”一样，小心翼翼地缄口不言，甚至口吐莲花唱赞歌，那么国家很容易走上歧路。

常常有人怀疑地问：写作有什么意义？知识分子能够改变什么？我就对他们讲述一个真实故事：拿破仑战争结束后，波旁王朝复辟，一个自由派贵族在1815年维也纳舞会上，对那些翩翩起舞的权贵们发出贺拉斯般的棒喝：“你们什么都没有忘记，什么都没有学会。”

是的，人类很少从过去的灾难中学得聪明一些。“什么都没有学会”固然让人失望，却也激起我们攘臂而起、奋笔疾书的勇气。因为人们“什么都没有学会”，我们的写作才更有价值。假如人们都学会了，还要知识分子干什么！

我推崇这样的写作：用“鸟之眼”俯瞰，用“虫之眼”体察，用“鱼之眼”透视。和《国家的启蒙》一样，本书既俯瞰日本历史大脉络，又深入近代日本的历史肌理，自由地出入历史和现实，立体地审视历史。这种写作方式是否可行，希望读者朋友们评鉴。

本书能够完成并面世，得到许多师友的鼓励和支持，在此谨致谢忱。感谢财经杂志社为我提供了宽松的工作环境，感谢中信出版集团乔卫兵总编辑的支持和寇艺明编辑的耐心。特别感谢吴敬琏先生、周国平先生、易中天先生、雷颐先生、钱颖一先生、许纪霖先生、朱永新先生和吴晓波先生，他们撰写的推荐语既是对本书的肯定，也是鼓励我继续努力的动力。我正在写作《国家的重生》，描写战后日本重建的历程。这本书将和《国家的启蒙》《国家的歧路》组成“日本三部曲”，作为我学习日本近代史的总结，一起献给亲爱的读者朋友们。

感谢我的爱人方虹对我写作的支持。马浩宇同学是本书许多篇章的第一读者。作为一名高三学生，他丰富的世界史知识给我很多帮助。例如，本书的第一篇原拟题目是《第一次护宪运动：民众可以说不》，他建议修改为《日本之春：第一次护宪运动》。还有《德富苏峰：日本帝国的宣传部长》一文，他建议改为《德富苏峰：日本帝国的“戈培尔”》。我欣然听从他的建议，因为这些题目更醒目、更准确而生动。看到他一天天健康成长，日渐成熟起来，我感到欣慰。

我们生活在一个不确定的年代里，有人乐观，有人悲观。我个人对于未来谨慎乐观。因为未来不会自动到来，它是我们共同创造出来的。就像鲁迅先生所说：“希望是本无所谓有，无所谓无的。这正如地上的路；其实地上本没有路，走的人多了，也便成了路。”我坚信，只要一代又一代人不断地努力，站在思想和时间一边，世界会越来越好的。

马国川

2019 年 11 月 15 日

近代日本大事记（1912—1945 年）①

1912 年

●7 月 3 日，明治天皇去世，大正时代开始

●9 月 13 日，明治天皇国葬仪式在东京举行，乃木希典大将殉葬

●是年，东京大学教授美浓部达吉出版《宪法讲话》，提出“天皇机关说”

●年底爆发第一次护宪运动，持续到 1913 年 2 月，第三次桂太郎内阁成为日本历史上第一个被民众推翻的内阁

1913 年

●8 月 5 日—9 月 1 日，中国接连发生三起涉日事件，日本右翼要求出兵中国

●9 月 5 日，外务省政务局长阿部守太郎被暴徒暗杀

●1913—1914 年，京都大学发生“泽柳事件”，教授为捍卫大学自治向校长说“不”

① 为了给读者朋友们提供一个清晰的历史大脉络，此处收集了 1912—1945 年日本国内外重大事件，并将本书所涉人物、事件纳入。

1914 年

- 1 月，媒体披露“西门子事件”，山本权兵卫内阁遭到质疑
- 4 月 16 日，山本权兵卫内阁辞职，大隈重信内阁成立
- 7 月 28 日，第一次世界大战爆发
- 8 月 23 日，日本对德国宣战
- 11 月 7 日，德国将其在中国山东的权益转让给日本

1915 年

- 1 月 18 日，大隈重信政府向中国提出“二十一条”
- 5 月 25 日，中国接受“二十一条”前四项
- 是年，石桥湛山阐述了“小日本主义”，呼吁通过和平贸易建设国家

1916 年

- 10 月 9 日，寺内正毅内阁成立
- 10 月，元老松方正义向首相寺内正毅提交意见书，严厉批评政府的对华政策

1918 年

- 7—9 月，全国爆发“米骚动”
- 8 月 26 日,《大阪朝日新闻》的报道引发“白虹贯日事件”
- 9 月 29 日，寺内正毅内阁辞职，原敬被任命为首相，成为日本第一位平民出身的首相，开启日本政党内阁

●11月23日，吉野作造与“浪人会”辩论

1919年

●1月18日，巴黎和会在凡尔赛宫召开，西园寺公望、牧野伸显率领日本代表团参加

●3月1日，朝鲜爆发“三一运动”

●5月4日，中国爆发五四运动

●6月28日，各国在巴黎签订《凡尔赛条约》，同一天通过《国际联盟盟约》

●是年，北一辉在上海完成日本法西斯主义经典《日本改造法案大纲》（1923年改名为《国家改造原理大纲》）

1920年

●1月10日，国际联盟成立，日本是四大理事国之一

●3月15日，日本米价、丝价暴跌，战后经济衰退开始

1921年

●9月28日，朝日平吾刺杀财阀安田善次郎

●11月4日，原敬首相被暗杀

●11月12日，华盛顿和会开幕，海军大臣加藤友三郎作为首席全权代表率领日本代表团出席

●11月13日，日本签订《四国协定》

1922 年

•2 月 6 日，日本签订《限制海军军备条约》和《九国公约》

•4 月 20 日，国会修改 1900 年颁布的《治安警察法》，取消妇女加入政治社团的禁令

•7 月 15 日，知识分子和政治激进分子建立日本共产党

•12 月 2—17 日，日本从中国山东撤出军队

1923 年

•9 月 1 日，日本发生关东大地震（死伤 20 余万人，毁损 40 余万间房屋）

•8 月 24 日，首相加藤友三郎去世，享年 62 岁

•12 月 27 日，裕仁太子在东京遭到无政府主义者难波大助袭击（作家德富芦花竭力营救难波大助）

1924 年

•3 月，日本共产党宣布解散

•6 月 11 日，宪政会首领加藤高明就任首相

•7 月 2 日，元老松方正义去世

•11 月，孙中山在神户发表演讲《大亚洲主义》，敦促日本就究竟走“西方霸道”还是走“东方王道”做出选择

•1922—1924 年，第二次护宪运动

1925 年

•3 月 29 日，国会通过《普选权法案》

•4月22日，《治安维持法》颁布，大正民主运动结束

1926年

•1月15日，发生“京都学联事件”，这是《治安维持法》出台后的第一起案件

•12月25日，大正天皇去世

•12月28日，裕仁继位，昭和时代开始

1927年

•4月22日，政府宣布3周内银行暂停营业

•5月28日，田中义一内阁派遣军队前往中国青岛保护日本侨民

•9月18日，作家德富芦花去世

1928年

•2月，《普选权法案》实施后的首次大选，共产党和劳动农民党的力量增大

•3月15日，警察对共产主义者进行大抓捕，是为“三一五事件”

•4月19日，田中义一内阁派遣军队前往中国济南保护日本侨民

•5月3日，中日军队在济南发生冲突

1929年

•3月5日，众议院议员山本宣治被右翼分子杀害

•10月24日，纽约股票市场崩溃，经济大萧条开始，迅速波及日本

1930年

•1月21日，伦敦海军会议开幕

•4月22日，英国、美国、日本在伦敦签订《限制和削减海军军备条约》（即《伦敦海军条约》）

•11月14日，首相浜口雄幸在东京站遇刺

1931年

•8月26日，首相浜口雄幸去世

•9月18日，关东军军人炸毁沈阳柳条沟附近铁道，九一八事变爆发（日本称“满洲事变”）

•11月，评论家室伏高信完成《满蒙论》，力驳流行的“满蒙是日本生命线”之论，反对日本侵华

•12月11日，若槻礼次郎内阁辞职

•12月13日，犬养毅内阁上台，大藏大臣高桥宣布日本放弃金本位制

1932年

•1月28日，“一·二八事变”爆发（日本称“上海事变”）

●2月4日，新渡户稻造接受采访，批评军阀推行军国主义，遭到媒体和右翼分子的攻击

●2月9日，血盟团成员小沼正枪杀前大藏大臣井上准之助

●2月29日，李顿调查团抵达日本

●3月1日，伪满洲国成立

●3月5日，血盟团成员刺杀三井企业集团总裁

●5月15日，青年军人发动“五一五事件”，犬养毅首相被杀

●10月2日，李顿调查团发表《李顿调查团报告书》，谴责日本在满洲的行为

1933年

●1月28日，关东军侵略中国热河

●2月20日，作家小林多喜二以“思想犯”罪名被捕，死于严刑拷打

●2月24日，国际联盟接受了李顿调查团的报告

●3月18日，大正民主的旗手吉野作造去世，享年55岁

●3月27日，天皇诏书宣布日本退出国际联盟

●6月8日，日本共产党领袖佐野学、锅山贞亲发表声明，放弃对共产主义的信仰，拥护天皇体制

●6月17日，大阪发生“信号灯事件”

●10月15日，新渡户稻造逝世，享年71岁

●本年春夏之交，京都大学爆发“泷川事件”，大学自治受到严重伤害

1934 年

- 3 月 28 日，日本政府颁布《石油工业法》
- 10 月 1 日，陆军省新闻班发表《国防之本义及其强化的提倡》，大肆鼓吹“战争是创造之父、文化之母”

1935 年

- 1 月，豪斯上校在纽约会见吉田茂，警告日本不要重蹈德国覆辙
- 4 月 9 日，内务省颁布对美浓部达吉著作的禁令
- 8 月、10 月，政府两次发表“国体明征”声明，否定美浓部达吉的“天皇机关说”
- 8 月 12 日，青年军官刺死陆军军务局长永田铁山将军
- 9 月 18 日，美浓部达吉从贵族院辞职

1936 年

- 2 月 26 日，青年军人发动叛乱，“二二六事件”爆发
- 7 月 3 日，刺死永田铁山的青年军官被判死刑
- 7 月 5 日，“二二六事件”为首分子被判有罪；7 月 12 日起相继被处决
- 7 月 21 日，著名记者菊竹六鼓去世，享年 57 岁
- 11 月 26 日，日本与德国在柏林签订《日德防共协定》
- 12 月 12 日，中国爆发西安事变，国共达成统一战线

1937年

•3月30日，文部省出版《国体本义》，分发至全国学校和政府机关，加强法西斯思想统制

•6月4日，近卫文麿就任首相

•7月7日，七七事变爆发

•8月19日，北一辉被处决

•10月5日，罗斯福总统发表演说，反对“国际上无法无天的流行病”，暗指日本

•12月1日，矢内原忠雄教授从东京大学辞职

1938年

•3月3日，国会发生“闭嘴事件”

•4月1日，日本国会通过《国家总动员法》；5月5日生效

•11月3日，近卫文麿首相宣称，在中国进行战争的最终目标是建立“东亚新秩序”

•本年，德富苏峰发表《皇道日本的世界化》，为日本侵略升级辩护

1939年

•1月，东京大学教授河合荣治郎被开除教职

•7月8日，政府颁布《国民征用令》

•8月23日，希特勒违背《日德防共协定》，单方面与苏联缔结《苏德互不侵犯条约》

•10 月 20 日，《价格统制法》和《工资统制令》颁布，冻结了所有价格、工资、租金，以及运输费用

•本年，德富苏峰出版《昭和国民读本》

1940 年

•2 月 2 日，斋藤隆夫在众议院全体会议上发表质问演说“支那事变处理”

•3 月 30 日，汪精卫在南京组成伪中华民国政府

•上半年，日本朝野流行“不要错过这班车！”

•7 月 26 日，内阁批准《国策纲要》，成为“东亚新秩序运动”的蓝图

•8 月 1 日，外务大臣松冈洋右宣布，日本的目标是建立“大东亚共荣圈”

•9 月 27 日，德、意、日三国缔结军事同盟条约

•10 月 12 日，“大政翼赞会”成立，此前日本政党自行解散

•10 月 31 日，日本政府禁止爵士乐表演并关闭东京的舞厅

1941 年

•4 月 13 日，日本与苏联签订互不侵犯条约

•7 月 22—28 日，日本占领法属印度支那南部

•8 月 14 日，罗斯福总统和丘吉尔首相签署《大西洋宪章》

•9 月 6 日，日本帝国议会通过决议，如果到 10 月中旬外

交不能奏效，就将开始对美敌对行动

•9月10日，资深媒体人、著名评论家桐生悠悠去世

•10月8日，天皇任命东条英机为内阁首相

•11月26日，四位京都学派学者举行“世界史的立场与日本”座谈会

•12月7日，日本偷袭珍珠港（日本时间为12月8日）

1942年

•1—3月，日军进占马尼拉、新加坡、巴达维亚、仰光

•5月20日，“翼赞政治会”成立，绝大多数议员加入

•5月26日，“日本文学报国会”成立

•6月4—6日，美军在中途岛海战中击败日本，扭转太平洋战局

•6月9日，东条英机改组“大政翼赞会”，将所有群众团体纳入其下

•7月23—24日，知识界精英在京都召开“近代的超克”座谈会

•本年，德富苏峰著《兴亚之大义》鼓吹超国家主义，出任“大日本言论报国会”会长

1943年

•4月18日，美军击落山本五十六海军大将的飞机

1944 年

- 6 月 15 日—7 月 7 日，美军夺取塞班岛
- 7 月 18 日，东条英机辞去首相职务
- 7 月，日本政府查封《中央公论》和《改造》杂志
- 10 月 25 日，日军开始组织“神风特攻队”，对美军发动自杀式袭击

1945 年

- 2 月 8 日，久里滨的佩里来航纪念碑被推倒
- 2 月 14 日，近卫文麿向天皇呈递奏折，敦促尽早结束战争
- 3 月 9—10 日，美军飞机轰炸东京，造成十多万人死亡
- 4 月 14 日，“神风特攻队”队员佐佐木八郎死去，年仅 23 岁
- 4—5 月，吉田茂因为反战活动被逮捕
- 7 月 26 日，《波茨坦公告》敦促日本无条件投降
- 8 月 6 日、9 日，美国使用原子弹摧毁广岛、长崎
- 8 月 15 日，日本天皇在国家电台宣布日本投降

推荐读物

《国家的启蒙：日本帝国崛起之源》

内容介绍：从1853年美国“黑船”叩响紧闭的国门，到1912年明治天皇去世，日本用60年时间从一个落后国家跻身世界强国之列，成就了近代世界史上“大国崛起”的一个独特模式，也成为许多追赶型国家羡慕和模仿的对象。此书通过描写这个时期的重要历史人物和重大历史事件，生动记录了60年间日本奋起追赶、建设现代国家的艰难历程，也分析了日本后来走上军国主义道路的内在原因。对于追求大国崛起的国家而言，日本所走过的道路至今仍然有强烈的现实意义。本书是《国家的歧路：日本帝国毁灭之谜》的前作。

《看中国》

内容介绍：中国经济正在崛起，国际地位越来越重要，但是另一方面，中国也面临着巨大的转型难题。只有站在世界看中国，才能清晰地看到中国面临的问题和挑战；只有以世界的视野来审视中国的转型，才能准确认识到中国未来的道路。本书是马国川对国际最权威、最有影响力的人士的采访。其中既有基辛格、李光耀、斯考克罗夫特、莫德罗等世界知名政治家，也有科斯、科尔奈、青木昌彦等大师级经济学家，还有福山、尤努斯等著名思想家。这些人士以客观理性的态度分析中国的现状，对中国政治、经济、法律、民生、文化、历史等方面进行了全方位、多角度的剖析，包括如何消除贫困和腐败、中国经济新阶段的最大特点、政府自我改革、人口政策与户口制度变革、中国未来的挑战、中国与美国和世界的关系等涉及每一个中国人命运的重大问题，力图从严峻的现实问题中思考和探索出未来中国当走的路。对中国的改革提出了诸多有价值的建议，很值得正在为实现大转型而努力的国人从中汲取营养。